QUATRIÈME

CONGRÈS JURIDIQUE

INTERNATIONAL DE LA T. S. F.

LIÉGE, 22-26 Septembre 1930

Organisé par les soins du Comité International de la T. S. F.

101, Rue de Prony, PARIS

LIBRAIRIE
DU
RECUEIL SIREY
(Société anonyme)
22, Rue Soufflot, PARIS (V⁰)

1930

QUATRIÈME CONGRÈS JURIDIQUE

INTERNATIONAL DE LA T. S. F.

QUATRIÈME

CONGRÈS JURIDIQUE

INTERNATIONAL DE LA T. S. F.

LIÉGE, 22-26 Septembre 1930

Organisé par les soins du Comité International de la T. S. F.

101, Rue de Prony, PARIS

LIBRAIRIE
DU
RECUEIL SIREY
(Société Anonyme)
22, Rue Soufflot, PARIS (V⁰)

1930

ORDRE DU JOUR

I. — Terminologie de la Radioélectricité dans ses rapports avec le Droit.

> Définition des termes :
>
> Amateur; Antenne; Appel; Appel de détresse; Attente; Brouillage; Correspondance; Détresse; Écoute; Émission; Indicatif; Interférence; Ondes électro-magnétiques; Ondes entretenues; Ondes amorties; Poste; Radiocommunication; Radiodiffusion; Radiotélégraphie; Radiotéléphonie; Radiophonie; Radiotéléphotographie; Radiophototélégraphie; Radiotélégramme; Radiophare; Réception; Relai; Retransmission; Station; Transmission.

II. — Plan de Convention internationale de la Radiodiffusion.

III. — Plan de Convention internationale du Droit privé de la Radioélectricité.

IV. — Protection des émissions radiophoniques au point de vue du Droit Civil.

> (Recherche des principes juridiques applicables. De la notion de l'abus du droit.)

V. — Droit de l'émetteur sur les émissions. Concurrence déloyale.

> (Possibilité d'établir le principe d'un droit privatif d'exploitation.)

VI. — Statut international des radiotélégraphistes.

VII. — Perception et répartition des droits d'auteur.

VIII. — Droits des acteurs et artistes exécutants.

IX. — Diffamation et droit de réponse en radiophonie.

LISTE DES MEMBRES
ayant participé au 4ᵉ Congrès de Liége

Allemagne

WILLY HOFFMANN, avocat, 11, Katharinenstrasse, Leipzig.

Belgique

FÉLIX de MUELENAERE, Conseiller juridique du Département des Colonies, délégué du gouvernement belge, boulevard St-Michel, 48, Bruxelles.

Van HEEMSTEE FERNAND, ingénieur, directeur des Radiocommunications, délégué du gouvernement belge, à Bruxelles, 188, avenue Van Volxem, à Forest (Bruxelles).

VAN IMSCHOOT, avocat à la Cour, Secrétaire de M. le Ministre des Postes, délégué du gouvernement belge, 182, chaussée de la Hulpe à Boisfort (Bruxelles).

OMER BECU, secrétaire adjoint et délégué de l'Association internationale des officiers de la marine marchande, 34, Courte rue neuve, à Anvers.

GEORGES DOR, avocat à la Cour d'appel, professeur à l'Université, 4, boulevard Frère Orban, à Liége.

PAUL FRAIPONT, avocat à la Cour d'appel, 24, rue Beekman, Liége.

PAUL FORGEUR, avocat à la Cour d'appel, bâtonnier, avenue Blonden, 7, à Liége.

EMMANUEL FORGEUR, avocat à la Cour, professeur à l'École des Hautes Etudes Consulaires, 7, avenue Blonden à Liége.

LÉON GRAULICH, professeur à l'Université de Liége, quai de l'Abattoir, 41, à Liége.

P. HORION, avocat à la Cour d'appel, rue Dartois, 27, à Liége.

XAVIER JEANNE, avocat, professeur à l'Université de Liége, 109, rue Louvrex à Liége.

FÉLIX LANDRIEN, avocat, ancien magistrat, 14, rue Bosquet, Bruxelles.

LECOURT, avocat honoraire de la Cour d'appel de Bruxelles, fondé de pouvoir de la société anonyme internationale de T. S. F., 13, rue de Bréderode, Bruxelles.

ERNEST MAHAIM, Professeur à l'Université de Liége, Directeur de l'Institut de Sociologie, ancien Ministre, Avenue du Hêtre, à Cointe (Liége).

JEAN del MARMOL, avocat, Secrétaire particulier de M. le Ministre des Transports, 23, rue de Brederode, à Bruxelles.

JEAN REY, avocat à la Cour d'appel de Liége, rue des Vergers 3, à Liége.

Chine

SOUANG-TSIN, Conseiller au Ministère des Communications, délégué du Gouvernement chinois, ambassade chinoise à Paris.

CHENG SIEN TING, ingénieur des télégraphes du ministère des Communications, délégué du gouvernement chinois, à Nankin.

YUNG, ingénieur en chef au ministère des Communications, délégué du gouvernement chinois, ambassade chinoise à Berl'n.

Cuba

Docteur ANTONIO MESO, chargé d'affaires par intérim, délégué du Gouvernement cubain, à Bruxelles.

Espagne

José ASENSIO Y CARO, directeur de la Compagnie radio-maritime espagnole à Madrid, 12, rue Cassellana.

Etats-Unis

John GUIDER, avocat, Colorado Building, à Washington.

Colonel Samuel REBER, délégué de la Radio-Corporation, 233, Broadway, New-York City.

France

DROUETS, Directeur de la Propriété industrielle, Ministère du Commerce, délégué du Gouvernement français, 26 *bis*, rue de Pétrograd à Paris.

PELLENC, Directeur de la radiodiffusion au Ministère des Postes et Télégraphes, délégué du Gouvernement français, rue de Grenelle à Paris.

Paul ARNOLD, avocat stagiaire, à la Cour de Paris, 9, square Carpeaux à Paris.

Robert HOMBURG, avocat à la Cour de Paris, 101, rue de Prony, à Paris.

JOUBERT, Président d'honneur de la Société des Auteurs, 10, rue Chaptal à Paris.

LAPIE, avocat à la Cour, 24, rue du Cardinal Lemoine, à Paris.

MELLET, avocat aux conseils, président du Comité central des Sociétés de T. S. F. 11, rue de Madrid à Paris.

MOREAU, Président de la Société des Auteurs, 10, rue Chaptal, Paris.

OLAGNIER, avocat à la Cour, vice-président de la Société des orateurs et conférenciers, 3, rue Blanche à Paris.

PALEWSKI, avocat à la Cour, délégué de la Chambre de Commerce internationale, 106, rue de Grenelle à Paris.

PATY, vice-président de l'Union des artistes de langue française, délégué de l'Union internationale des artistes, 41, rue des Martyrs à Paris.

RAVENEL, sous-directeur de la Société des Auteurs, 10, rue Chaptal, Paris.

ROYER, avocat, 6, rue Georges Maertens à Lille, Nord.

C. SEYROL, avoué près la Cour d'appel de Lyon, 55, rue de l'Hôtel de Ville, à Lyon.

Grande-Bretagne

O'DONNEL, secrétaire et délégué de la Fédération internationale des radio-télégraphistes, 194, High Street North, East Ham, Londres E. 6.

Ronald FERGUSON, directeur général adjoint de la Compagnie Marconi, délégué du comité international radio-maritime, à Londres W. C. 2, Marconi House Strand.

Sidney NAYLER, chef de bureau et délégué du Comité international radio-maritime, 16, rue Thérésienne à Bruxelles.

Grèce

KAPSAMBELIS, Chargé d'affaires de Grèce, délégué du gouvernement grec, à Bruxelles.

Guatemala

Henry, J. RENKIN, consul de la République du Guatémala, délégué du gouvernement guatémalien, à Liége.

Hongrie

Moise DIMENY, Directeur Supérieur des Postes, délégué du Gouvernement Hongrois, à Budapest.

Italie

Guiseppe GNEME, Chef du Service des Télégraphes, délégué du gouvernement italien, à Rome.

Luxembourg (Grand Duché)

Edouard JAAQUES, Directeur de l'Administration des P. T. T., délégué du Gouvernement luxembourgeois, à Luxembourg.

Mexique

Le ministre des Etats-Unis du Mexique, délégué du Gouvernement mexicain, à Bruxelles.

Monaco (Principauté de)

Pierre GHILAIN, Consul de Monaco, délégué du Gouvernement monégasque à Liége.

Panama

M. A. de ALBA, Consul Général de Panama, délégué du Gouvernement de Panama, à Anvers.

Pays-Bas

A. D. LOMAN, directeur de la société de perception des droits des auteurs de musique, B.U.M.A., 51, Jacob Obrechtstraat, à Amsterdam.

MAURICE MORESCO, rédacteur de « Ons Rompas », rue Catharina Van Clevepark, 17, à Buitenveldert, près Amsterdam.

C. NELCK, secrétaire de l'Association néerlendaise des radiotélégraphistes, délégué de la Fédération internationale des radiotélégraphistes, 457ᵃ West Zeedyk, à Rotterdam.

PH. P. VAN DEN BERGH, directeur de Radio-Holland, délégué du Comité international Radio-maritime, 562, rue Keizesgracht à Amsterdam.

F.W.J.G. SNYDER van WISSENKERKE, ancien président du Conseil des Brevets des Pays-Bas, délégué de l'Association littéraire et artistique internationale, 13, rue Van Bommellaan à Wassenaar, près la Haye.

Perse

S. E. BAHMAN KHAN, Ministre de Perse, délégué du gouvernement persan, à Bruxelles.

ESFANDIARI, premier Secrétaire de la Légation de Perse, délégué du Gouvernement persan, à Bruxelles.

NOURRI KHADJEED, secrétaire de la Délégation persane.

Pologne

HENRI KONIC, président de l'Ordre des avocats, membre de la Commission de Codification de la République de Pologne, délégué du gouvernement polonais, 5, Krédytowa à Varsovie.

MIECZYSKAW LIPSKI, de la section de radiotélégraphie du Ministère des Postes, délégué du gouvernement polonais, Villa Vénus, à Milanowek, près Varsovie.

Portugal

DAVID de SOUSA PIRES, ingénieur, délégué du gouvernement portugais.

Roumanie

TELEMAQUE ALEXANDRE, conseiller près la Légation de Roumanie, délégué du gouvernement roumain, à Bruxelles.

Suisse

Du PASQUIER, secrétaire-adjoint de l'Union internationale de Radiodiffusion, 13, cours des Bastions, à Genève.

Tchécoslovaquie

M. OTTO KUCERA, conseiller au Ministère des Postes et Télégraphes, délégué du gouvernement tchécoslovaque, à Prague, Jungmanova. 11

Venezuela

Dʳ Louis GORONINO PIÉTRI, délégué du gouvernement vénézuélien.

Société des Nations

MAX GOTTSCHALK, délégué du B.I.T. pour la Belgique et le Grand duché du Luxembourg, avenue de Tervueren, 120, à Bruxelles.

Membres adhérents :

E. BALOGH, professeur et secrétaire général de l'Académie Internationale de droit comparé, à Berlin.

Professeur BARBOSA de MAGALHAES, avocat et professeur, à Lisbonne.

LINAS BECERRA, directeur de la Société des Auteurs espagnols.

BLANCHARD, rue Alfred Dufuisseaux, Marcinelle.

Commandant BOUDART, 28, rue Louvrex, à Liége.
BOSVIEL, avocat aux Conseils, à Paris.
CALDWELL, avocat à Washington.
CARTAULT, avocat à Paris, ancien président du Comité Central des Sociétés de T.S.F.
GEORGES CORNIL, membre de l'Académie de Belgique.
DAUSSET, président de la Commission de radiodiffusion au Comité interparlementaire du Commerce, à Paris.
Baron de DORLODOT, délégué de l'Union Radio Club de Belgique, Château de Floreffe à Floreffe.
SYLVAIN DUPUIS, directeur honoraire du conservatoire de Liége, rue de Slessin à Liége.
AMEDEO GIANNINI, ancien ministre plénipotentiaire, conseiller d'État à Rome.
GODDYN, président de la cour de Cassation de Belgique.
J. HACCOVR, rue de Verboeckhoven, à Bruxelles.
HIRSCHFELD, directeur des communications au commissariat du peuple des postes et télégraphes, à Moscou.
HORNEFFER, avocat, président du Comité suisse de la T.S.F.
HOBZA, doyen de la Faculté Carolina, de Prague.
KIÉFÉ, avocat à la cour de Paris.
GEORGES LAGOUTTE, ingénieur, délégué de l'Union Radio Club de Bruxelles, à Rhoode St Genèse, 26, avenue de la Forêt de Soignes.
EUGÈNE LAGUESSE, ingénieur, rue Nysten, 27, à Liége.
MAURICE LALOUX, industriel, délégué de l'Union Radio Club de Liége, rue Bonne Fortune, 19, à Liége.
PAUL de LAPRADELLE, docteur en droit, à Paris.
MAILLARD, avocat à la Cour, président de l'Association littéraire et artistique internationale.
MENY, ingénieur, secrétaire général de la Société des amis de la T.S.F.
LOPEZ OLIVER, président de la société des Auteurs espagnols.
PETROWITCH, ingénieur à Belgrade.
DEL PONT, avocat à Buenos-Ayres.
Dr MAURICE POLAIN, chef du service électroradiologique de l'hôpital, rue Louvrex, 107, à Liége.
QUINTIN, avocat à la Cour de Bruxelles.
ROMAIN, directeur et délégué de la société des auteurs et compositeurs, 37, rue Montoyer, à Bruxelles.
EUGÈNE SOUDAN, professeur à l'Université de Bruxelles, membre de la Chambre des représentants.
Van SLOOTEN AZN, président des Tribunaux arbitraux mixtes de la Haye.
TAILLEFER, avocat à la Cour de Paris, secrétaire général de l'Association internationale de la propriété industrielle.
THEILER, avocat à Rio de Janeiro.
A. TIRMAN, conseiller d'Etat honoraire, à Paris.
de VILALLONGA, avocat au barreau de Bilbao.
VICTOR VREULS, délégué de la société des auteurs et compositeurs à Bruxelles.
WEISS, conseiller juridique de l'Institut international de coopération intellectuelle.
YOUPIS, conseiller à la Cour d'Athènes.
ZAHLE, avocat à Copenhague.
Chambre syndicale de la Radioélectricité, à Bruxelles.
Société anversoise des Electriciens, 28, rue Nationale à Anvers.

COMPTE RENDU DES SÉANCES DU CONGRÈS

SÉANCE SOLENNELLE D'OUVERTURE
Lundi 22 Septembre (10 heures)

La séance est ouverte à dix heures, sous la présidence de M. Lippens, ministre des Transports, assisté de Monsieur le professeur Mahaim, ancien ministre.

M. MAHAIM. — Mesdames et Messieurs, le premier devoir du représentant du Comité d'organisation du Congrès est de remercier ceux qui ont contribué de quelque manière au succès de ce Congrès.

Mes remercîments vont d'abord au Gouvernement belge et tout particulièrement à M. le ministre Lippens qui a bien voulu assister à l'ouverture de la séance inaugurale. On sait tout l'intérêt que porte M. le Ministre aux questions qui touchent la T. S. F., on sait la part immense qu'il a prise dans la préparation de la législation belge, et je lui suis particulièrement reconnaissant, tant en mon nom personnel qu'au nom de tout le Comité, d'avoir bien voulu se déranger aujourd'hui pour nous accorder quelques-uns de ses instants si précieux.

(Applaudissements).

Le Bureau International du Travail nous a également envoyé un délégué ; le Gouverneur de la Province de Liége, l'Administration communale, M. le Bourgmestre de Liége ont bien voulu nous accorder un appui efficace et nous promettre des réceptions qui rendront, je l'espère, le séjour dans notre ville très agréable aux étrangers ; je les en remercie tous bien sincèrement.

Mes remercîments vont aussi à tous ceux qui nous ont présenté des rapports, ainsi qu'à la société anonyme des Charbonnages de Winterslag qui nous recevra jeudi prochain.

Je dois remercier également un certain nombre d'organisations qui ont apporté d'une manière continue, au Comité International de la T. S. F., un précieux concours dont je ne veux, un seul instant, diminuer l'importance ; je dois citer tout particulièrement : l'Union Internationale de la Radiodiffusion, le Comité Interparlementaire du Commerce, la Société des Auteurs et des Compositeurs de Musique, l'Union des Artistes, l'Académie de Droit International et de Droit Privé, le Comité Central des Sociétés de T. S. F. de France, la Société des Orateurs et des Conférenciers, l'Institut Belge de Droit Privé, la Fédération Internationale de Radio Télégraphie, la Fédération Internationale des Officiers de la Marine marchande et la Chambre de Commerce Internationale.

Je constate avec plaisir qu'un bon nombre de gouvernements se sont fait représenter ; je salue tous ces délégués au nom de notre Comité, et maintenant je donne la parole à M. le Ministre Lippens qui veut bien nous apporter le salut du Gouvernement belge. (*Applaudissements*).

M. LE MINISTRE LIPPENS. — Mesdames et Messieurs, je m'excuserai d'abord d'être le représentant du Gouvernement belge à la séance inaugurale de ce Congrès. J'aurais désiré que mon collègue, M. Forthomme, qui a la radiophonie dans son département, eût pu être là ; mais j'ai accepté de le remplacer avec d'autant plus de plaisir, comme vient de vous le dire M. le Président, que je me suis occupé de la T. S. F. lorsque j'étais au Département des Postes, Téléphones et Télégraphes.

Je vous adresse, au nom du Gouvernement belge, la plus chaleureuse bienvenue.

Nous sommes heureux de voir les étrangers répondre si nombreux à l'appel que nous leur avons fait en cette occasion et nous nous réjouissons des points de contact nouveaux qu'ils créent par leur présence parmi nous et qui contribueront au développement des forces économiques de la nation.

Nous avons le ferme espoir que pendant leur court séjour en Belgique, ils trouveront dans l'atmosphère d'hospitalité de notre pays — atmosphère accueillante que les Belges aiment à étendre à tous ceux qui viennent chez nous — l'occasion de resserrer les liens que vous aurez créés. Les résultats en seront féconds dans l'avenir pour les relations de tout genre et spécialement en matière de T. S. F. et de radiophonie.

La question radiophonie-électricité est essentiellement une matière qui ne peut être traitée que par des groupements internationaux, et c'est une chose étrange de voir aujourd'hui, où les mouvements nationalistes de tous les pays semblent arriver à un point d'exacerbation parfois violent qu'au-dessus de tout cela, il se crée malgré tout un certain domaine qu'il n'est pas possible de limiter. Ce domaine établit au contraire entre les nations des liens d'intérêt qui sont plus puissants que les forces politiques pour assurer un avenir de paix, ainsi que le progrès de l'humanité.

Il en est de même pour l'aviation.

On concevait les murailles chinoises dans la vieille Asie ; on ne les conçoit plus aujourd'hui.

Certes, les rapports entre les hommes vont se modifier dans des proportions considérables non seulement du point de vue économique, mais aussi du point de vue des relations entre hommes de différentes nations et de différentes cultures. Si le transport de la matière par delà les frontières a trouvé aujourd'hui des moyens de plus en plus perfectionnés et dont il est difficile de concevoir l'influence dans un temps très rapproché, de même le transport de la pensée a fait, durant ces dernières années, des progrès tellement fantastiques que l'on a peine à se remémorer les timides essais de Marconi et ses premières expériences.

En cette matière comme d'ailleurs en aviation et en ce qui concerne tous les nouveaux moyens de transport, on sent combien il est de plus en plus nécessaire qu'une législation, commune à toutes les nations civilisées, soit rapidement élaborée.

Ici encore comme pour l'aviation, nous sommes dans un cercle où de vieilles lois, de vieilles coutumes, des préjugés ancrés dans l'esprit des peuples, font obstacle à l'élaboration de cette législation internationale qui vous préoccupe et à laquelle vous avez déjà, au cours des congrès précédents, apporté les pierres de soutènement pour l'édification du monument de droit qui devra régir ce nouveau moyen de communication de la pensée.

Je crois qu'il est d'autant plus indispensable que cette question soit traitée par des groupements internationaux, que — comme je le disais tout-à-l'heure — la transmission de la pensée par l'entremise de la T. S. F. couvre l'humanité toute entière.

Nous voulons, chez nous, en Belgique, manifester notre volonté de coopérer à l'établissement de la législation qui régira ce domaine de la T. S. F., outil le plus formidable qui ait jamais été créé pour l'éducation de la masse et l'éducation des peuples. (Applaudissements).

Ce moyen de communication contribuera aussi au développement des idées de haute civilisation et des rapports économiques et autres entre toutes les nations.

Nous percevons déjà que la solidarité entre pays est aujourd'hui plus forte qu'elle ne l'a jamais été et la T. S. F. fera connaître, par delà les frontières, les aspirations et les tendances des peuples ainsi que leur génie et leur culture, et cela par des communications incessantes entre pays, entre continents. Il est un aphorisme que vous connaissez et qui s'applique merveilleusement en la circonstance : « plus on apprend à se connaître, plus on apprend à s'estimer, à s'aimer ». Créons donc ces liens de solidarité qui assureront au monde une ère de bonheur qu'il n'a hélas ! pas toujours connue.

Quel rôle la T. S. F. peut-elle jouer au point de vue de l'éducation ? Il ne faut pas pour la T. S. F. suivre l'exemple de ce qu'on a fait d'une invention récente ; on a laissé s'émousser cette merveilleuse machine qui aurait pu être si utile : le cinématographe. Cette belle invention est malheureusement déviée aujourd'hui ; à l'instar d'une partie de notre littérature, au lieu de transmettre des choses instructives, utiles, le cinématographe tend souvent à exciter des curiosités malsaines qui sont contraires aux buts poursuivis par les gouvernements : développer l'éducation des peuples, relever le niveau de leur mentalité et rendre l'homme plus grand, dans la plus haute acception du mot. (*Applaudissements.*)

C'est dans cet esprit qu'en Belgique, nous avons établi un programme de T. S. F. et, en quelques phrases, je voudrais vous l'esquisser afin de vous faire mieux comprendre la portée de ma pensée et le but que le Gouvernement belge cherche à poursuivre.

Nous avons étudié les systèmes existant dans la plupart des pays modernes et nous avons vu combien l'anarchie qui existe en cette matière a été nocive dans beaucoup de contrées. Nous avons pu constater que dans la plupart des pays où cette anarchie existe et où la T. S. F. a pris un développement plus grand que chez nous, l'effort des gouvernements consiste aujourd'hui à tâcher de réunir dans un même faisceau, les moyens divers propres à conduire au but élevé que je citais tout-à-l'heure.

L'éther est à tout le monde ; on ne peut le polluer. Si le législateur d'il y a cent ans avait pu prévoir combien l'industrie allait polluer nos eaux et en faire une chose infecte, il est probable que ces législateurs auraient, en temps utile, pris des mesures pour tâcher de lutter contre un mal qui aujourd'hui, dans un pays comme le nôtre, est devenu presqu'impossible à vaincre.

En ce qui concerne l'éther, il ne faut pas que ce manque de souci de l'avenir, puisse un jour nous mettre dans une situation semblable. Il s'agit donc, dès maintenant, de sauvegarder ce domaine dont tout le monde doit pouvoir jouir et d'éviter que, sous le couvert de principes de liberté, on puisse y porter atteinte, l'intérêt de l'individu ne pouvant se substituer à l'intérêt de la communauté toute entière.

En Belgique, nous nous trouvons dans une situation un peu difficile et quelque peu embarrassante. Il est évident que si nous pouvions avoir à notre disposition 250 millions d'ondes différentes, chacun pourrait individuellement en disposer à son gré.

Dans notre pays, nous ne disposons que de trois ondes nationales et d'une internationale; cette dernière nous permet d'être en communication avec le reste des peuples.

Les conditions particulières de notre pays exigent qu'une onde intérieure soit mise à la disposition de la partie wallonne, l'autre à la disposition de la partie flamande. La 3e onde s'applique à la région moins étendue de langue allemande. En effet, il ne faut pas que, d'une façon ou de l'autre, une partie de la nation soit en état d'infériorité vis-à-vis de l'autre. Pratiquement, nous pouvons même considérer que nous n'avons qu'une seule onde, les deux autres n'étant que la doublure de la première.

Or, réduits à cela, comment pouvions-nous veiller à ce que la communauté toute entière — la grande masse — puisse en jouir ?

Il fallait donc nécessairement empêcher que quiconque pût brouiller les communications et faire en sorte que ces communications puissent être intéressantes pour la communauté.

Il faut éviter que la masse toute entière soit imprégnée — c'est le cas de le dire — par une atmosphère empoisonnée d'immoralité. Nous ne voulons voir chez nous la T. S. F. que comme un précieux élément d'éducation nationale.

Certes, loin de nous est l'idée de vouloir rétablir la censure ; mais entre censure et bon sens, il y a tout un monde. Conçoit-on, par exemple, que, sous prétexte de liberté absolue, des groupes politiques — pour lesquels vous avez probablement autant d'estime que moi — tentent d'empoisonner l'atmosphère ? Conçoit-on qu'ils submergent le public de théories, d'aphorismes que la masse est d'ailleurs souvent incapable de comprendre ? Conçoit-on que, sous prétexte de littérature, un émetteur se livre à des dissertations sur des sujets obscènes ? Et cela alors que la T. S. F. pénètre dans la chambre la plus modeste, dans la moindre chaumière comme dans les salons de nos palais ! Conçoit-on qu'au point de vue scientifique par exemple, on se mette tout d'un coup à développer des choses qui sont peut-être intéressantes pour un monde restreint, mais qui communiquées à la masse peuvent être interprétées tout différemment, et à l'encontre du savant, être comprises de façon malsaine ! Des communications de cette espèce ne doivent pas toucher des gens peu préparés à les recevoir.

Poser le problème, c'est le résoudre.

Cependant, comme je le disais tantôt, le mot de censure ne peut même nous venir à l'esprit. Nous devons comprendre que du moment où les idées traversent l'éther, tout le monde doit pouvoir comprendre ce que nous disons. Il faut simplement que nous ramenions la liberté dans un cadre qui conserve à la masse les droits d'écouter entièrement ce qui est transmis.

Donc, le but que nous poursuivons ici c'est de pouvoir mettre la masse en communication avec l'élite intellectuelle de notre pays, avec tous les établissements d'enseignement artistique, scientifique et autres. Nous voulons que toutes les manifestations de la pensée humaine qui se développe sous l'égide des pouvoirs publics, soient mises à la disposition, non pas seulement de ceux qui peuvent venir écouter dans un local déterminé, mais encore de tout le pays.

Il faut que la communauté entière, si elle le désire, puisse se mettre en contact avec la pensée des savants enseignant les sciences et les arts dans tous les temples de l'activité intellectuelle : établissements d'enseignement supérieur, écoles des beaux-arts, etc...

De cette façon, nous arriverons à relier d'une façon constante et continuelle la mentalité de notre population en la tenant, jour par jour, en contact avec le progrès, avec le travail de la pensée humaine.

Pour poursuivre ce but, nous avons organisé en Belgique un Institut Supérieur de Radiophonie, constitué en grande partie à l'instar de la British Broadcasting Corporation qui est l'une des mieux conçues pour l'organisation de la diffusion de la pensée humaine par T. S. F.

A la tête de notre Institut de Radiophonie, se trouve un Comité assez restreint, composé de membres appartenant à tous les partis, à tous les milieux sociaux. Les 9 ou 10 personnes qui dirigent cet organisme devront en somme donner le *la*, l'impulsion pour qu'il se développe rapidement. Voilà la pensée qui m'a animé lorsque j'ai été appelé à créer ce Comité restreint ; j'ai voulu m'inspirer de cet autre organisme : le Fonds de Recherches Scientifiques où les questions relatives aux sciences sont toujours au-dessus des questions de partis.

Voilà, rapidement esquissées, les vues que nous poursuivons.

Je ne veux pas vous imposer l'énumération de tous les programmes scientifiques, littéraires qu'on peut faire entendre ; je me bornerai à dire que nous ne voulons pas que la radiophonie soit mise à la disposition de ces hurleurs de cabaret à intellectualité trop étroite.

Nous savons qu'en Angleterre, des hommes autorisés transmettent par radiodiffusion leurs idées, leurs opinions sur une question politique, économique, sociale, internationale. La population, en suivant l'exposé objectif de chaque parti politique, peut, en connaissance de cause, prendre toute décision qu'elle juge opportune.

Mais tout cela nous indique également qu'il va falloir doter le domaine de la T. S. F. de tout un nouveau code de droits pour la communauté ; droits énormes, car l'éther leur appartient et il n'est pas possible de concevoir que nous puissions arriver par une barrière quelconque à établir des espèces de frontières.

Tout cela, vous l'avez déjà compris lors des discussions de vos congrès réunis antérieurement. Il faut, si nous comprenons les devoirs, reconnaître également les droits que la communauté nous impose. Il est évident que nous aurons, à certains moments, des points de froissements, des contacts plutôt difficiles. A certains moments, les engrenages s'adapteront peut-être malaisément ; mais j'ai tellement foi dans le bon sens des hommes, que je suis convaincu que ceux qui seront appelés à la direction de l'Institut de Radiophonie pourront toujours maintenir un judicieux équilibre entre les droits et les devoirs, sans léser qui que ce soit.

L'organisation d'un Institut de ce genre n'est possible que s'il est basé sur la nécessité de le voir vivre par lui-même ; il ne faut pas qu'un Institut de radiophonie dépende de subsides ; il est nécessaire pour son avenir qu'il vive en organisme indépendant, qu'il ait sa vie propre ; qu'il ait au potentiel toute la force nécessaire pour assurer et maintenir son existence, et ce n'est qu'à cette condition, que la série des droits dont je viens de parler, pourront être respectés d'une façon pleinement équitable.

A ce point de vue, l'exemple de l'Angleterre est fort instructif : la « British Broadcasting Corporation » dispose d'un budget annuel de plusieurs millions de livres sterling.

En Belgique, nous avons environ 400.000 appareils qui fonctionnent ; mais avec leur caractère particulier que je n'ai pas honte de dévoiler, nos concitoyens n'aiment pas beaucoup payer des taxes. Lorsque j'étais ministre des P. T. T. sur environ 200.000 appareils en usage, il y en avait peut-être 30.000 qui payaient la faible rétribution qui était de 20 à 40 francs par an.

Dans le système que nous préconisons, si les 400.000 appareils procuraient une cotisation annuelle moyenne de 60 francs, soit 5 francs-papier par mois (cinquante centimes d'avant-guerre !) cela mettrait à la disposition de notre organisme un budget annuel de quelques douze millions de francs par an, avec lequel on pourrait déjà créer une belle organisation. Et puis, pierre qui roule, à l'encontre du proverbe, peut amasser mousse.

Je ne doute pas que par l'amélioration que nous pourrions ainsi apporter aux programmes, par de plus amples recherches dans le domaine des beautés de la pensée, nous verrions s'acroître, d'une façon impressionnante, le nombre des adhérents à la T. S. F. C'est d'ailleurs le cas pour l'Allemagne et l'Angleterre ; j'ai eu sous les yeux des statistiques vraiment éloquentes — et par le fait des nouvelles adhésions, le budget ne ferait que s'accroître.

Comme garantie de cet objectif, le principe fondamental de l'Institut serait qu'aucun bénéfice ne puisse être distribué à qui que ce soit et j'ai l'intime conviction qu'en adoptant toujours ce principe — je cite comme exemple l'Angleterre — nous pourrons en un court laps de temps gagner une supériorité non seulement au point de vue du maintien des appareils dans un état de perfection absolue, mais aussi à l'important point de vue de la pensée humaine en ce qui concerne les droits d'auteur ; en un mot, en ce qui concerne tous ceux qui dans un domaine quelconque, contribueront à ce travail d'éducation populaire, à ce relèvement de la masse auquel nous vous demandons tous de collaborer. (*Applaudissements*).

C'est à un Congrès comme celui-ci, à la collaboration d'hommes avertis comme vous l'êtes en matière de T. S. F. qu'il incombe de poser dès maintenant le squelette de toute la législation qui va établir le code des droits et des devoirs pour la T. S. F.

Il faut que vous envisagiez le problème au point de vue international parce que ma conviction profonde est que pour tous les peuples civilisés on doit poursuivre le même but et que la solidarité économique qui se manifeste aujourd'hui de plus en plus, se révélera plus éclatante encore en matière d'intellectualité, intimement liée à la T. S. F. Cette manifestation de la solidarité des peuples se confirmera encore davantage lorsque, grâce à la précieuse collaboration de vos congrès, notre pensée sera transmise à la fois en France, en Angleterre, en Allemagne, en Scandinavie, dans tous les pays continentaux ; lorsque rien n'arrêtera la diffusion de cette pensée qui, passant au dessus des mers, des océans, ira en même temps en Amérique, en Afrique, au Japon, en Australie, bref dans le moindre coin du globe.

C'est en travaillant dans ce but et en instituant cette législation indispensable pour la communauté toute entière que vous aurez apporté une des pierres fondamentales à l'édifice d'humanité, de progrès, de civilisation et surtout de paix.

Je vous remercie de tout cœur de votre précieuse collaboration (*Vifs applaudissements.*)

M. MAHAIM. — M. Konic, au nom du Comité International de la T. S. F., a demandé la parole.

M. Konic. — Mesdames et Messieurs, tant au nom du Comité International de la T. S. F. qu'en mon nom personnel, j'ai l'honneur d'adresser mes plus vifs remercîments au Gouvernement belge qui a bien voulu apporter son concours à notre assemblée et prendre sous sa haute direction les travaux du quatrième Congrès de la T. S. F.

Je remercie donc la Belgique, ce pays, grand par son activité, grand par son travail, grand par les progrès de son industrie, qui a bien voulu faciliter les travaux de ce quatrième Congrès juridique de la T. S. F. qui a pour tâche, comme vient de nous le dire si éloquemment M. le Ministre LIPPENS, d'élaborer un Code du droit public et du droit privé de la T. S. F. internationale.

L'atmosphère que nous sentons ici si accueillante, la belle collaboration que je vois autour de nous, nous permettra plus aisément de donner une solution aux grands problèmes qui se posent devant nous.

Voilà pourquoi nous devons une reconnaissance spéciale au Gouvernement belge et je l'en remercie encore une fois.

Mais je me permettrai d'ajouter, à titre tout-à-fait personnel, quelques mots.

Avec mon collègue, M. M. LIPSKY, conseiller au ministère des P. T. T. à Varsovie, nous avons le grand honneur de représenter le Gouvernement polonais à cet important Congrès. J'en suis d'autant plus heureux que je considère la Pologne comme la sœur de la Belgique.

Vous savez en effet, Mesdames et Messieurs, que notre pays qui a toujours beaucoup souffert, avait perdu son indépendance au dix-huitième siècle et ne l'a reconquise qu'en 1920, grâce au concours et à l'aide de nos Alliés et de la Belgique.

Cette Pologne comprend donc tout particulièrement le grand dévouement de la Belgique à l'idée d'indépendance, aussi apprécie-t-elle à sa haute valeur la commémoration du centenaire de son indépendance par le jubilé que nous fêtons de cœur avec vous, cette année.

Voilà pourquoi, nous, Polonais, nous avons une reconnaissance spéciale vis-à-vis du Gouvernement belge et aussi vis-à-vis des organisateurs de ce Congrès de nous avoir donné l'occasion de participer à ses importants travaux.

Vous me permettrez maintenant d'achever et de clore cette petite allocution par un cri qui nous est cher : « Vive la Belgique, vive la nation belge ! » (*Vifs applaudissements.*)

Pour terminer, je vous propose de procéder immédiatement à l'élection du Président de notre quatrième Congrès juridique de la T. S. F. Je vous propose et vous invite chaleureusement à donner vos suffrages à M. MAHAIM, l'éminent professeur de l'Université de Liége et ancien ministre. (*Applaudissements*).

M. MAHAIM. — Je me disposais précisément à quitter ce fauteuil pour vous laisser la liberté d'élire votre président. Vous venez d'être saisis d'une proposition, mais je tiens à savoir si quelqu'un réclame le vote secret.

(*De tous côtés : Non ! Non ! et longs applaudissements.*)

Alors, je me considère comme élu président et je vous remercie infiniment de l'honneur que vous avez bien voulu me faire.

Mesdames et Messieurs,

En qualité de président du 4ᵉ Congrès juridique international de la T. S. F. je vous prierai, de bien vouloir m'accorder la parole pendant quelques instants.

Je tiens d'abord à vous dire que je n'ai pas l'honneur d'être un spécialiste du droit en matière de T. S. F.

Professeur de droit international, le sujet m'intéresse à coup sûr au plus haut point. J'ai déjà puisé dans les travaux de vos Congrès antérieurs, dans les articles de votre Revue, une quantité de notions dont j'ai déjà eu l'occasion de faire usage.

Néanmoins, je ne suis pas un de ceux qui ont travaillé activement avec vous et je n'oserais pas dire que je pourrai collaborer efficacement avec vous. Mes occupations, mes obligations dans d'autres domaines du droit interntional sont tellement strictes et importantes que je dois m'excuser de ne pas pouvoir vous donner tout ce que vous attendez peut-être de moi.

Mais j'imagine qu'en demandant à un professeur de droit international de présider votre Congrès, vous entendez que l'on attache une grande importance à vos travaux, et vous désirez faire ressortir l'intérêt juridique de votre Congrès. Je tiens personnellement à déclarer que cet intérêt juridique est très considérable, non seulement au point de vue pratique, par l'utilisation même de vos travaux, mais, au point de vue du théoricien du droit, au point de vue du philosophe du droit.

Je suppose que vous vous rendez très bien compte que vous vous trouvez ici en présence d'un problème vraiment merveilleux, un problème de tout premier ordre de la théorie juridique.

En effet, depuis toujours, j'ai enseigné que le droit est le ciment de la vie sociale, que le droit n'est pas du tout — comme certains théoriciens ont voulu définir — une espèce de science abstraite et qui plane au dessus et en dessous de l'humanité. On a dit que les principes juridiques étaient immuables et leur vérité aussi éternelle que celle des principes des mathématiques et autres sciences. Et encore, dans le domaine des mathémathiques, certains principes ne nous sont plus apparus, ces derniers temps, comme aussi éternels et immuables qu'on nous l'avait toujours enseigné.

Il en est de même, Mesdames et Messieurs, du Droit : les principes de justice que nous avons posés dans la société changent ; ils changent avec les idées, ils changent avec notre âme et ils changent sous l'empire de la vie sociale elle-même à laquelle doit s'adapter le droit civil, le droit pénal et toutes les autres parties du droit. Déjà au 19e siècle, nous avons assisté à des changements profonds des principes juridiques.

A ce propos, vous m'excuserez si je vous donne un exemple : la législation du travail : les idées courantes au début du 19e siècle sont considérées aujourd'hui comme des horreurs juridiques. Et nous avons vu poindre en matière de juridiction du travail, des principes nouveaux qui se sont rapidement imposés par la vie sociale elle-même.

Et maintenant, Mesdames et Messieurs, nous voici occupés à faire rentrer dans le domaine juridique les rapports des hommes, par suite de nouvelles inventions techniques, et quelles inventions techniques !

En écoutant tout-à-l'heure M. le Ministre, j'essayais de me rendre compte de la nouveauté, de la singularité de cette invention qui bouleverse nos idées de la propriété individuelle, littéraire, artistique et autres. D'ailleurs, la notion même de la propriété littéraire ou artistique est une notion particulière qu'on n'a jamais pu identifier complètement avec la propriété des choses matérielles. Celle-ci n'a pu se confondre entièrement avec la propriété des choses de la pensée. Aussi quand nous proclamons — je ne veux pas méconnaître le principe de la liberté et du droit d'auteur — le fondement de la propriété de la pensée, nous avons toujours soin dans nos cours, d'ajouter cette remarque : c'est tout de même malgré tout, une propriété spéciale.

Il en est de même de la radiophonie. Ici nous avons en effet affaire à quelque chose de merveilleux qui sort de tous les concepts. On se trouve en présence d'un cas peut-être encore plus complexe que celui qui s'est présenté jadis lorsqu'on eut à étudier les principes de la propriété littéraire et artistique.

Aujourd'hui, les juristes ont besoin de se mettre au courant de la technique, de suivre les progrès des inventions, afin de découvrir les changements qui s'opèrent dans les mentalités, dans les idées.

A cet égard, Mesdames et Messieurs, je voudrais vous exprimer un regret : c'est que les contacts entre techniciens et juristes ne soient pas plus fréquents et plus étroits.

Certes, les techniciens peuvent avoir à nous communiquer des renseignements, des précisions intéressantes et puis, ils ont grand intérêt à ce que les juristes s'occupent activement d'élaborer un code de droits de la T. S. F.

Je sais bien qu'un assez grand nombre de techniciens — qui sont des inconscients — ne se rendent pas exactement compte et nourrissent comme une espèce de mépris, de répulsion à l'égard des juristes ; ils se demandent ce que les juristes viennent faire là !

Pour détruire cette conception erronée, je voudrais me permettre de les renvoyer à une de ces magnifiques préfaces d'Edmond Picard aux volumes des « Pandectes belges ». Il y a notamment une préface qui s'intitule « Mon oncle le jurisconsulte » et dans laquelle Edmond Picard raconte comment dans la société toute entière, et depuis notre naissance, jusqu'à notre mort, dans le court espace de notre vie, nous sommes enveloppés dans le droit, nous baignons dans le droit.

Quoi que vous fassiez, si étranges, si nouvelles, si imprévues que soient toutes les inventions techniques, elles auront — un moment donné — à venir demander au droit des règles pour régir les rapports entre les hommes ; et c'est cela que nous sommes en train de faire, c'est cela que vous faites depuis trois congrès. Et c'est cela qui est la portée vraiment remarquable et particulière de votre Congrès.

Laissez-moi vous dire maintenant, Mesdames et Messieurs, tout l'honneur que j'ai de présider un Congrès comme le vôtre.

Nous n'avons nullement besoin de le passer sous silence : vous n'êtes pas extrêmement nombreux, mais ce n'est pas précisément l'importance de la foule qui fait l'importance de vos assemblées.

Nous avons l'honneur de recevoir aujourd'hui des spécialistes, des hommes qui ont travaillé depuis longtemps, d'une façon particulièrement approfondie, les questions qui les intéressent.

Si l'on jette un coup d'œil sur vos travaux, on n'a pas besoin d'aller loin pour se rendre compte — permettez-moi de vous le dire — que vous êtes un Comité qui travaille.

Aujourd'hui encore, vous avez un vaste programme devant vous. Vous avez d'abord la préoccupation — et je vous en félicite — d'établir la science exacte des mots.

Vous allez d'abord commencer par la Lexicologie de la Radiophonie dans ses rapports avec le Droit. Il vous va falloir établir toute une série de désignations, désignations toujours difficiles mais, nécessaires en une matière comme celle-ci. Vous aurez déjà fait un pas significatif même si vous n'arrivez qu'à une approximation ; car nous savons qu'en de telles matières, la science n'est pas autre chose qu'une langue des faits.

Ensuite, vous aborderez le domaine international et vous vous occuperez d'un plan de Convention internationale de la Radiodiffusion, puis du Plan de Convention Internationale du Droit Privé de la Radioélectricité.

Comme le disait tout-à-l'heure M. le Ministre, vous vous trouvez dans une situation particulièrement favorable : vous n'êtes pas tout-à-fait devant une table rase, mais vous n'avez tout de même pas à combattre un certain nombre de législations qui aujourd'hui ne sont pas encore nées. Or, il y a beaucoup de domaines du Droit international pour lesquels il faut d'abord arriver à une entente préalable et indispensable, à des conventions nécessaires et l'on se heurte souvent dans ces cas à une multitude de préjugés nationaux.

Dans combien de circonstances et combien de fois ai-je vu dans des conférences internationales, des délégués qui, foncièrement, étaient très disposés à admettre un principe d'entente qui était proposé, penser soudainement : « Oui, mais, dans cette éventualité, il va falloir changer n...e législation ». Dès lors, Mesdames et Messieurs, la grande préoccupation, le souci principal du plénipotentiaire était de faire en sorte que la législation de son Etat demeure inchangée.

Et bien, nous nous trouvons dans cette double circonstance intéressante : c'est d'abord que nous ne sommes pas à un Congrès de plénipotentiaires — nous avons les mains entièrement libres — ; ensuite, nous n'avons pas devant nous une série de législations qui sont plus ou moins intangibles ; vous n'avez devant vous que les quelques principes que les législations les plus avancées ont adoptés. C'est donc sur un excellent terrain international que vous vous trouvez, et je vous engage vivement à ne point l'abandonner.

Votre situation est d'autant meilleure que n'étant pas des plénipotentiaires, vous n'avez pas la responsabilité d'un mandat impératif et vous pouvez donner des conseils, faire des suggestions auprès de vos gouvernements ; je n'oserais pas dire, comme M. le Ministre, qu'ils en ont besoin ; mais je dirai tout de même qu'un certain nombre de gouvernements ne seraient pas fâchés d'avoir quelques indications.

Cette situation vous permet alors d'adopter un certain nombre de principes, de prendre certaines dispositions — je vois à cette occasion que vous êtes extrêmement modestes — puisque vous n'allez pas jusqu'à rédiger de véritables articles de conventions et que vous vous bornez à n'élaborer que des plans ; mais ceux-ci n'en seront pas moins extrêmement précieux à ceux qui auront à rédiger de véritables conventions.

J'ai eu l'occasion de voir récemment à la Conférence du Travail combien était utile le travail préparatoire d'une Conférence Internationale où l'on avait pu discuter, puis adopter des principes généraux.

Ensuite, en suivant l'ordre numérique de votre ordre du jour, je vois que vous allez vous occuper de la protection des émissions radiophoniques au point de vue du Droit civil. J'aime à dire que la formule présentée est pleine de sens juridique.

Le poste 5° de votre Ordre du jour porte sur le Droit de l'émetteur sur les émissions et la Concurrence déloyale. Cette question qui demande l'accord de tous les intéressés semble contenir plus d'une difficulté, mais ici encore, je constate le pas franchi, puisque déjà vous pouvez entrevoir l'éventualité d'une entente internationale.

Vient ensuite le problème du Statut International des radiotélégraphistes, sujet qui m'intéresse particulièrement puisqu'il est en corrélation directe avec le Droit international. Vos échanges d'idées sur ce point nous seront extrêmement précieux et nous devrons y revenir quand on aura à s'occuper d'une Convention Internationale à ce sujet.

Immédiatement après figurent les 3 derniers points de vos travaux : « Perception et répartition des droits d'auteur », « Droits des acteurs et artistes exécutants » et finalement : « Diffamation et droit de réponse en radiophonie ».

Je pense que l'énumération même de ces questions, énumération qui est loin encore d'avoir épuisé le vaste sujet — vous aura démontré que votre travail est très considérable et je ne sais même pas si vous pourrez en venir à bout dans ce Congrès.

Vous avez d'ailleurs un Comité International qui étudie de façon approfondie les travaux des Congrès, et je souhaite de tout cœur que le Congrès de Liége puisse apporter une pierre à l'imposant édifice que vous êtes en train de construire.

Mesdames et Messieurs, je termine mon allocution en vous exprimant à nouveau tous mes remercîments pour l'honneur que vous avez daigné me faire. (*Longs applaudissements*).

Pour constituer le Comité de votre Congrès, vous avez maintenant à nommer les vice-présidents. Le Comité International propose ainsi que moi-même de bien vouloir élire comme vice-présidents :

M. Henri KONIC qui représente dans notre assemblée le Gouvernement polonais :

J'ai été tout-à-l'heure particulièrement ému des paroles si touchantes qu'il a bien voulu adresser à mon pays ; j'aime à lui répéter maintenant que la sympathie de la Belgique pour la Pologne est égale à celle de la Pologne pour la Belgique (*Bravos*).

Le Comité International de la T. S. F. vous propose encore comme vice-présidents de ce Congrès :

M. Giuseppe GNEME, délégué de l'Italie,

M. MELLET, représentant du Comité Central des Sociétés de T. S. F. de France,

M. BAHMAN Khan, ministre de Perse et délégué de son Gouvernement, et M. le Colonel Samuel REBER, de la Radio Corporation des Etats-Unis. (*Applaudissements.*

Vous avez ainsi constitué, Mesdames et Messieurs, le Bureau de vos vice-présidents. Les applaudissements qui ont accompagné mes propositions de candidature m'ont donné à croire que vous les avez élus à l'unanimité ; je proclame donc ces messieurs vice-présidents du 4e Congrès juridique International de la T. S. F.

Je vous propose maintenant — mais je pense que cette proposition est quelque peu inutile — de nommer comme rapporteur général l'excellent secrétaire général fondateur du Comité International, M. HOMBURG.

Je crois superflu de rappeler les longs services que M. HOMBURG a rendus à votre Comité et je suis persuadé d'être l'interprète de toute l'assemblée en le priant d'accepter cette charge écrasante de rapporteur général. (*Vifs applaudissements*).

Vous avez aussi besoin d'un secrétaire-général et je pense que M. Georges DOR est tout indiqué pour remplir ces fonctions.

En qualité de secrétaire, je vous propose le choix de MM. Paul HORION, Paul FRAIPONT, et Jean REY, secrétaires de nos commissions. (*Applaudissements*).

Le Comité du 4e Congrès étant ainsi constitué au complet, je donne la parole à M. HOMBURG qui va vous lire son rapport général.

M. HOMBURG, secrétaire général fondateur du Comité.

Monsieur le Président, Mesdames et Messieurs,

Comme aux Congrès antérieurs du Comité international de la T. S. F. nous constatons avec plaisir, au milieu d'anciens membres, la présence de nouvelles personnalités dont le nombre augmente à mesure que se développent nos travaux et qui donnent à notre organisation une vie et une activité nouvelles.

Pour les uns comme pour les autres, il n'est peut-être pas inutile de faire le point et de rappeler en quelques mots quel est le bilan de nos sept années d'existence.

Notre Comité compte aujourd'hui plus de 400 membres, répartis en 23 comités nationaux en activité et 15 comités encore en formation. Assuré du concours ou de la sympathie agissante de près de 30 groupements, Unions, sociétés ou associations, il peut, grâce aux subventions et à l'appui de plusieurs gouvernements, développer sans cesse ses services de documentation où étudiants, industriels, commerçants et administrations viennent de plus en plus régulièrement puiser ; ce sont là je sais, détails matériels que chacun de vous peut connaître et contrôler en parcourant notre dernier annuaire.

Mais encore fallait-il, ne fût-ce que d'un mot, les noter, puisque c'est le fondement qui permet à notre action de se développer et à notre œuvre de prendre corps.

Quand on parle d'une œuvre, on pense immédiatement aux buts plus encore qu'aux moyens.

Nos buts n'ont jamais varié ; ils tendent à dégager des thèses en présence des principes généraux destinés à régir sans heurts les intérêts si divers et parfois opposés que la Radioélectricité met en cause.

Réglementation internationale, unification des droits des divers pays, arbitrage, tels sont les principaux points de notre programme.

Pour sa réalisation, nous avons fait appel à toutes les compétences et ouvert nos rangs aux représentants de toutes les catégories d'intéressés. qu'ils soient techniciens, exploitants, usagers, auteurs, artistes, journalistes, etc... Nos Congrès sont devenus la tribune où chacun a pu librement exposer sa thèse et la confronter avec celle de ceux qu'il pouvait croire des adversaires, et qui n'étaient souvent en réalité que des co-intéressés.

Cette méthode de travail présentait, comme toutes choses, un avantage et un inconvénient.

L'avantage ? c'est de donner à nos travaux et à nos résolutions un caractère de généralité qui en a fait l'intérêt et la force.

L'inconvénient ? c'est que certains nous en ont voulu d'être moins les avocats que les arbitres de leur cause.

Mais si notre Comité international avait eu pour but de défendre et de faire triompher seulement des intérêts déterminés, il n'auraitr pas eu de raison d'être. Les Sociétés d'émission, les auteurs, les artistes ont déjà leurs Syndicats et leurs Unions, les usagers se sont groupés en Fédérations.

Nous n'avions à nous substituer à personne, aussi n'avons-nous cherché qu'à concilier, à rapprocher.

Avons-nous jusqu'à présent réussi ? Il n'existe point en une matière soumise à des variations incessantes de résultat définitif. Du moins les votes quasi-unanimes recueillis à Paris, à Genève, à Rome, sur certaines questions délicates comme celles des droits d'auteur, de la concurrence déloyale, des droits des propriétaires et locataires par exemple, nous permettent de penser que nous n'avons pas travaillé pour rien.

Poursuivant notre activité sur le plan juridique nous avons tenté de coordonner les résultats acquis et d'aboutir à des principes communs à toutes les manifestations de la Radioélectricité : radiotélégraphie, radiotéléphonie, radiotélévision.

C'est ainsi que nous vous proposons aujourd'hui en vue de la prochaine Conférence internationale de Madrid, de rechercher à travers les textes des Conventions existantes les possibilités d'unifier la règlementation internationale non seulement des radiocommunications, mais encore des radiodiffusions, et de compléter l'œuvre des techniciens de Washington en lui donnant la forme et la force juridiques qui lui manquent (*Applaudissements*).

Aussi est-ce avec une satisfaction toute particulière que nous saluons aujourd'hui comme nous avons salué à chacun de nos précédents Congrès la présence de quelques-uns des délégués le plus éminents aux Conférences officielles de Washington, de Prague et de la Haye.

Les vœux que nous pourrons émettre n'engageront pas d'ailleurs les personnalités qui les auront proposés ou les auront ratifiés de leur vote. Nous ne légiférons point ; nous suggérons des principes, nous proposons des textes. Nous n'émettons point la prétention d'être suivis ; nous souhaitons seulement d'être écoutés.

Nous agissons un peu en pionniers de la réglementation internationale de la radioélectricité, et de même que dans des champs d'activité différents, l'Association littéraire et artistique internationale, l'Association internationale pour la propriété industrielle, ou le Comité juridique international de l'Aviation ont abouti ou fait aboutir aux Conventions internationales de Berne, de Paris, de Berlin, de Rome, et de Varsovie, nous voudrions voir nos travaux servir de base à de nouvelles Conventions, notamment en ce qui concerne la radiodiffusion et le droit privé de la radioélectricité.

Pour cela, nous nous sommes placés avant tout sur le terrain du droit international, qui nous a paru l . plus large et le plus adéquat à la matière que nous avions à traiter : la T. S. F. n'est-elle pas par elle-même internationale, elle qui se rit des frontières économiques ou politiques qu'elle traverse en les ignorant ?

Et nous avons cherché à créer un droit international de la Radioélectricité avant que se soient formées, dans leur cadre propre, les différentes législations nationales, avec leurs oppositions de doctrines ou de coutumes inhérentes aux différences de races et de mentalités. Nous espérions ainsi ouvrir les voies à une unification plus rapide des droits nationaux ; n'est-il pas plus aisé de construire sur un terrain vierge que sur un terrain déjà bâti et où il faut d'abord démolir ?

Sur la nécessité d'aboutir à une unification du droit, je ne pense pas qu'il y ait de divergences de vues. Il y a en effet grand intérêt à ce que chacun soit assuré de trouver dans chaque pays une protection uniforme.

Si, par exemple, je suis diffamé au cours d'une diffusion radiophonique, je veux pouvoir poursuivre mon diffamateur en quelque pays qu'il se trouve et partout où mes intérêts auront été lésés. C'est naturel et c'est juste.

Toutefois tout le monde n'est pas d'accord sur la méthode à employer et la lecture de certains des rapports établis en vue de ce Congrès montre qu'il y a dans certaines délégations une tendance à examiner les problèmes de la radio-électricité du point de vue national avant que d'aborder le côté international.

Messieurs, vous aurez à choisir entre deux systèmes : ou bien aller du particulier au général et aboutir à la Convention internationale à travers les oppositions et les résistances des droits nationaux ; ou bien poser en premier les principes généraux, c'est-à-dire internationaux, sur lesquels les droits particuliers des divers pays n'auront plus qu'à se modeler.

La première méthode est plus conforme à l'historique du droit ; la seconde est peut être plus conforme aux nécessités modernes, par le fait qu'elle tend à supprimer par avance l'éclosion de ces douanes juridiques que constitue dans le monde la diversité des droits nationaux

Mais si, au cours de ce Congrès, les opinions pourront se heurter, les liens de sympathie qui se sont créés au cours des derniers Congrès iront en s'affirmant , j'en suis sûr, et constitueront une précieuse tradition que nous nous efforcerons de conserver jalousement pour l'avenir.

Nous sommes en effet réunis pour travailler ; mais, dans l'atmosphère internationale de ce Congrès, ce sera pour nous une occasion et un plaisir de chercher à nous mieux connaître et à nous mieux apprécier. (*Vifs applaudissements*).

M. Dor, *secrétaire général du Congrès.* — Le Congrès a reçu de la part du Secrétaire de l'Académie de Droit international comparé, une invitation officielle pour assister au Congrès de droit comparé qui se tiendra à La Haye du 2 au 6 août 1932 ; vous êtes donc invités officiellement à prendre part aux travaux de ce Congrès..

Il est décidé que l'invitation sera transmise au secrétariat du Comité pour examen et réponse.

La séance est levée à midi vingt.

A l'issue de la réunion, les congressistes se groupent autour de M. Homburg qui, au nom du Comité international de la T. S. F. et au milieu du recueillement des congressistes, dépose une gerbe devant le bas-relief érigé à la mémoire des universitaires belges morts pour la patrie.

DEUXIÈME SÉANCE

Lundi 22 septembre (Après-midi)

Terminologie de la Radioélectricité.

Sous la présidence de Monsieur Mahaim, la séance est ouverte à 15 heures.

M. Mahaim. — Le premier point qui figure à notre ordre du jour est : celui de la « Terminologie de la Radioélectricité dans ses rapports avec le droit ».

Il s'agit en réalité d'une liste de mots dont on donne la signification. Je pense que ce qu'il y a de plus pratique à faire, c'est de prendre toutes les notions dont s'agit et de demander s'il y a des objections à présenter sur la rédaction de ces définitions.

M. Homburg a bien voulu se charger de remplacer au pied-levé M. Paul de Lapradelle, rapporteur de la question, et retenu loin de nous.

M. Homburg, *rapporteur général*. — Le Congrès de Rome a été saisi de la question en 1928, en raison des différences d'interprétation données aux différents mots employés pour la radioélectricité, et ce non seulement dans les législations nationales, mais encore au sein même des conventions internationales.

M. Paul de Lapradelle a choisi parmi tous les termes employés en radioélectricité, ceux seulement qui ont un rapport avec le Droit. Il a donc écarté toutes les définitions qui n'offraient d'intérêt qu'au seul point de vue scientifique, en ne retenant que celles pouvant être employées dans les textes législatifs.

Les rédactions de définitions que nous vous proposons ont été adoptées par nos assemblées générales, mais ne sont que provisoires (1).

M. Reber (Etats-Unis). — Comme interprètes de la Section Américaine, nous sommes, de tout cœur, en faveur d'études propres à établir l'uniformité et la précision dans la lexicologie et la définition des termes qui sont employés dans les conventions internationales en matière de

(1) Cf. *Rev. jur. int. Radioél.* nᵒˢ 22 et 23 (Bulletin du C. I. T. S. F. p. 19, 25 et 30).

radio-communication, que ces termes soient, de leur nature, usuels ou non. Nous croyons que pour arriver à un résultat satisfaisant, il faudra appeler des hommes de loi et des jurisconsultes à prendre une part très considérable à ces études.

Il est clair qu'un Congrès international juridique sera à même de rendre un service signalé en préparant l'énumération des termes rentrant dans les deux catégories suivantes, à titre d'exemple :

a) Les termes qui ne sont pas actuellement définis par quelque convention internationale, et qui, de l'avis du Congrès, devraient l'être, soit pour assurer l'interprétation correcte et uniforme de ceux de ces termes qui figurent dans les conventions internationales quand il en est fait usage, ou encore dans le but de pousser à l'uniformité dans les lois et règlements nationaux des divers États ;

b) Les termes qui, de l'avis du Congrès, sont définis ou employés dans les conventions internationales en vigueur, d'une façon inexacte ou ambiguë.

Il serait parfaitement à propos d'ajouter à cette énumération telles explications que le Congrès jugerait nécessaires pour manifester le besoin d'une définition, ou l'inexactitude ou l'imperfection de la définition pour chacun des termes portés sur la liste.

Un Congrès international juridique pourra tomber d'accord sur une définition satisfaisante de quelques-uns des termes les plus usuels. Il paraît être de toute évidence, par exemple, qu'il faut maintenir dans une terminologie bien comprise, une distinction bien nette entre les communications radio-électriques qui vont à une ou plusieurs personnes dont les noms sont donnés et celles qui sont disséminées parmi le public Ici encore, il paraît être de toute évidence que le mot radio-diffusion ne devrait pas être rigoureusement défini (comme il l'a été dans la Convention internationale de T. S. F. de 1927) au point de ne pouvoir s'appliquer qu'à la dissémination de sons ; il devrait, au contraire, l'être assez largement pour pouvoir comprendre la dissémination parmi le public d'images visuelles, animées ou non, mais si l'on arrive à donner au mot radio-diffusion (*broadcasting*) une signification plus étendue, il ne faudra pas manquer de trouver et de définir des termes propres à décrire chacune des classifications secondaires des termes généraux, de sorte que les conventions internationales puissent faire, sans ambiguïté possible, toute distinction qui pourrait être nécessaire entre elles (pour l'allocation aux divers services des bandes de fréquence, par exemple). La nécessité de faire, dans un avenir plus ou moins prochain, une distinction entre les communications radio-électriques directement disséminées parmi le public et celles, qu'elles soient de sons ou d'images visuelles, qui vont à une ou plusieurs personnes dont les noms sont donnés et qui exploitent des stations de radio-communications et se chargent, à leur tour, de les disséminer parmi le public. Il est bien possible, si l'on arrive à allouer des fréquences très élevées (de plus de 6.000 K. c. par exemple), qu'il devienne nécessaire d'éviter à l'avenir que la radio-diffusion (*broadcasting*) qui n'est destinée qu'à un public éloigné (et qui serait ou ne serait pas répétée pour le public par des stations locales recevant ces programmes en vertu de contrats avec les stations d'origine, ou de quelque accord international, ou autrement) soit confondue avec quelque programme que l'on se propose simplement de relayer à une ou plusieurs stations dont les noms sont donnés. Les progrès rapides des procédés ainsi que le danger d'entraver leur développement à l'avenir par des définitions manquant de justesse nous feraient hésiter à approuver n'importe quelle définition sans être sûrs qu'elle ait été examinée et approuvée par des collèges internationaux de techniciens responsables. Le soin de formuler les définitions de termes peu usuels et d'une signification éminemment technique devrait être laissé, en premier lieu, à des organisations techniques ; mais il faudrait aussi que ces définitions subissent la critique de jurisconsultes. A sa première session, qui eut lieu à La Haye, en 1929, le C. C. I. R. tomba d'accord sur bien des points qui peuvent, à bon droit, prendre le titre de définitions ; prenons comme exemple ses vœux relatifs à la classification des ondes de radio-communication et les termes qui doivent servir à désigner les diverses classes quant à la définition de la puissance et de l'efficacité d'un émetteur, etc.

En résumé, la Section Américaine du Comité international de la T. S. F. est en faveur d'études à poursuivre de façon à obtenir l'uniformité internationale et une terminologie et des définitions exactes pour les termes en usage dans les conventions internationales, les lois et règlements ayant trait aux communications radio-électriques ; la Section, néanmoins, n'est pas d'avis d'adopter pour les termes scientifiques des définitions qui ne se trouvent ni dans la Convention Radiotélégraphique internationale de 1927, ni dans le règlement y annexé, ni de faire aucun changement dans les définitions de termes scientifiques qui s'y trouvent, à moins qu'il ne soit précédé d'un examen approfondi par des collèges d'experts en communications radio-électriques, tels que le Comité Consultatif international technique des Communications radio-électriques, amenant un accord satisfaisant.

M. Homburg, *rapporteur*. — Les conclusions du Comité américain ont reçu par avance la solution qu'elles préconisent, puisque notre Congrès comme notre comité groupent des techniciens en même temps que des juristes.

Quant à notre étude, il y a deux façons d'y procéder : l'ordre alphabétique, celui qui a été employé pour l'impression du rapport, ou, l'ordre logique qui a été employé au cours de nos discussions.

En effet, certains mots demandent une explication ou une définition par comparaison ; par exemple : poste et station ne peuvent être définis l'un sans l'autre.

Quelle méthode allons-nous employer ?

M. le Président. — L'ordre alphabétique paraît le plus pratique pour un premier examen. De plus, nos définitions n'offriront pas un caractère de *ne varietur* absolu ; même une fois adoptées, nous pourrons y revenir dans la suite. (*Adopté*).

Passons à l'examen du mot « amateur ». La définition proposée est : « Toute personne pouvant légalement exploiter dans un intérêt scientifique, et sans poursuivre de but lucratif, un poste expérimental d'émission ».

Je voudrais demander à notre rapporteur-général s'il juge qu'il y a une nécessité réelle de définir le mot « amateur ».

M. Homburg, *rapporteur général*. — La même question pourrait alors se poser pour la plupart des mots, que nous allons rencontrer !

M. le Président. — Non, je fais cette remarque parce que « amateur » est un mot commun et que l'on sait à peu près ce que signifie un mot commun.

Quelqu'un a-t-il des observations à présenter sur le texte de définition proposé ?

M. Van Heemstee (Belgique). — Je pense qu'au lieu « d'exploiter » on pourrait mettre « utiliser » parce que le mot « exploitation » implique l'idée d'un trafic commercial ; or, un amateur peut se borner à faire des communications à titre expérimental ou d'essais.

M. le Président. — Alors, vous proposeriez le mot « utiliser » au lieu de « exploiter ».

M. Mellet (France). — On pourrait peut-être aussi ajouter « légalement » afin d'exclure les fraudeurs.

M. Landrien (Belgique). — On indique dans la définition proposée « dans un intérêt scientifique » ; cependant je connais des amateurs qui ne poursuivent qu'un but d'agrément.

M. le Président. — Avec des postes d'émission ?

M. Landrien (Belgique). — Le cas arrive.

M. le Président. — Est-on d'accord pour remplacer « exploiter » par « utiliser » ? Pas d'opposition ? Nous emploierons, donc le mot « utiliser ».

Passons aux mots « dans un intérêt scientifique ». Cette expression paraît à M. Landrien trop étroite ; il y a, dit-il, d'autres buts que des buts scientifiques. La condition principale, c'est naturellement «sans poursuivre de but lucratif». Tenez-vous essentiellement, M. le Rapporteur général, à la condition « dans un intérêt scientifique » ?

M. Homburg, *rapporteur général*. — Cette définition se retrouve dans certaines législations.

M. Gneme (Italie). — Notamment dans la législation italienne.

M. Mellet (France). — Il y a là une différence avec les P. T. T.

M. le Président. — Peut-on utiliser un poste émetteur tout en faisant concurrence aux P. T. T. ?

M. Landrien (Belgique). — Dans ce cas, l'Etat retirera la licence et l'émission ne sera plus légale.

M. Homburg. — C'est pourquoi d'ailleurs dans les autorisations délivrées aux amateurs, figure la condition d'exploitation dans un but scientifique.

M. Gneme (Italie). — Dans le règlement de Washington, le mot « scientifique » n'existe pas ; mais ce règlement impose des conditions pour les communications avec l'étranger : « Ces communications sont limitées aux messages d'un caractère personnel pour lesquels, en raison de leur manque de distance, le recours au service télégraphique ne saurait être pris en considération ».

M. Homburg. — L'amateur, pour nous, c'est celui qui poursuit avant tout des expériences techniques.

M. le Président. — La question est de savoir si nous maintenons les mots « dans un intérêt scientifique ».

Le vote donne 11 pour la suppression ; 18 contre.

Les mots sont donc maintenus.

Le reprends maintenant les derniers termes de la définition : « sans poursuivre de but lucratif, un poste expérimental d'émission ». Sommes-nous d'accord ?

M. Gneme. — Il me semble que le mot « poursuivre » est superflu ; « sans but lucratif » est suffisant.

M. Homburg. — C'est une question de forme.

M. le Président. — C'est aussi une question de rédaction.

M. Homburg. — « Sans poursuivre de but lucratif » est euphoniquement plus élégant que « sans but lucratif ».

M. le Président. — Insistez-vous, M. Gneme, pour la suppression du verbe « poursuivre » ?

M. Gneme. — Non.

M. le Président. — Le mot « poursuivre » est donc maintenu. « Poste expérimental » est essentiel ; de cette façon, il n'y aurait pour la première définition, qu'un seul amendement : remplacer le mot « exploiter » par « utiliser ».Nous aurons ainsi la définition suivante : «AMATEUR. Toute personne pouvant légalement utiliser dans un intérêt «scientifique, et sans poursuivre de but lucratif, un poste expérimental « d'émission. »

M. ROYER (France). — Je voudrais alors savoir comment on appellera celui qui possède un appareil à la fois pour son agrément et dans un but commercial, comme le cafetier par exemple.

M. HOMBURG, *rapporteur général*. — Ce sera un usager, mais non un amateur.

M. le PRÉSIDENT. — Votre observation, M. Royer, a une grande portée. Nous sommes, pour le moment, occupés à faire un langage techni-que; il sera entendu, dans l'avenir, que nous n'emploierons plus le mot « amateur » comme le font les gens qui ne connaissent pas notre langue. Le mot « amateur » concernera celui qui fait des émissions ; donc, lorsque nous parlerons d'un amateur, il s'agira d'un « amateur-émetteur ».

M. OLAGNIER (France). — Pour répondre à l'objection de notre collègue, on pourrait peut-être introduire dans la définition, le mot « usager ».

M. le PRÉSIDENT. — Si votre proposition est appuyée, nous exami-nerons l'opportunité d'ajouter le mot « usager » dans le lexique.

M. HOMBURG, *rapporteur général*. — Nous pouvons ainsi fréquem-ment, au cours des discussions, rencontrer des mots nouveaux.

M. ROYER (France). — C'est la raison pour laquelle je suis préci-sément intervenu, parce que je considère que cette étude n'est pas ter-minée.

M. le PRÉSIDENT. — Si la proposition d'ajouter le mot « úsager » est appuyée, il reste toutefois entendu que nous examinerons plus tard. la définition à donner à ce nouveau terme « usager ». (*La proposition d'in-troduction du mot « usager » n'est pas appuyée.*)

En conséquence, je mets au vote toute la définition du mot « ama-teur » libellée comme suit :

« *Amateur : Toute personne pouvant légalement utiliser dans un intérêt scientifique, et sans poursuivre de but lucratif, un poste expérimental d'é-mission* ».

M. KUCERA (Tchécoslovaquie). — Que ferez-vous maintenant des amateurs qui n'ont pas de licence, des amateurs secrets ?

M. HOMBURG. — Ce ne sont pas des amateurs.

M. le PRÉSIDENT. — Voulez-vous parler d'un amateur n'ayant pas de licence et faisant des émissions ? Comment l'appellera-t-on ? (*Rires*).

M. KUCERA (Tchécoslovaquie). — Je prends comme exemple un

amateur qui a une licence fixée pour un délai de 2 ans ; à l'expiration de ce délai, il oublie de demander le renouvellement de sa licence. Je pense que ce ne peut être cet oubli de quelques jours qui lui fera perdre sa qualité d'amateur ?

M. Homburg, *rapporteur général*. — C'est une question de réglementation intérieure.

M. le Président. — Dans toutes les définitions, il y a toujours une fissure. Lorsque nous disons dans la définition : « Toute personne pouvant légalement utiliser... » nous avons supposé que le mot « légalement » a rapport non seulement avec la loi, mais aussi avec les règlements administratifs. Si par indulgence, l'Administration elle-même ne relève pas pendant quelques jours l'oubli du renouvellement d'une licence, nous ne serons pas plus catholiques que le pape et nous admettrons que le cas est légal. Sommes-nous tous d'accord ?

(De toutes parts : Oui.)

La définition proposée est acceptée à l'unanimité.)

M. le Président. — Nous abordons maintenant le mot « Antenne », pour laquelle on nous propose cette définition : Conducteur ou ensemble de conducteurs électriques permettant d'émettre ou de recevoir des ondes électro-magnétiques ».

M. Homburg. — La définition qui vous est proposée a déjà été étudiée par le Comité Technique interallié et par la Commission Electromécanique Internationale. Nous y avons ajouté un terme nouveau : le mot « aérien » variété d'antenne.

M. Van Heemstee (Belgique). — Je proposerais comme définition « capteur ou ensemble de capteurs électriques permettant de rayonner: ou de capter des ondes électro-magnétiques ».

M. le Président. — Au lieu d'« émettre », vous indiqueriez « rayonner» et au lieu de « recevoir » « capter ».

M. Van Heemstee (Belgique). — Oui.

M. le Président. — La proposition est-elle appuyée ?

M. Gneme (Italie). — Dans le texte préparé aux Etats-Unis et qui a été adopté par l'Administration italienne, je trouve pour le mot « antenne » la définition suivante : « Dispositif capable de capter ou de rayonner les ondes électro-magnétiques ».

M. le Président. — Comment dites-vous en italien « rayonner » ?

M. Gneme. — « Irradiare ».

M. le Président. — Je trouve que « rayonner » n'est pas heureux ; le mot n'est pas très français. « Rayonner » a un sens intransitif ; c'est par exemple, la lumière, le soleil qui rayonnent ; mais on ne peut, à mon avis, dire : rayonner des ondes. J'avoue toutefois être incompétent et ne fais qu'une simple remarque.

M. Gneme. — En ce qui me concerne, je n'ai aucune préférence ; on peut choisir entre : « rayonner », «radier» ou même « émettre ».

M. le Président. — Je voudrais demander à M. l'Ingénieur si dans le langage technique, on admet l'expression « rayonner des ondes ».

M. Van Heemstee (Belgique). — Oui, c'est admis.

M. Homburg. — Si nous mettions : « la captation et le rayonnement des ondes » ?

M. Van Heemstee. — Au point de vue français, je crois que ce serait tout-à-fait exact, et qu'il vaut mieux employer les substantifs au lieu des verbes.

M. le Président. — Ne pensez-vous cependant pas que « captation » et « rayonnement » impliquent plutôt le résultat d'un appareil qui produit, une antenne par exemple.

M. Homburg.— Ce n'est pas l'antenne qui produit ; l'antenne n'est qu'un instrument de transmission.

M. le Président. — Je mets aux voix les mots « rayonnement et captation » proposés par M. le Rapporteur général. (*L'amendement est voté à l'unanimité*).

La définition sera donc comme suit :

Antenne : Conducteur ou ensemble de conducteurs électriques permettant le rayonnement et la captation des ondes électromagnétiques.

(Adopté à l'unanimité).

M. Royer (France). — Je pense qu'on aurait dû laisser les termes de la première définition et préciser le sens en disant « permettant d'émettre de capter ou de recevoir ».

M. le Président. — Mais le mot « émettre » ne semble pas avoir les suffrages des techniciens !

M. Royer. — Le mot « rayonnement » ne correspond pas en tous cas au caractère non productif de l'antenne.

M. le Président. — Si je comprends bien, il y a pour le moment une protestation contre le vote qui vient d'être émis. Il s'agit de savoir si l'assemblée va revenir sur ce vote; mais c'est là une mauvaise méthode. Quelqu'un demande-t-il qu'on revienne sur le vote acquis ?

Personne ne répondant, je considère donc maintenus les mots « captation et rayonnement ».

Nous abordons ainsi le troisième mot «aérien» défini laconiquement par « variété d'antenne ». N'y a-t-il pas là quelque chose d'obscur ? Deux mots féminins pour définir un masculin !

Mais M. le Rapporteur général a peut-être des raisons pour demander l'introduction de ce nouveau mot.

M. Homburg, *rapporteur général.* — Ce mot est devenu d'un usage tellement courant que je pense qu'on pourrait bien l'adopter.

M. Olagnier (France). — Antenne extérieure signifie, je pense, la même chose que « aérien ».

M. le Président. — Je crois que nous avons intérêt à ne pas surcharger le lexique de trop de mots nouveaux, surtout si vous pouvez obtenir le même résultat en ajoutant un adjectif au mot « antenne».

Etes-vous d'accord pour la suppression de « aérien ». Puisque l'unanimité se fait pour cette suppression, nous enlevons le terme « aérien » du lexique.

Passons au mot « Appel ». C'est un mot intéressant dans une matière juridique, parce qu'on pourrait le confondre avec « secours ».

Je lis la définition proposée :

Appel : Acte par lequel une station (ou un poste) suivant un procédé approprié entre en relation avec d'autres stations (ou postes) en vue d'une radio-communication.

M. Gneme (Italie). — Je fais mes réserves pour l'adjonction du mot « poste ».

M. le Président. — Je fais remarquer que « poste » se trouve entre parenthèses.

M. Gneme. — Je ne suis pas partisan de ce mot.

M. Homburg. — Nous verrons s'il y a lieu de distinguer entre « station » et « poste » au moment où nous discuterons ces deux mots Vous pouvez néanmoins faire dès maintenant vos réserves.

M. le Président. — Sous la réserve pour les mots « station ou poste » qui seront discutés après, est-on d'accord pour adopter la définition présentée ?

M. Kapsambelis (Grèce). — Au lieu de « entre en relation », ne pourrait-on mettre « cherche à entrer en relation ».

M. Homburg, *rapporteur général.* — Je suis d'accord.

M. le Président. — Il n'y a pas d'opposition ? En conséquence je déclare l'amendement « cherche à entrer » adopté.

M. Landrien (Belgique). — Je demande s'il est utile de laisser « suivant un procédé approprié » ; « cherche à entrer en relation... » me semble plus adéquat ; « suivant un procédé approprié » c'est de la technique, mais pas de la définition ; car vous n'allez tout de même pas définir le procédé !

M. le Président. — Voilà donc une nouvelle proposition de supprimer les mots « suivant un procédé approprié ». Cette proposition est-elle appuyée ?

De toutes parts : Oui, oui.

M. le Président. — Nous allons donc passer au vote. La majorité étant en faveur de l'amendement, les mots « suivant un procédé approprié » sont donc supprimés. Alors la définition devient la suivante :

Appel : Acte par lequel une station (ou un poste) cherche à entrer en relation avec d'autres stations (ou postes) en vue d'une radio-communication.

(*Adoptée*).

Mais, parmi les appels il en est un qui est particulièrement intéressant ; c'est l'appel de détresse ; on vous propose de définir cet appel comme suit :

Appel de Détresse : « Procédé particulier à employer par une station (ou un poste) en cas de détresse pour entrer en relation avec d'autres stations indéterminées ».

M. Gneme (Italie). — Je pense que dans la définition on pourrait remplacer « procédé » par « signal », « acte ». ; ce mot me semble plus adéquat parce qu'il implique mieux l'idée d'un acte humain.

M. Homburg. — L'appel de détresse peut être automatique.

M. Palewsky (France). — Pour définir l'appel, il vaudrait mieux mettre « signal » de préférence à acte, parce que « acte » suppose l'intervention humaine, tandis que le « signal » peut être un résultat mécanique.

M. le Président. — Il s'agit d'une proposition sur le mot « acte » que nous retrouvons dans la définition générale de l'appel. Nous devrons peut-être, par raison d'harmonie, revenir sur la définition que nous venons d'adopter pour le mot « appel ». Nous sommes saisis d'une proposition de remplacement du mot « acte » par « signal »; or le mot « acte » ne figure que dans la définition du mot « appel » Par cette proposition, nous sommes donc sollicités de revenir sur la définition de « appel », qui serait ainsi conçue :

Appel : Signal par lequel une station (ou un poste) cherche à entrer en relation avec d'autres stations (ou postes) en vue d'une radio-communication.

Pendant ma lecture, je crois avoir entendu qu'on suggérait également le mot « émission ». En réfléchissant, je crois qu'il est difficile de ne pas considérer comme acte même un signal automatique.

M. Pellenc (France). — L'acte est volontaire ; il laisse supposer l'homme ; ce qui n'est pas le cas pour une machine émettant un signal.

M. le Président. — Je me permets de protester, car si la machine fait un signal, l'origine du mouvement viendra néanmoins de l'homme.

M. Konic (Pologne). — A mon avis, le mot « acte » est plus large que le mot « signal ».

M. le Président. — Je répète donc que la proposition qu'on nous suggère d'une façon presque générale est de revenir sur la définition de « appel » et de changer le mot « acte » par le mot « signal ».

Appuie-t-on cette proposition ? C'est bizarre, plus personne n'appuie maintenant cette proposition ; par conséquent nous maintenons notre première définition adoptée pour « appel ».

Revenons maintenant à l'appel de détresse. Il y a une objection contre le mot « procédé » Que propose-t-on ? Signal ?

M. Gneme (Italie). — Le signal de détresse et l'appel de détresse ne signifient pas la même chose.

M. le Président. — Alors, le mot « procédé » n'est pas mauvais.

M Gneme. — Pour mon compte il est satisfaisant, mais le terme « émission » serait peut-être plus heureux.

M. le Président. — Proposeriez-vous « émission » au lieu de « procédé » ? Il faudrait alors proposer la définition : « Emission particulière à employer... » Or, « employer une émission » cela ne me semble pas très correct au point de vue français.

M. Homburg. — De plus, vous ne définissez rien en disant que l'appel de détresse est une émission particulière... »

M. le Président. — Y a-t-il une raison technique dominante pour employer de préférence « émission » ?

M. Van Heemstee (Belgique.) — Non.

M. le Président. — Je demande donc à nouveau si quelqu'un propose une modification à la définition proposée dans le rapport, avec bien entendu la réserve pour les mots « station ou poste ». Pas de proposition nouvelle, pas d'opposition à la rédaction présentée, je déclare par conséquent adoptée la définition du rapport :

Appel de détresse : Procédé particulier à employer par une station (ou un poste) en cas de détresse pour entrer en relation avec d'autres stations indéterminées.

M. le Président. — Pour « brouillage », nous avons cette courte définition « Trouble provoqué volontairement ou non par l'interférence ».

M. Homburg. — Cette définition a exigé beaucoup de discussions. à nos assemblées générales, nous avons abouti à cette rédaction par opposition à celle du mot « interférence ».

Il semble en effet qu'il soit très difficile d'examiner séparément ces deux expressions, car nous avons abouti à cette conclusion : que le brouillage est plutôt l'aspect juridique du trouble, tandis que l'interférence est son aspect technique. L'interférence est la cause, le brouillage, l'effet.

M. le Président. — Il vaut donc mieux remonter en premier lieu à la cause et je pense que tout le monde sera d'accord pour commencer par l'examen de « interférence ».

M. Loman (Hollande). — Je me permets de vous soumettre la définition suivante : Interférence : phénomène radioélectrique résultant d'ondes dont l'amplitude ou la fréquence varient.

M. Gneme (Italie). — Peut-il y avoir de l'interférence autrement que par le brouillage ?

M. le Président. — Ceci regarde les techniciens, MM. les ingénieurs voudront bien répondre à cette demande.

M. Van Heemstee (Belgique) — L'interférence — autrement dit : combinaison de longueur d'ondes — est due exclusivement au brouillage.

M. Homburg. — Nous allons être en opposition l'un et l'autre !

M. le Président. — La définition peut donc rester ?

M. Van Heemstee. — Oui, mais avec une réserve ; je lis que l'on propose de définir : « Interférence : Phénomène radioélectrique résultant de la rencontre d'ondes ». Le mot « rencontre » ne me plaît pas beaucoup ; la phrase est correcte avec la réserve que je viens de faire pour « rencontre » ; j'aimerais mieux « résultante ».

M. Palewsky (France). — L'interférence ne peut-elle pas être due au croisement ou au chevauchement des ondes ?

M. Royer (France). — Je ne suis pas partisan de ces mots « croisement ou chevauchement » ; « par le simple contact » me paraît plus simple, et plus significtif.

M. Van Heemstee (Belgique). — « Superposition d'ondes » est techniquement parlant, plus exact.

M. le Président. — Voici donc cette fois une proposition concrète «... provenant de la superposition d'ondes ».

M. Gneme (Italie). — Je propose la résolution adoptée en Amérique et en Angleterre : « Interférence : confusion dans la réception due à des déviations électro-magnétiques naturelles, à des signaux non désirés et d'autres motifs ».

M. le Président. — C'est beaucoup plus long.

M. Konic (Pologne). — Il y a là les deux éléments : la cause et l'effet.

M. Homburg. — Et nous voulons précisément séparer les deux mots « brouillage » et « interférence » ; je sais bien que c'est très difficile.

M. le Président. — Faites-vous une proposition formelle, M. Gneme ou vous ralliez-vous à la définition proposée avec introduction du mot « superposition » ?

M. GNEME. — Je suis embarrassé parce qu'il y a un détail technique qui ne correspond pas à la définition que j'ai ici.

M. VAN HEEMSTEE. — Je voudrais un mot adéquat entièrement pour remplacer « rencontre » je cherche un équivalent qui réponde au phénomène physique ; jusqu'à présent je ne trouve que « superposition ».

M. le PRÉSIDENT. — « Superposition » n'est pas un équivalent de « rencontre » ; je fais également remarquer que ce dernier terme a été admis par les techniciens qui ont collaboré au rapport.

M. MELLET (France). — Je crois que l'on pourrait laisser «rencontre»; la terme est suffisamment large.

M. OLAGNIER (France). — Que pensez-vous du mot « simultanéité » d'ondes ?

M. le PRÉSIDENT. — Si j'ai bien compris les divers échanges de vues il ne resterait de la première définition que le mot « phénomène ». M. Van Hemstee vient de parler d'un phénomène physique le mot « physique » remplacerait donc « radioélectrique » et nous aurions le projet de définition suivant :

« Interférence : Phénomène physique résultant de la superposition de deux ou de plusieurs ondes ».

M. MELLET (France). — Ne peut-il y avoir deux ondes qui se super posent sans qu'il y ait interférence ou brouillage. Je le crois, pour ma part. Combien n'y-a-t-il pas d'ondes superposées qui en nous traversant le corps, ne provoquent point d'interférence ?

M. GNEME (Italie). — Peut-il y avoir interférence sans brouillage ?

M. le PRÉSIDENT. — Nous nous occuperons de cela lorsque nous examinerons « brouillage ».

M. HOMBURG, *rapporteur général*. — Pour faciliter la discussion, on pourrait peut-être tenter de se mettre d'accord sur le mot « brouillage » ?

M. le PRÉSIDENT. — Il serait cependant plus logique d'examiner la cause avant la résultante, mais je suis prêt à intervertir l'ordre si vous estimez que nous aurons plus de facilité pour la discussion.

M HOMBURG. — En tous cas, il n'y a pas de brouillage sans interférence; dès lors il semble bien que le brouillage soit le résultat de l'interférence.

M. le PRÉSIDENT. — De toutes les interférences ?

M. HOMBURG. — Il serait peut-être dangereux de vouloir définir maintenant le mot « interférence » parce que c'est toute une théorie que nous voulons résumer en quelques mots. Dans certains cas, il pourra y avoir brouillage par suite d'interférence et dans d'autres cas, le brouillage n'impliquera pas nécessairement l'interférence.

M. le Président. — Je remarque qu'on discute plutôt pour le moment le terme « brouillage »; une proposition vous est faire d'abandonner « interférence » et d'aborder « brouillage »; cela semble correspondre avec les sentiments de l'extrême-gauche. Est-on d'accord pour étudier le mot « brouillage » en premier lieu?

De trois ou quatre membres : Non ! Il vaut mieux définir d'abord « interférence » puisque c'est la cause.

M. le Président. — Il faut que nous procédions par ordre dans nos discussions. Avec une série de définitions de ce genre, nous pourrions aller loin ; je résume donc tous ces débats : Nous avions commencé l'examen de « interférence » ; sur proposition de M. le Rapporteur général qui était d'avis que cela aurait éclairé davantage la notion de « brouillage »

Je dois donc consulter l'assemblée pour savoir si nous restons au mot « interférence » ou si nous l'abandonnons momentanément pour le terme « brouillage ».

Que ceux qui désirent rester à « interférence » lèvent la main ! La majorité se prononçant pour le maintien en discussion du terme « interférence » ; je relis la définition initiale : « Interférence : Phénomène radio-électrique résultant de la rencontre d'ondes ».

Il nous reste deux propositions :

1º De M. Van Heemstee « superposition d'ondes ».

2º de M. Olagnier : « superposition de deux ou de plusieurs ondes ».

Vous ralliez-vous, M. l'Ingénieur, à la proposition de M. Olagnier qui ne fait que préciser votre amendement ?

M. Van Heemstee (Belgique). — Je suis d'accord.

M. le Président. — Je vais donc mettre aux voix la seule définition qui nous est proposée :

« *Interférence : Phénomène physique résultant de la superposition de deux ou de plusieurs ondes* ».

(Au vote: 13 voix contre 13). Nous allons avoir à recommencer l'épreuve.

M. Gneme (Italie). — Puisque le vote est nul, je préférerais supprimer « interférence ».

M. le Président.—C'est une proposition radicale ! Cette proposition est-elle appuyée ?

Différents membres : Oui, oui.

M. le Président. — Il s'agit d'une motion d'ajournement pour étude par le Comité. Je mets aux voix cette cette motion d'ajournement.

La majorité appuyant cette proposition par son vote, je déclare donc le mot « interférence » supprimé provisoirement de notre lexique et renvoyé au Comité pour étude supplémentaire.

Nous reprenons maintenant le terme « brouillage » ; je me demande si maintenant nous n'allons pas être embarrassés, puisque nous avons évincé « interférence » ?

On vous propose donc comme définition:

« *Brouillage* : Trouble provoqué volontairement ou non par l'interférence ».

M. le Président. — M. Gneme vient de me remettre sa proposition « Brouillage » : Confusion dans la réception due à des troubles électro-magnétiques naturels, signaux non désirés ou autres causes ».

M. Royer (France). — Confusion dans la réception » n'est pas tout-à-fait exact. L'interférence a pour effet le brouillage ; nous sommes tous d'accord là-dessus ; or l'interférence se produit en dehors de la réception. Voilà donc déjà un compartiment trop limité de la définition de M. Gneme.

D'autre part, les « troubles électro-magnétiques naturels » sont des troubles qui ont une action connue, constante ; or le brouillage le plus fréquent est celui d'ordre industriel.

J'aurais de beaucoup préféré les définitions proposées en premier lieu.

M. le Président. — Je mets d'abord aux voix la définition dans sa forme initiale. Par 18 voix contre 12, cette définition est adoptée.

« *Brouillage : Trouble provoqué volontairement ou non par l'interférence* ».

Nous passons au mot « centre » qu'on vous propose comme équivalent de « groupe de stations ».

M. Homburg. — Ici encore, nous avons examiné le mot « centre » en même temps que deux autres mots voisins de celui-ci : « poste » et « station » ; nous avons établi une sorte de hiérarchie suivant l'importance des installations : la plus petite étant le poste, la plus importante étant le « centre ».

M. le Président. — Pour bien travailler, il faut prendre les trois mots à la fois : « poste » « station » et « centre » ; je mets donc ces trois termes en discussion commune.

Les trois définitions proposées sont :

« *Poste* » : *Installation radioélectrique mobilière servant à l'émission, à la transmission ou à la réception des ondes* ».

« *Station : Installation radioélectrique immobilière servant à l'émission, à la transmission ou à la réception des ondes* ».

« *Centre : Groupe de stations* ».

M. GNEME (Italie). — Pour le mot « poste » « Installation mobilière » n'a pas une signification bien précise.

M. HOMBURG, *rapporteur général*. — Cela signifie : installation qui n'est pas fixée au sol.

M. GNEME. — Il y a des stations qu'on ne pourrait faire rentrer exclusivement dans le domaine mobilier ou immobilier. Je préférerais conformément aux discussions de Washington, donner un sens plus large à « station », en supprimant le mot « poste » et en acceptant le terme « centre » qui est en usage.

M. LANDRIEN (Belgique). — « Station » et « poste » ne s'appliquent pas au même objet. Poste implique plutôt l'idée de réception, tandis que station s'applique normalement à l'émission.

C'est peut-être là qu'il y aurait lieu de distinguer ; car chacun de nous n'a pas une station chez lui, mais bien un poste.

Station ne répond donc pas à l'idée qu'on se sert généralement d'un poste mobilier; nous pourrions donc fixer plus exactement ce sens.

M. GNEME (Italie). — Je pense que la définition qu'on veut donner du « poste » n'est pas conforme au langage radioélectrique mondial. Nous devons rester dans les limites de ce qui a été fait jusqu'à présent et nous ne devons pas nous arrêter à certaines acceptions du langage populaire.

Il existe des définitions de caractère général ; une telle définition ne nous met pas dans la nécessité d'ajouter le mot « poste » au mot « station » qui à déjà une signification très large. Le terme « station » comprend toutes les installations mobilières et immobilières. Du reste, dans les séances du Comité, on n'a jamais parlé de telle ou telle espèce de station, on a toujours purement et simplement parlé de « stations ».

M. le PRÉSIDENT. — Même quand il s'agit d'un poste mobilier de réception, cela s'appelerait une station ?

M. LANDRIEN. — Je crois qu'il faut conserver « poste » ; un particulier possède un poste et non pas une station ; sauf le cas où « poste » s'appliquerait à une station d'émission.

M. HOMBURG. — C'est pour éviter ces confusions qu'on veut donner une signification précise. Nous avons cherché un critérium : celui de la distinction entre les meubles et les immeubles.

M. DROUETS (France). — Si « station » implique l'idée de quelque chose à demeure qui ne bouge pas, comment désignera-t-on les installations montées sur des voitures qui circulent ?

M. le PRÉSIDENT. — Notre préoccupation est double : d'abord on voudrait expliquer ce qui existe déjà ; d'autre part, on emploie parfois indifféremment « poste » ou « station » dans des cas tout-à-fait semblables

Au point de vue scientifique, il y aurait intérêt à pouvoir s'entendre. Il faut savoir quel est le vrai terme à employer. Selon les définitions proposées, le poste c'est une installation mobilière, et la station, une installation immobilière. Est-ce suffisant comme distinction ?

M. GNEME. — Nous avons déjà une définition très claire dans le Règlement de Washington, à la suite des accords de 1908. Je préfère laisser les choses telles qu'elles sont et laisser à « station » son sens général. La matière qui nous occupe est déjà bien réglée ; je répète que le terme « poste » sert, dans le langage habituel, pour traduire l'idée d'une petite installation.

M. HOMBURG. — Seulement, vous trouvez le mot « poste » dans les législations où on le confond souvent avec « station ». Nous devons donc nous efforcer de clarifier ces dénominations.

M. MOREAU (France). — La distinction entre installation mobilière et immobilière n'est pas toujours aisée. Un navire, par exemple, c'est une ville flottante, ce n'est donc pas mobilier.

M. HOMBURG. — Juridiquement, les navires sont meubles par nature.

M. LANDRIEN (Belgique). — Il est nécessaire de maintenir une distinction entre « station , poste et centre ». Il faudrait d'abord consulter l'assemblée pour savoir si elle est d'accord pour maintenir une distinction entre les trois termes.

M. le PRÉSIDENT.—Oui, mais à la condition qu'on trouve une distinction. Il s'agit au préalable de savoir si le mot « poste » est maintenu. Je met donc aux voix le maintien du terme « poste ». La majorité étant pour le maintien, le mot « poste » est conservé. Mais vous vous trouvez maintenant devant le problème le plus difficile : Qu'est-ce qu'un poste ?

M. LANDRIEN (Belgique). — Il y a deux méthodes pour définir, en dehors de celle indiquée par le rapporteur. Il s'agit avant tout de créer des différences qui par contraste formeront la définition.

On pourrait 1° s'inspirer des définitions du rapporteur, mais préciser ou remplacer les mots « mobilier » et « immobilier » ; 2e s'inspirer des différences de volumes et dire que le poste est une petite installation à puissance limitée, et inversement pour la station.

M. MELLET (France). — Je suggère pour « poste » appareil ou installation radioélectrique amovible mobilier.

M. HOMBURG, *rapporteur général*. — Mobile et amovible, immobilier et inamovible sont équivalents.

M. GNEME (Italie). — La conséquence de nouvelles définitions peut être très fâcheuse ; suivant le Règlement de Washington — qu'il est presqu'impossible de modifier — quand nous disons « station mobile » cela signifie une station qui peut se mouvoir librement dans l'air, dans l'eau, sur terre ; il y a toute une réglementation spéciale.

Par conséquent si nous introduisons un mot nouveau nous devons nécessairement le définir, de manière à ne pas troubler la législation existante. Si nous transformons le sens de « station maritime », nous devons aboutir à une nouvelle classification.

M. le Président. — Ne pourrait-on pas remplacer « station mobile » par « poste » ; exception faite pour les stations maritimes que je ne veux point considérer comme des postes.

M. Landrien (Belgique.) — C'est de ce côté-là qu'il faut chercher la définition.

M. Kucera (Tchécoslovaquie). — Je voudrais demander à M. Konic si en polonais il y a un terme spécial pour traduire poste et un terme pour désigner station. En Tchécoslovaquie, nous avons un mot pour poste et un pour station.

M. Konic (Pologne). — En polonais également, ainsi qu'en russe.

M. le Président. — Et dans les autres langues ?

M. Bahman Khan (Perse). — En persan, nous avons deux mots.

M. Kapsembelis (Grèce). — En grec, aussi.

M. Chen hsien ting (Chine). —En chinois et en japonais également.

M. Homburg. — On pourrait renvoyer au Comité pour étude supplémentaire les trois mots : station, poste et centre.

M. le Président. — On propose maintenant de renvoyer la question au Comité pour étude plus complète. Je mets cette proposition aux voix. (*Adopté à l'unanimité*).

Pour « correspondance ». Voici la définition proposée :

« Correspondance : Echange de communications radioélectriques entre deux stations déterminées ».

Cette explication laisse supposer qu'il ne peut pas y avoir de « correspondance » entre deux postes.

M. Homburg. — « Poste » aurait dû être mis entre parenthèses. Nous pourrions étendre ici la réserve faite quant à la définition de « appel » et nous pourrions ajouter « postes » en réservant la définition de ce mot, bien entendu.

M. Landrien (Belgique). — On pourrait mettre pour « poste » une définition se rapprochant de la « station ».

M. le Président. — C'est une question d'interprétation de la définition. Il sera naturellement entendu au procès-verbal que le mot « stations » est employé ici dans un sens juridique et qu'il n'exclut pas éventuellement le terme « postes ». Cette interprétation fera partie des travaux préparatoires.

Y a-t-il des propositions d'amendements à la définition :

« *Correspondance* : *Echange de communications radioélectriques entre deux stations (ou postes) déterminées.*

Comme il n'y a pas d'opposition, je déclare cette définition acceptée Voici maintenant le mot : « Détresse ».

« Détresse : Etat d'un navire, aéronef ou tout autre véhicule, qui est sous la menace d'un danger grave et imminent, requérant assistance immédiate ».

Je remarque qu'on a fait suivre par la note « Réservé ».

M. Homburg. — Cette définition n'a en effet pas été adoptée par l'assemblée générale.

Il n'y a pas d'ailleurs de définition de ce mot dans le Règlement de Washington.

M. Mellet (France). — Ne pourrait-on ajouter aux mots « navires, aéronefs, etc... » l'appel de détresse lancé par un médecin ? Nous avons déjà eu différents cas d'appels de médecins réclamant d'urgence un vaccin spécial par exemple.

M. Gneme (Italie). — Ce cas rentre plutôt dans la rubrique « appel de détresse », mais nous devons nous garder de tout changement aux définitions qui pourrait les altérer.

M. Mellet (France). — Oui, mais, en plus de l'appel du médecin, il faut aussi envisager l'aide à apporter.

M. Gneme. — Je suis contre M. Mellet s'il veut donner différentes significations à signal ou appel de détresse. Le règlement international établit en effet des différences considérables entre ces deux termes. Le cas d'appel par médecin a de plus été prévu par l'établissement de signaux d'urgence.

M. Landrien (Belgique). — Les notions « signal ou appel d'urgence » manquent toutefois dans le texte.

M. Le Président. — Fait-on d'autres critiques à la définition ?

M. Drouets (France). — Il serait, je pense, utile d'ajouter « autos ou tous véhicules ».

M. le Président. — Je mets d'abord la définition initiale aux voix.

« *Détresse* : *Etat d'un navire, aéronef ou tout autre véhicule, qui est sous la menace d'un danger grave et imminent, réquérant assistance immédiate* » (*Adopté*).

Nous continuons notre étude par « écoute ».

Ecoute : Fait pour une station d'être en état de réception, soit en permanence, soit durant un temps déterminé ».

M. Olagnier (France). — Au point de vue rédactionnel, je préférerais

« état de réception d'une station ». Je trouve que « fait pour une station... » n'est pas très élégant.

M. le PRÉSIDENT. — Je dois reconnaître l'exactitude de votre remarque, mais afin qu'on ne cherche point la petite bête, je m'empresse d'ajouter que les termes « être en état de réception » se trouvent dans le premier texte.

M. HOMBURG. — En ce qui me concerne, je défends le texte proposé.

M. le PRÉSIDENT. — Ce n'est guère évidemment qu'une question d'élégance. La rédaction initiale est très claire incontestablement et nous avons grand intérêt à être clairs. A l'Académie, on dirait : « Ecoute, se dit d'une station en état... » Je pense qu'un individu pourrait également être en écoute.

M. LANDRIEN (Belgique). — Il y a l'écoute générale et l'écoute particulière. On peut être en écoute générale, d'une façon permanente ; ou en écoute particulière, c'est-à-dire à la recherche d'une station déterminée avec longueur d'ondes déterminée.

M. HOMBURG, *rapporteur général.* — Votre remarque n'apporte aucun changement à la définition.

M. VAN HEEMSTEE (Belgique). — Il faut distinguer entre écoute générale où l'opérateur cherche à entendre toute une gamme de longueurs d'ondes et l'écoute permanente qui est imposée normalement à bord des navires pour entendre une longueur d'ondes déterminées.

M. le PRÉSIDENT. — Il vous appartient de faire pour ce mot les distinctions nécessaires en précisant les objectifs. Du moment que vous ne faites pas de proposition et que le terme s'applique à l'écoute générale et particulière, je ne vois guère la possibilité de changer la définition.

M. MELLET (France). — Dans la définition proposée : « Fait pour une station d'être en état de réception... », est-ce la station ou celui qui va écouter qui est en état de réception ?

« Ecoute » c'est le fait d'entendre la station qui émet. L'écoute n'est point l'émission elle-même. Il faudrait ajouter les mots « par les auditeurs » et dire « Fait pour une station d'être en état de réception par les auditeurs... » Sans cette ajoute, on semble dire que c'est la station qui est destinée à recevoir.

M. le PRÉSIDENT. — Appuie-t-on l'amendement proposé par M. Mellet ? Non ; alors je mets aux voix la définition initiale que je vous relis :

« *Ecoute : Fait pour une station ou un poste d'être en état de réception, soit en permanence, soit durant un temps déterminé* ».

La majorité étant d'accord sur ce texte, je déclare cette définition adoptée.

Examinons maintenant « Emission » et le texte de définition proposé :

« *Emission* : Acte consistant pour un poste ou une station à envoyer (dans une direction fixe ou variable) des ondes électromagnétiques ».

M. Homburg. — Ici encore, nous pourrons rapprocher le terme « émission » du mot « réception » ; il suffit de remplacer « envoyer » par « recueillir ».

M. le Président. — Effectivement, vous avez sous les yeux la définition de réception :

« *Réception* : Acte consistant pour un poste ou une station à recueillir des ondes électromagnétiques.

M. Moresco (Hollande). — Cette question pourra être tranchée lorsque nous aborderons le droit d'auteur. Mais je tiens à dire dès maintenant qu'il y a grande importance à savoir d'une façon précise quel est le caractère d'une émission relativement aux droits d'auteur.

Je propose de renvoyer la discussion jusqu'au moment où nous examinerons les propositions relatives aux droits d'auteur. Dans la discussion de cette matière, il s'agit de savoir exactement ce qu'est une émission ; et la conclusion découlera précisément de la discussion des propositions relatives à la propriété littéraire, artistique, et même industrielle.

M. le Président. — Il y a donc une proposition d'ajournement.

M. Gneme (Italie). — Je propose — si la majorité est d'accord — d'accepter provisoirement la définition proposée, sous réserve de modifications à introduire au cours des séances suivantes.

M. Moresco (Hollande). — Je suis d'accord, s'il est entendu que la définition qui sera adoptée aujourd'hui ne sera que provisoire.

M. Palewsky (France). — Je vous propose dans les définitions d' «émission » et de « réception » de supprimer les mots « ondes électromagnétiques et de les remplacer par « ondes sonores ou lumineuses produites par un appareil approprié ». La définition complète serait ainsi conçue :

« Emission : Transformation d'ondes sonores ou lumineuses en ondes électromagnétiques par un appareil approprié ».

M. Homburg. — Je me permets de vous rappeler que cette proposition a été écartée par l'assemblée générale. Je ne veux pas personnellement faire échec à votre proposition, mais il a été objecté antérieurement que l'émission n'était pas une transformation, mais bien une création

Si le Congrès partage mes vues, vous pourriez donc introduire votre définition à l'occasion du mot « transmission ».

M. le Président. — Quel est l'avis de MM. les techniciens ?

M. Van Heemstee (Belgique). — Nous préférons le texte initial.

M. Homburg, *rapporteur général*. — Messieurs les techniciens ont déjà tenu compte de mon observation.

M. Palewsky (France). — Je retire ma proposition.

M. le Président. — Personne ne demandant plus la parole, je vais soumettre la définition au vote de l'assemblée, et je fais remarquer — pour l'harmonie de nos décisions — que la réserve de l'adjonction du mot « poste » à « station » ainsi que toutes les autres réserves formulées restent acquises.

« *Emission : Acte consistant pour une station (ou un poste), à envoyer, dans une direction fixe ou variable, des ondes électromagnétiques* ». (Adopté).

M. Moresco (Hollande). — Je suppose que cette décision vise uniquement le sens technique du mot. Pour les termes « émettre, émission... » il y a une grande différence entre le sens technique et le sens juridique ou logique. Comme il a été convenu, c'est bien du sens juridique et logique, que nous discuterons dans la suite, n'est-ce pas ?

M. le Président. — Vous ne proposez pas un mot nouveau ?

M. Moresco. — Non.

M. le Président. — Si je vous ai bien compris, vous ne faites pas non plus d'objection sur le sens technique.

M. Homburg. — Il a du reste été entendu que notre vote n'avait qu'un caractère provisoire.

M. Moresco. — Je suis d'accord.

M. le Président. — Nous voici maintenant au mot « Indicatif ».

« *Indicatif* : Formule d'immatriculation d'une station permettant l'identification ».

M. Van Heemstee (Belgique). — Pourquoi ne pas dire : « Formule... permettant *son* identification » ; il ne s'agit pas d'une identification générale comme le laisse supposer le texte proposé.

M. Homburg. — Je veux bien me rallier à cette formule : « ... permettant son identification ».

M. le Président. — Il est bien entendu que nous devrons faire accompagner le mot « station » de son auxiliaire « poste ».

M. Drouets (France). — « ... qui en permet l'identification » serait plus français.

M. Homburg. — On pourrait aussi dire : « qui permet l'identification d'une station ».

M. Mellet (France). — « ... qui permet d'identifier une station » est une formule plus courte et plus nette encore.

Plusieurs voix : Oui, oui.

M. le Président. — On semble être favorable au texte suivant :

« *Indicatif : Formule d'immatriculation permettant d'identifier une station (ou un poste)* ».

Je le soumets donc au vote. (*Adopté*).

Vous allez maintenant avoir à examiner : « Ondes électro-magnétiques : Phénomène vibratoire de propagation à travers l'éther d'une production électro-magnétique ».

Les techniciens présents n'ont-ils rien à dire au sujet de cette définition d'autres techniciens ?

Naturellement vous devez admettre l'éther bien que vous n'en puissiez pas dire plus que moi-même.

M. Van Heemstee (Belgique). — Je proposerais plutôt : « Phénomène vibratoire ou d'oscillation électrique... »

M. Gneme (Italie). — Nous ferions peut-être mieux de supprimer « vibratoire ».

M. le Président. — Quittes éventuellement à le remettre ensuite ?

(*La suppression est votée à l'unanimité*). La nouvelle définition devient donc : « *Ondes-électro-magnétiques : Phénomène de propagation à travers l'éther d'une production électro-magnétique* ».

M. Gneme. — Ne pourrait-on changer « propagation » par « perturbation ». ?

M. Homburg. — « Perturbation » a un sens péjoratif indésirable.

M. Gneme. — « Perturbation d'ordre périodique » ce sont les termes de la définition adoptée en Amérique. Nous l'avons aussi adoptée en Italie, elle doit aussi être admise en Grande Bretagne.

M. Van Heemstee. — Je propose de remplacer les mots « d'une production électro-magnétique » par « provoqué par des oscillations électriques ».

(A la majorité, la proposition est rejetée).

M. Mellet — On pourrait adopter le texte suivant : « Phénomène de rupture d'équilibre de l'éther provoqué par des oscillations radio-électriques » ? -

M. le Président. — Cette proposition est-elle appuyée ? Comme personne ne répond ; je regrette de ne pouvoir la soumettre au vote. Il vous est proposé maintenant le texte suivant :

« *Ondes électro-magnétiques : Phénomène de propagation à travers l'éther d'une production électro-magnétique* ».

(A l'unanimité (moins une abstention), le texte est adopté).

Mais les ondes se divisent en plusieurs espèces; il y a d'abord les « entretenues » qui sont de quatre genres.

M. Gneme (Italie). — Les textes de définitions qu'on nous propose se rapprochant sensiblement de ceux des Règlements de Washington, je propose que l'examen porte sur toutes les ondes à la fois » (Adopté).

M. le Président. — Voici les définitions proposées.

« A) *Ondes entretenues* : 1º *Ondes entretenues : Ondes qui en régime permanent sont périodiques, c'est-à-dire telles que leurs oscillations successives sont identiques* (Adopté à l'unanimité).

« 2º *Ondes entretenues manipulées : Ondes entretenues dont l'amplitude ou la fréquence varie sous l'effet d'une manipulation télégraphique* ;

(Adopté à l'unanimité).

« 3º *Ondes entretenues modulées à fréquence audible : Ondes entretenues dont l'amplitude ou la fréquence varient en suivant une loi périodique de fréquence audible* ;   (Adopté à l'unanimité).

« B) *Ondes amorties : Ondes composées de trains successifs dans lesquelles l'amplitude des oscillations, après avoir atteint son maximum, décroît ensuite graduellement* »   (Adopté à la majorité).

M. le Président. — « Radiocommunication », on nous propose de définir ce terme de la façon suivante :

« Radiocommunication : Echange entre deux ou plusieurs stations par un procédé radioélectrique quelconque d'écrits, de signes, de signaux, d'images ou de sons de toute nature ».

M. Gneme. — Pourquoi s'est-on écarté du texte de Washington ? Celui-ci était meilleur parce qu'il avait un sens plus général ; il s'appliquait aussi à toutes les ondes hertziennes.

M. Homburg. — Nous avons tenu à marquer la différence entre « radiocommunication « et « radiodiffusion » :
Radiocommunication : entre deux ou plusieurs stations déterminées ;
Radiodiffusion : entre une station déterminée et un public indéterminé.

M. Gneme (Italie). — Alors la transmission des messages à plusieurs destinations — qui sont de véritables communications radio-télégraphiques — ne sera pas comprise dans ces définitions, puisqu'il ne s'agit pas de stations déterminées ?

M. Homburg, *rapporteur général.* — Nous avons mis « entre deux ou plusieurs stations » pour prévoir le cas de communications à plusieurs destinations.

M. Konic (Pologne) — Je critique le mot « échange ».

M. Gneme. — Le vrai terme est « transmission ».

M. le Pésident. — Appuie-t-on la proposition de remplacer « échange » par « transmission »?

Nombreux membres : Oui, oui.

M. Van Heemstee (Belgique). — Je préfère « échange » parce qu'il implique une transmission et une réception dans les deux sens.

M. Gneme (Italie). — Votre demande ne correspond pas à l'état des faits puisqu'aussi bien on peut avoir plusieurs communications dans une seule direction.

M. le Président. — Le texte deviendrait donc :

« *Radiocommunication : Transmission à une ou plusieurs stations — (ou postes) — déterminés par un procédé radioélectrique quelconque d'écrits, de signes, de signaux, d'images ou de sons de toute nature* ».

Je mets ce texte aux voix. (*adopté à la majorité*).

J'en arrive maintenant à :

« Radiodiffusion : Transmission à l'usage du public par la voie radioélectrique de sons ou d'images ».

M. Moresco (Hollande). — Ici, encore, les mêmes réserves s'imposent que pour le mot « émission » ; on rencontre en effet, au point de vue des droits d'auteur, des difficultés sérieuses pour déterminer exactement qui est le public.

M. Gneme. — Est-il opportun de laisser « ou d'images » dans cette définition ? Si un jour, nous avons ce service, nous l'appellerons d'un autre manière « télé-photographie ».

M. Homburg. — A notre sens, la radiodiffusion comprend et englobe tout. La radiodiffusion est l'ensemble des diffusions à des personnes indéterminées, qu'il s'agisse de sons ou d'images.

M. le Président. — Je crois que ce qui est essentiel, ce sont les mots « à l'usage du public ».

M. Homburg. — Nous avons ajouté « images » pour prévoir l'avenir.

M. le Président. — Alors, nous anticipons.

M. Homburg. — Non, car cela existe déjà.

M. Palewsky (France). — Notamment en France.

M. Gneme (Italie). — J'ai vu qu'on en parlait aussi dans les journaux allemands. Mais, malgré tout, c'est une radiodiffusion toute spéciale.

M. Homburg. — Nos définitions ne seront jamais que provisoires et devront s'adapter aux progrès.

M. Gneme. — Dans ce cas, je ne fais aucune proposition.

M. le Président. — En conséquence, je soumets à votre vote, le texte proposé.

« *Radiodiffusion : Tranmission à l'usage du public par la voie radioélectrique de sons ou d'images* » (Adopté à la majorité).

Nous voici au « radiophare », pour lequel on nous propose : Radiophare : Station émettrice dont les émissions permettent à un poste de déterminer son relèvement par rapport à des directions données.

M. Palewsky. — Il faudrait préciser de quel relèvement il s'agit.

M. Gneme. — Voici une définition peut-être plus claire « Radiophare :

Station émettrice située dans un lieu géographique déterminé qui émet un signal distinctif, caractéristique, dans le but de permettre à une station mobile de prendre son relèvement et de déterminer sa marche ».

Je pense que le mot « mobile » est nécessaire dans la définition.

M. PALEWSKY (France). — Pourquoi n'adopterait-on pas la définition admise par la Convention de Washington ? « Radiophare : terme pour désigner une station spéciale dont les émissions sont destinées à permettre à une station de réception de déterminer son relèvement, ou une direction, par rapport au radiophare ».

J'estime que le sens de ce texte est plus large par rapport aux stations ou postes émetteurs.

M. GNEME (Italie). — Je proposerai cette rédaction : « Station émettrice dont les émissions permettent à une station mobile de déterminer son relèvement par rapport à des directions données ».

M. ROYER (France). — Dans tous les relèvements, on envisage une série de directions : il y a des directions connues et des inconnues.

M. le PRÉSIDENT. — Voilà une proposition de supprimer les mots « par rapport à des directions données ».

M. ROYER. — Un poste mobile tient à connaître sa position.

M. le PRÉSIDENT. — L'amendement « par rapport à des directions données », c'est-à-dire la proposition de suppression de ces mots est maintenue n'est-ce pas ?

M. ROYER. — Parfaitement.

M. PELLENC (France). — Les définitions qu'on donne sont trop restrictives et ne s'appliquent en réalité qu'au radiogoniomètre. Un radiophare est un phare qui émet des signaux électriques ; c'est une installation qui permet de déterminer des directions. Par conséquent le radiophare peut éventuellement être radiogoniomètre, mais n'est pas radiogoniomètre par essence.

M. HOMBURG. — Vous appuyez en somme M. Royer.

M. le PRÉSIDENT. — Je demande l'avis des techniciens.

M. VAN HEEMSTEE (Belgique). — La dernière définition qu'on vient de nous lire est correcte.

M. GNEME (Italie). — Les remarques qu'on vient de faire ne visent pas la définition que j'ai lue «... pour permettre aux stations mobiles de prendre des directions déterminées »...

M. PELLENC. — « Ou de déterminer la marche du navire » ; en signalant, par exemple, un écueil au navire, on lui facilitera sa marche.

M. HOMBURG. — Alors, vous auriez «... faciliter la marche...» sans «... déterminer son relèvement ».

M. GNEME. — « Déterminer la marche » plutôt.

Quelques membres. — Prenons le texte de Washington !

M. GNEME. — Il faudra ajouter les mots « à la position géographique ».

M. HOMBURG. — De même que « poste émetteur » comme nous l'avons dit tantôt.

La rédaction nouvelle serait la suivante :

« *Radiophare : Station spéciale dont les émissions sont destinées à permettre à une station mobile de réception (ou à un poste récepteur) de déterminer son relèvement ou une direction par rapport à la position géographique du radiophare* » (*Adopté à l'unanimité*).

M. le PRÉSIDENT. — Nous passons ensuite à « Radiotélégraphie »

« Radiotélégraphie : Communication radioélectrique de textes au moyen de signes conventionnels ».

M. VAN HEEMSTEE (Belgique). — Au lieu de « communication radioélectrique », on pourrait dire « radiocommunication », terme qui est déjà défini.

M. MELLET (France). — Que vient faire ce mot « radiotélégraphie » ? Il faut tout de même que la définition renferme le terme « télégramme », sinon elle ne répond plus au substantif lui-même !

M. le PRÉSIDENT. — Je pense que vos remarques concernent les mots suivants du lexique ; radiotéléphonie, radiotélégramme.

M. HOMBURG. — Ce sont des formes spéciales de la radiocommunication.

M. le PRÉSIDENT. — Il y aurait alors peut-être lieu de grouper les termes comme nous l'avons utilement fait tantôt. Nous pourrions examiner « radiotéléphonie » et « radiotélégraphie » de pair. Pas d'opposition à cette façon de procéder ? Nous discutons donc maintenant sur les termes « radiotélégraphie » et « radiotéléphonie ».

M. KONIC (Pologne). — On pourrait ajouter pour la « radiotéléphonie » : « Communication radioélectrique de la parole et *des sons* ».

M. HOMBURG. — Mais le son englobe la parole !

M. le PRÉSIDENT. — Alors, il faut supprimer la parole ?

M. OLAGNIER. — A « paroles » il faudrait aussi ajouter « musique ».

M. le PRÉSIDENT. — Messieurs, je vous demande de voter sur l'adjonction des mots « et des sons ». Vous adoptez en conséquence, par majorité, ces mots. Pas de nouvelles propositions au sujet de radiotélégraphie ? En conséquence, vous adoptez les deux définitions ci-après :

« *Radiotélégraphie : Radio-Communication de textes au moyen de signes conventionnels* ;

« *Radiotéléphonie : Radiocommunication de la parole ou de sons* ».

M. HOMBURG, *rapporteur général.* — Nous abordons ensuite les termes « Relai » et « Retransmission ». Je propose de les grouper pour l'examen.

M. le Président. — Pas d'opposition à cette façon de discuter ?

M. Homburg. — Voici comment ces deux termes ont été définis :
« Relai : Renforcement d'une communication ou d'une diffusion par une émission nouvelle (Le relai devient une retransmission s'il est automatique).

« Retransmission : Transmission automatique d'une émission reçue.

M. Landrien (Belgique). — Ne pourrait-on pas dire pour la dernière définition : « Relai automatique » simplement ?

M. Homburg. — En français, nous avons deux termes ; je ne sais pas s'ils ont leur équivalent dans les autres langues ; mais je crois que les définitions peuvent rester.

M. Gneme. — La transmission peut être automatique ou manuelle, je ne comprends pas pourquoi on a fait une différence ; le relai c'est l'origine, c'est l'appareil ; la retransmission, c'est le résultat. Il faut établir d'autre part une séparation entre « réception télégraphique » et « réception téléphonique » ; ce sont deux choses différentes.

M. Mellet (France). — Permettez-moi de faire une comparaison : La course sportive de relais, en France, consiste en ceci : Sur un parcours on dispose un certain nombre de coureurs : le premier coureur a un bâton à la main ; lorsqu'il a parcouru son étape, il remet le bâton à un deuxième coureur et ainsi de suite.

Admettons que nous fassions une émission, ici ; cette émission est reçue par un poste — comme le deuxième coureur qui reçoit le bâton — et ce poste transmet l'émission, à son tour.

M. Gneme (Italie). — C'est pour cela que je disais tantôt que le relai c'est l'origine et la retransmission, le résultat.

M. Kapsembelis (Grèce). — Alors ce serait le contraire des définitions !

M. Gneme. — Je pense qu'il vaut mieux renvoyer ces deux mots au comité pour étude plus détaillée.

M. le Président. — Est-on d'accord pour renvoyer au Comité ? Pas d'opposition ? Par conséquent, les termes « relai » et « retransmission » sont renvoyés au Comité pour examen plus approfondi.

M. le Président. — Et nous voici enfin au dernier mot qui est « Transmission » Sommes-nous d'accord pour dire :

« *Transmission : Opération consistant à transformer en émission radio-électrique des écrits, des images, des signes, signaux ou sons dans un but de communication ou de diffusion* »

Tout le monde est d'accord ? Pas d'opposition ? Je déclare par conséquent cette définition adoptée.

La séance est levée à 18 heures 10.

———

TROISIÈME SÉANCE

Mardi 23 septembre 1930 (matin)

Droits de l'émetteur sur l'émission.

La séance est ouverte à 9 h. 30 ; sous la présidence de M. Mahaim.

M. le Président. — La seconde question inscrite à l'ordre du jour est celle des « Plans de conventions internationales de la Radioélectricité ».

Mais, mon collègue, M. Jeanne qui est l'auteur d'un rapport sur « Les Droits de l'émetteur sur les émissions » (1) nous demande d'aborder cette question dès ce matin. Je vais lui donner la parole après l'avoir donnée à M. Hoffman, et à M. Reber pour l'exposé des rapports des Comités allemand et américain.

M. Reber (États-Unis). — Pour la discussion de ce sujet nous devons prendre comme point de départ le vœu qui a été adopté au Congrès juridique de Rome et dont le texte suit :

« A. Le Congrès, considérant :

« Que la nécessité d'une protection tant nationale qu'internationale contre l'utilisation dans un but commercial des émissions radiophoniques se fait de plus en plus pressante ;

« Que, d'autre part, cette protection ne touche en rien à celle accordée aux auteurs des œuvres émises ;

« Emet le vœu :

« Que l'article 10 *bis*, alinéa 3, de la Convention de Paris, révisée à La Haye en 1925, concernant la protection de la propriété industrielle, soit complété par un paragraphe 3 dont la teneur suit :

... « Toute utilisation dans un but lucratif d'une émission radio-électrique sans l'autorisation préalable de l'émetteur.

« B. le Congrès émet le vœu que les États se mettent d'accord pour régler, par des dispositions spéciales aux services maritimes, et s'appliquant notamment aux armateurs et aux commandants de navires, la captation et la publication des informations et l'utilisation des communications radio-électriques à destination de navires déterminés. »

(1) Cf. *Rev. jur. int. radioélectricité*, 1930. 247.

Nous ne saisissons pas très bien l'esprit de la seconde partie B qui précède, et, par suite, nous nous abstenons de nous déclarer pour ou contre. Il est probable qu'elle doit être interprétée dans le sens des observations présentées par leur auteur donnant à entendre que la proposition précédemment faite de ne permettre l'usage de nouvelles reçues de stations radio-télégraphiques qu'après l'espace de vingt-quatre heures (et même alors, à la condition expresse d'en indiquer l'origine) ne s'applique pas aux navires en cours de voyage qui se servent de ces nouvelles pour publier des journaux, et que la question devrait être réglée d'une façon spéciale. Nous ne voyons pas clairement si l'intention du vœu était de faire supposer qu'il serait permis aux navires d'utiliser ainsi les communications adressées à d'autres navires auxquels seuls elles étaient destinées par des stations faisant le service public, ou bien si le vœu n'a en vue que les nouvelles disséminées par les stations de radio-diffusion.

La disposition de la Convention de Paris, à laquelle se rapporte la première partie (A) du vœu ci-dessus, est la suivante :

ART. 10 *bis*. — « Les pays contractants sont tenus d'assurer aux nationaux de l'Union une protection efficace contre la concurrence déloyale.

« Tout acte de concurrence contraire à la pratique honnête en matière industrielle ou commerciale constitue un acte de concurrence déloyale.

«Ceux qui doivent être surtout défendus sont les suivants :

« 1. Tous actes quelconques de nature à créer la confusion, par quelque moyen que ce soit, avec la marchandise d'un concurrent.

« 2. Fausses allégations, au cours des affaires, de nature à endommager la réputation de la marchandise d'un concurrent ».

Nous notons qu'à la Conférence de l'Association Internationale pour la Protection de la Propriété industrielle, réunie à Rome en 1928, la Conférence qui, tout d'abord, était partagée sur le point de savoir si la question rentrait dans le domaine des droits d'auteur, adopta la proposition de son rapporteur d'après laquelle la radio-diffusion devait être traitée non seulement suivant les principes juridiques de la concurrence déloyale, mais encore d'après ceux qui régissent les droits d'auteur (1), note est également prise de la critique de cette action énoncée au Congrès juridique de Rome (2).

Il faut, dès le début, parler de certaines considérations d'ordre

____

(1) *Revue Juridique int. radioélec.* n° 15, p. 227.
(2) *Compte-rendu du 3ᵉ congrès juridique p.* 107.

général qui, aux États-Unis du moins, nous donnent le fond économique et, jusqu'à un certain point, juridique de la question.

La radio-diffusion est, aux États-Unis, une branche de commerce qui a déjà atteint d'énormes proportions. Tout en étant tenue, comme elle doit l'être, à l'observance de nombreuses règles administratives, elle n'en est pas moins exploitée pour ainsi dire exclusivement par des entrepr'ses privées. Les seules exceptions (un petit nombre de stations où les émissions sont effectuées par les Etats ou les villes, ou encore par des établissements religieux et d'éducation) n'ont pas encore atteint un chiffre qui puisse en ch... la caractéristique commerciale dominante. Il est dit que $18.000,000 ont été dépensés l'année passée par des maisons américaines en annonces émises par les deux systèmes nationaux de stations de radio-diffusion et que le total des dépenses d'annonces par l'entremise de l'ensemble des stations pendant l'année s'élève à environ $40.000.000. Les frais généraux d'exploitation des plus grandes stations (en y comprenant le coût des programmes) dépassent souvent $300,000 par an et, dans quelques cas, atteignent des sommes bien plus fortes. La plupart maintiennent un personnel s'élevant parfois à plus de cent personnes (en y comprenant les directeurs, les opérateurs techniques, les musiciens et les placiers de publicité) qui est régulièrement et continuellement employé à des appointements dont le chiffre est fixé par contrat. L'art de diriger, créer et imaginer les programmes est devenu l'occupation distincte et singulière d'une profession libérale qui veut des gens doués du génie de la création et a de grands points de ressemblance avec celles de l'art, des lettres et du théâtre. En plus de leur outillage technique et d'ateliers de grande proportion, les stations maintiennent des bibliothèques considérables et des employés occupés à composer, adapter et arranger des œuvres musicales, et aussi à créer des œuvres littéraires et dramatiques qui puissent trouver place dans des programmes de radio-diffusion.

Il est difficile et peut-être même dangereux d'essayer de trouver' dans les affaires connues jusqu'ici et dont la situation au point de vue de la loi a été établie à divers degrés, quelque ressemblance avec la radio-diffusion. Les deux branches qui, aux États-Unis, s'en rapprochent le plus sont la presse et le théâtre. L'analogie avec la presse est amenée à l'esprit par le grand nombre de stations de radio-diffusions qui sont actuellement exploitées par des journaux, par le fait que les stations répandent les nouvelles d'événements, de bourse, les bulletins météoro logiques, etc. ; que les stations et les journaux reposent sur la même base financière qui a nom réclame, que la loi sur la censure s'applique à tous deux, etc. L'analogie avec la profession théâtrale (ou en d'autres termes, l'entreprise de « spectacle ») devient plus marquée du fait que l'amusement a la première place dans les programmes de radio-diffusion et aussi qu'il existe, aux États-Unis, un courant très fort portant les diverses entreprises d'amusement (théâtres, cinémas parlants, disques de gramophone, etc.) à fusionner sous une seule direction. Si la télévision entre jamais dans la pratique, on ne saurait prévoir ce qu'il adviendra de la radio-diffusion.

A cause des différences entre les bases financières de la radio-diffusion dans les divers pays, il est difficile, pour ne pas dire impossible de poursuivre les mêmes conceptions juridiques au sujet du droit que peut avoir le propriétaire de la station à être protégé contre l'usage illicite de ses programmes. Il faut s'attendre à ce que les tribunaux et les législatures subissent également l'influence de facteurs comme les suivants : 1° les stations de radio-diffusion sont-elles exploitées directement par le gouvernement et soutenues par les impôts généraux ; 2° sont-elles exploitées directement par le gouvernement ou par une société sous le contrôle du gouvernement et soutenues par quelque impôt sur les récepteurs ; ou 3° sont-elles exploitées par des particuliers et soutenues par le produit des annonces, sans taxe sur les récepteurs ? La seconde hypothèse nous offre la solution comparativement facile et agréable d'un de ces problèmes embarrassants et qui consiste à percevoir une taxe plus élevée sur les récepteurs exploités pour le commerce que sur ceux qui sont exploités par des particuliers, et à appliquer une certaine proportion de cet argent à l'exploitation des stations, une autre au paiement des droits d'auteur, et ainsi de suite. Nous croyons savoir que c'est là le système en vigueur dans certains pays d'Europe. Il n'est pas de solution aussi facile à trouver dans la troisième hypothèse : au contraire, elle présente en pratique des difficultés qui menacent sérieusement d'empêcher de reconnaître des droits qui semblent être très légitimes. Il y a aussi une quatrième hypothèse possible : la station deviendrait la bénéficiaire d'une dotation et serait exploitée sans bénéfice par un conseil de curateurs nommés à cet effet.

Il n'y a pas à nier que nous nous trouvons en présence de questions difficiles et de prétentions discordantes de la part des propriétaires des stations, des auteurs et des artistes. Aux États-Unis, il faut ajouter un autre groupe à ces trois : celui des annonceurs. Nous en trouvons la preuve dans les différends qui se sont déjà produits, bien qu'ils aient été, jusqu'à présent, réglés à l'amiable. Un des numéros les plus populaires qui soient émis par un des systèmes de diffusion est un dialogue entre deux comédiens, précédé et suivi par de courtes réclames de l'entreprise qui patronne le numéro. Ce numéro est si recherché en certaines localités que les théâtres et les cinémas ont reconnu la nécessité de le reproduire sur la scène au moyen d'un haut-parleur de façon à retenir leur auditoire pendant l'heure pour laquelle il est annoncé. C'est ce qu'ils ont fait, mais en supprimant les annonces qui précèdent et qui suivent le numéro. L'annonceur qui a payé une somme énorme pour ce numéro du programme (le chiffre des sommes payées aux deux comédiens seuls est fixé à $100,000 par an), se trouvait de ce fait spolié du bénéfice pour lequel il avait fait le placement.

Ces deux mêmes comédiens ont mis en évidence un mot d'ordre qui, dans l'esprit du public, fait un avec leur exécution. Des entreprises d'automobiles de place se le sont approprié sans aucune autorisation. Quant à la reproduction et la vente illicites de leurs dialogues par des disques de gramophones, il semble qu'ample protection est accordée au propriétaire de la station et aux comédiens par les lois sur les droits d'auteur, attendu que ces droits sont réservés sur chaque dialogue. Mais l'annonceur est privé de cette protection lorsque la réclame est supprimée.

Un autre fait qu'il ne faut pas négliger et qui peut donner naissance à d'autres problèmes semblables est le chiffre d'affaires qui semble augmenter de plus en plus en disques de gramophone, qui sont faits à part et destinés à l'usage exclusif des stations de diffusion. Ces disques sont d'ordinaire loués en vertu de contrats qui stipulent qu'ils ne seront émis que certains jours à certaines heures et restitués ensuite.

Avec ce qui précède présent à l'esprit, nous allons maintenant énumérer les situations qui se sont produites ou dont on a parlé au sujet des programmes de radio-diffusion et essayer de suggérer, à titre provisoire, ce que la Section pense de chacune de ces situations divisées en catégories.

A. *Usage sans permission avant que le programme ne soit livré à la radio-diffusion.*

Lorsqu'un programme est directement intercepté sur les fils reliant des points éloignés de contrôle ou les stations maîtresses de systèmes à une station de diffusion, ou sur les fils reliant le studio à celui qui doit le transmettre, il ne semble pas y avoir de doute que le propriétaire de la station de radio-diffusion (ou la station maîtresse) ait droit à quelque protection. Ceci devrait être le cas, quelque soit l'usage fait du programme, soit par radio-diffusion, soit par transmission au téléphone à des abonnés, ou encore par reproduction au moyen de disques de gramophone. Les lois en vigueur suffiront sans doute à empêcher cet abus. Il devrait en être de même dans le cas de programmes amenés par la T. S. F. à la station de diffusion et provenant d'une station de relais ne faisant que la transmission (à des fréquences élevées par exemple) de programmes qui ne sont pas à l'adresse du public, mais à celle de certaines stations de radio-diffusion dont les noms sont donnés et qui, seules, sont supposées les recevoir. Tout usage illicite de ces programmes, quel qu'en soit le but, devrait être mis sur le même plan que toute interception ou publication illicite de messages échangés entre des stations consacrées à la correspondance publique. Ce droit paraît être protégé d'une façon satisfaisante aux États-Unis par des dispositions spécifiques du Radio Act de 1927 (articles 27 et 28).

B. *Reproduction illicite de programmes de radio-diffusion.*

Les situations se produisant sous ce titre peuvent être groupées sous plusieurs sous-titres

1) *Transmission de programmes au public par une seconde radio-diffusion.* — Si la station A est occupée à donner au public par radio-diffusion des programmes et si la station B les intercepte à son appareil et les fait suivre immédiatement au public (d'habitude à une fréquence différente), la station A a certainement le droit d'être protégée. C'est un droit qui, aux États-Unis, est reconnu dans le Radio Act de 1927 (article 28) qui punit sévèrement toute retransmission de ce genre. Il y a eu un cas de procès aux États-Unis pour cause de retransmission (United States ''. Fellows, à la Cour fédérale de District à St Louis, en 1930; il n'a pas été fait de rapport sur le procès) : l'accusé qui s'était aussi rendu coupable de radio-diffusion sans licence fut condamné à un an et un jour de prison.

2) *Transmission par fil de programmes au public.* — Si les programmes de la station A, interceptés par un appareil récepteur, sont retransmis sans permission au public par fil (c'est-à-dire par une compagnie de téléphone ou de distribution de force électrique) contre rétribution, la station A, autant qu'il nous a été possible de nous assurer du fait, se trouve sans protection que puisse accorder la loi fédérale ou des États particuliers. C'est néanmoins fort possible que le droit à la protection lui soit accordé dans les tribunaux sur le chef de concurrence déloyale. En l'espèce, la station A et la compagnie de téléphone (ou de distribution de force électrique) se trouvent être concurrents pour l'amusement du public, et ici la clientèle du public joue un rôle important.

3) *Transmissions de programmes au public à l'aide de haut-parleurs.* — Ce sous-titre couvre une grande variété de situations. A l'une des extrêmes nous avons les cas où le programme est transmis à l'aide de haut-parleurs comme faisant partie du spectacle dans un théâtre qui vend des billets d'entrée, ou pour prendre la place de musiciens en fournissant la musique

à un théâtre, ou à un cinéma, ou tout autre lieu de récréation où l'entrée est payante, ou encore le haut-parleur est substitué à des musiciens pour fournir de la musique à un restaurant, le hall d'un hôtel, une boutique de barbier, un wagon de chemin de fer, ou tout autre lieu où l'on ne paie rien pour entrer mais qui n'en est pas moins surtout commercial. A l'autre extrême, nous avons les cas où le haut-parleur sert à l'amusement des invités dans une maison privée, des pauvres et des infirmes dans les asiles, ou encore du public même dans les édifices publics. Entre ces deux extrêmes, nous trouvons le cas de programmes reproduits par haut-parleur dans des magasins de vente d'appareils de T. S. F. comme démonstration, ou chez un professeur de langues pour l'aider à donner ses leçons, ou dans un hôpital pour la récréation des malades, ou pour prendre la place de musiciens dans des églises, à des banquets publics, à des soirées de danse chez des particuliers, etc., etc.

Il nous paraît difficile d'appliquer à la plupart de ces situations la doctrine de la concurrence déloyale. Dans très peu des cas cités ci-dessus, excepté celui des théâtres où les billets d'entrée se paient, et d'autres semblables, il y a concurrence entre le propriétaire de la station réceptrice et celui de la station de radio-diffusion. En théorie, il se produit justement ce que désire ce dernier et ceux qui lui fournissent la réclame.

Il nous paraît également difficile d'appliquer à aucune de ces situations la doctrine d'enrichissement injustifié, attendu que bien qu'il soit clair qu'il y ait eu un enrichissement du côté du propriétaire de la station réceptrice, il sera impossible de prouver que le propriétaire de la station de radio-diffusion ait été appauvri ou autrement lésé, puisque son auditoire a été fait plus nombreux : il semble par conséquent y avoir défaut de l'un des deux éléments essentiels. Quelle que soit la théorie sur laquelle on fasse reposer le prétendu droit du propriétaire de la station de radio-diffusion à être protégé contre l'usage commercial de ses programmes, on se trouve en présence de la difficulté qui n'est pas moindre de mettre ce droit en pratique dans un pays comme les États-Unis (sauf les cas où il faut payer les billets d'entrée). Dans toutes les grandes villes des Etats-Unis (et dans une grande partie du reste du pays), l'amateur peut choisir parmi un nombre de stations qui varie de deux à vingt ou même davantage. Bien peu, s'il en est même, des stations de réception sont en communication constante avec une seule station. Si les propriétaires de stations de radio-diffusion sont mis en mesure d'obtenir des dommages-intérêts aux dépens des propriétaires de stations réceptrices du chef de bénéfices acquis en des lieux publics, comment mesurer ces dommages pour chaque station par rapport aux autres ? Ou bien suffirait-il d'exercer le droit d'injonction à l'égard de ces abus d'usage ? Sera-t-il possible, en pratique, d'exercer ce droit dans un pays où les stations réceptrices n'ont pas à payer de taxe de licence, où il n'est pas tenu de registre de propriétaires ou de locataires, et où les appareils de réception sont partout d'un usage général ? Aux États-Unis, il se présente aussi une question très embarrassante qui est celle de savoir si la juridiction fédérale (qui est distincte de celle des États) va jusqu'à interdire la reproduction par haut-parleur de programmes reçus d'une station située dans le même État.

4) Enregistrement de programmes sur des disques de gramophone. — L'enregistrement illicite de programmes de radio-diffusion sur des disques de gramophone ne sera pratique, au point de vue financier, que pour les exécutions données par des artistes d'une renommée exceptionnelle ou les récits d'événements extraordinaires d'intérêt public. On peut citer comme exemple de cette dernière nature le cas sur lequel l'attention du Congrès juridique de Rome fut appelée, celui d'un compte-rendu par une station de radio-diffusion, d'une lutte de pugilistes à Berlin, qui fut enregistré au gramophone sur des disques vendus comme articles de commerce.

Dans un grand nombre des cas qui peuvent se présenter, les lois concernant les droits d'auteur pourront prévenir la préparation et la vente de disques de ce genre, mais on peut douter que le propriétaire de la station de radio-diffusion arrive à obtenir la protection qu'il désire de cette façon. Il faut bien admettre que certains cas peuvent se produire où ceci, évidemment, ne suffira pas ; par exemple, l'exécution d'un morceau de musique dépourvu de cette protection par un artiste de talent, ou l'exécution d'une œuvre ainsi protégée par un artiste bien connu, lorsque le compositeur (ainsi que l'artiste) a donné son consentement, mais qu'il manque celui du propriétaire de la station de radio-diffusion. A bien dire, le fabricant de disques de gramophone fait concurrence au propriétaire de la station de radio-diffusion pour fournir de l'amusement au public. Il y a plus, les stations rivales de radio-diffusion peuvent faire usage de ces disques. Le principe suggéré au sous-titre précédent permet de dire que le propriétaire de la station de diffusion donne sa permission ou son consentement pour que ses programmes soient communiqués directement aux auditeurs par des appareils récepteurs, mais non pour les laisser vendre après avoir été convertis en marchandise durable.

A nos yeux, la reproduction de programmes par des disques de gramophone présente un cas qu'il serait facile de soutenir pour la protection des propriétaires de stations de radio-diffusion.

C. — *Reproduction illicite du contenu des programmes de radio-diffusion.*

La question, dans les congrès juridiques du passé, a largement porté sur le droit d'une station de radio-diffusion à être protégée contre d'autres stations (ou des journaux) faisant un usage immédiat des nouvelles émises par elle. Cette question n'a jamais pris une bien grande importance aux Etats-Unis où un grand nombre de stations appartiennent à des journaux qui en ont la direction et beaucoup d'autres stations ont des contrats avec les journaux. Les nouvelles ne jouent pas un rôle bien important dans le programme journalier de la plupart des stations, à en juger d'après le temps qu'elles prennent ; naturellement, celles qui sont données sont importantes (surtout quand il s'agit des cotes de la Bourse et des bulletins météorologiques), mais aux yeux des stations de radio-diffusion elles n'ont jamais été considérées comme la partie pour laquelle la protection était d'une importance capitale. Notons ici la décision du Reichsgericht en Allemagne, que la publication par un journal de la nouvelle de l'heureux retour du Graf Zeppelin de l'Amérique, laquelle était supposée avoir été prise de la station de radio-diffusion de Stuttgard, ne constituait pas le délit de concurrence déloyale par l'éditeur du journal.

Une condition qui peut réclamer la protection (et qui pourrait être largement classée comme nouvelle) est celle qui se produit lorsque la station A rend compte dans tous ses détails d'une partie de sport à laquelle le public s'intéresse par l'entremise d'un annonceur et d'un microphone sur les lieux et la station B, prenant le compte-rendu à son récepteur, le reproduit par l'entremise d'un annonceur à ses gages dans son propre atelier et porte le public à croire qu'elle, aussi, a son annonceur au lieu de l'événement. La chose a été réellement faite aux Etats-Unis, mais il serait difficile de dire qu'elle pourrait se répéter fréquemment.

La question n'est pas encore tranchée (et n'est en suspens dans aucun procès). A notre avis, la station devrait être protégée contre ces reproductions (et le public devrait être mis à l'abri de la tromperie).

Les lettres d'appel des stations de radio-diffusion ont, aux États-Unis, une valeur spéciale et significative ; bien souvent elles suggèrent le nom ou le commerce du propriétaire de la station, par une combinaison d'initiales ou en formant des mots ou des abréviations de mots. Ou encore, ces lettres ont une valeur se rapprochant de celle d'une marque de fabrique, simplement à cause de la grande popularité de la station. Le droit de protection contre une autre station qui voudrait s'approprier des lettres d'appel et contre tout changement injustifié de ces lettres est amplement assuré par l'article 4 (G et H) de la loi du Radio de 1927. Il n'a pas encore été décidé s'il est permis de faire servir les lettres d'appel à d'autres usages (comme marques de marchandises, par exemple).

De même, beaucoup de stations ont des annonces, des devises, des compositions de programmes qui leur sont propres et qui, dans l'esprit du public, ne sont plus séparées des stations mêmes ; les fournisseurs de réclame qui sont les garants des programmes ont fait de même.

Pour conclure, la Section Américaine du Comité international de la T. S. F. est d'avis d'étendre la loi de façon à assurer le respect et la protection des droits de propriété intellectuelle et artistique aux programmes faisant l'objet de diffusion à l'avantage de ceux qui les émettent et à l'encontre de quiconque prétendrait se les approprier sans leur consentement.

M. Hoffmann (Allemagne). — Le développement de la radiodiffusion qu'on observe depuis quelques années dans tous les États civilisés, oblige le juriste à poser et à examiner avec une attention soutenue les problèmes que l'évolution technique a soulevés dans le domaine des moyens de communication au sens large de cette expression. En même temps, la radiophonie qui, par sa nature même ne connaît pas de frontière politique, demande impérieusement une solution internationale de ces problèmes.

Il faut d'ailleurs songer qu'il ne peut être question d'un droit spécial à la radiophonie, renfermé en lui-même et constituant une partie nettement délimitée du droit ; que bien au contraire ce qu'on est convenu s'appeler le droit de radioélectricité n'est que la somme des solutions juridiques de tous les problèmes que la nouvelle technique vient de soulever. La radioélectricité et en particulier la radiodiffusion nous ont obligés et nous obligent encore à vérifier si les solutions juridiques données jusqu'à ce jour pour d'autres ensembles de faits, soit par des dispositions législatives, soit par la jurisprudence, peuvent sans modification être étendues à la radiodiffusion.

Le premier problème juridique que la pratique de la radiodiffusion de tous les pays présentait au juriste était celui du droit d'auteur en matière de diffusion radiophonique, c'est-à-dire la question de savoir si l'auteur d'une œuvre légalement protégée se trouve par là même protégé contre la diffusion radiophonique de cette œuvre et, sinon, s'il faut le protéger. La solution de ce problème ne rencontre aucune difficulté dans les États qui connaissent la notion de droit d'auteur, droit exclusif de l'auteur sur son œuvre, lui réservant entièrement la possibilité de l'utiliser pécuniairement. Dans les pays au contraire où le droit d'auteur ne consiste qu'en un certain nombre de licences limitativement énumérées par la loi, la solution du problème a dû faire l'objet de dispositions législatives (Finlande, Italie, Pologne, Portugal, Tchécoslovaquie, Yougoslavie) ou d'une jurisprudence (Allemagne, Angleterre, U. S. A.). Et pour les États qui ont adhéré à la Convention de Berne, revisée, sur la protection des œuvres littéraires et artistiques, le problème soulevé par la radiophonie se trouve résolu par l'article 11 *bis* de cette Convention (1).

Ajoutons brièvement que l'alinéa 2 de cet article ouvre aux États de l'Union la possibilité d'introduire dans leur législation nationale, en considération du droit de la communauté sur l'œuvre protégée, une licence à accorder aux sociétés d'émission (2) ; l'Italie, la Nouvelle-Zélande et la Norvège ont, dès à présent, fait usage de cette liberté.

Un second problème, si proche du premier qu'on les a souvent confondus est celui de la protection des émissions radiophoniques. Alors que le droit d'auteur en matière de radiophonie consiste en une protection de l'auteur d'une œuvre contre la diffusion radiophonique non autorisée de cette œuvre, ou, d'une façon positive, dans le droit exclusif de l'auteur d'autoriser la diffusion, le problème de la protection des émissions au contraire soulève la question du droit à l'émission, c'est-à-dire de la protection de la société émettrice prise en tant que productrice de l'émission, contre une utilisation lucrative de l'émission, ou bien, positivement, le droit de la société émettrice sur l'utilisation lucrative de l'émission, c'est-à-dire du produit de son industrie. Le droit d'auteur en matière de radiophonie suppose la diffusion d'une œuvre légalement protégée ; le droit d'émission ne prend en considération que l'émission en elle-même, indépendamment de son contenu.

I. — Cette émission est l'œuvre de la société d'émission ; elle est le produit de son industrie. Car toute son activité est dirigée vers ce but, son programme, la diffusion radiophonique de son répertoire. Il en ressort déjà que l'activité de la société d'émission est double : elle comprend le répertoire et sa diffusion radiophonique, donc une diffusion phonétique, et d'autre part la projection, muette, d'ondes hertziennes dans l'espace. Au point de vue du droit de radiodiffusion chacune de ces activités est elle seule « irrelevant ». Ce n'est que quand les deux activités se trouvent réunies en une collaboration, c'est-à-dire quand l'exécution artistique est diffusée dans l'espace et peut être perçue par les postes récepteurs

---

(1) 1° Les auteurs d'œuvres littéraires et artistiques jouissent du droit exclusif d'autoriser la communication de leurs œuvres au public par la radiodiffusion.

2° Il appartient aux législations nationales des pays de l'Union de régler les conditions d'exercice du droit visé à l'alinéa précédent, mais ces conditions n'auront qu'un effet strictement limité au pays qui les aurait établies. Elles ne pourront en aucun cas ni porter atteinte au droit moral de l'auteur ni au droit qui appartient à l'auteur d'obtenir une rémunération équitable, fixée, à défaut d'accord amiable, par l'autorité compétente.

(2) Cf. HOFFMANN, *Arch. Funk*, 1929, p. 217 et NEUGEBAUER, *Arch. Funk.*, 1928, p. 300.

transformant les ondes électriques en ondes sonores, qu'il y a lieu de parler de diffusion radiophonique.

Or, les exécutions diffusées par la société émettrice, c'est-à-dire son programme, constituent un tout ordonné suivant un certain plan. L'ensemble des émissions n'est pas un fait du hasard, mais le résultat d'un choix entrepris dans l'abondance infinie des matières dans le but de donner à l'auditeur un aperçu des biens spirituels de l'humanité, de lui communiquer les différentes œuvres et d'en faire une propriété spirituelle durable. Ainsi la rédaction et la composition d'un programme sont déjà, à elles seules, le fruit d'un travail intellectuel de premier ordre : leur auteur associe la connaissance des œuvres de tous les temps et de tous les peuples à un goût très développé dans le choix et la disposition de ces éléments. Les exécutions elles-mêmes sont l'œuvre d'artistes exécutants. Ici encore il faut savoir choisir les talents appropriés, dans la multitude des offres. Car autre chose est la valeur d'un artiste ou d'un acteur dans la salle de concert ou sur la scène et autre chose sa valeur devant le microphone de la salle d'émission. Et il est inutile de rappeler l'extraordinaire dépense qu'exige l'exécution du programme, dépense dont la meilleure part constitue des droits d'auteurs.

Ajoutons à cela le coût des appareils nécessaires à la production et l'émission des ondes électriques, l'entretien et le service de la station, les appareils accessoires, etc.

Et toutes ces multiples activités ne tendent qu'à un seul but : l'émission. Elle seule, son et fumée, elle seule qui meurt en naissant est l'enfant de tant de peine, le fruit de tant de dépenses. Et cet impalpable qui se perd en naissant a atteint son but en donnant à l'auditeur la possibilité de percevoir l'invisible au travers de son appareil.

Jusqu'à ce jour les sociétés d'émission se sont contentées de projeter leurs émissions dans l'espace sans les fixer d'une façon quelconque. Mais de nouveaux progrès techniques font apparaître la possibilité de fixer par quelque procédé technique les différentes exécutions ; si bien qu'à l'avenir elles pourront être répétées à tout moment et en tout lieu, comme il en est pour le disque de phonographe ou la bande cinématographique sonore.

Si alors une telle émission est captée au moyen d'un appareil récepteur, la société d'émission ne dépasse ainsi nullement le cadre de son activité, alors même que le propriétaire de l'appareil récepteur ne lui paie ou n'a à lui payer aucune indemnité. Car il y a diffusion radiophonique alors même que l'émission n'est captée par aucun appareil récepteur. Néanmoins le but de l'émission ne se trouve atteint que si celle-ci est captée, écoutée et véritablement saisie par la conscience de l'auditeur.

Nous nous trouvons au contraire non seulement en dehors du cadre de l'activité de la société d'émission, mais même dans une activité diamétralement opposée à la sienne, lorsqu'un auditeur quelconque utilise lucrativement le produit de l'activité de cette société, c'est-à-dire l'émission ; en d'autres termes lorsqu'au lieu d'employer l'émission au profit de son esprit, il exploite lui-même ces exécutions comme si elles étaient le produit de son propre travail.

Cette exploitation lucrative de l'émission radiophonique ne peut se faire que d'une des deux façons suivantes (1). Ou bien le tiers utilise les ondes hertziennes elles-mêmes (utilisation lucrative directe de l'émission) ou bien le tiers exploite le contenu de l'émission (utilisation lucrative indirecte).

1º La pratique connaît jusqu'à ce jour quatre possibilités d'utilisation lucrative *directe* :

a) par *haut-parleur* : le propriétaire d'un café d'un restaurant, d'un hôtel, installe pour entretenir ses hôtes et donner de la vie à son commerce, un haut parleur dans ses locaux commerciaux ; il économise ainsi le prix des artistes qu'il serait obligé d'engager s'il voulait atteindre le même but.

A remarquer d'ailleurs que si le haut-parleur diffuse une œuvre légalement protégée, son propriétaire ne lèse pas le droit de l'auteur d'autoriser la diffusion radiophonique de son œuvre. Car il n'entreprend pas une diffusion phonétique de l'œuvre, ni n'émet d'ondes hertziennes ; cette double action a déjà été exécutée par les sociétés d'émission. Par suite, il ne diffuse pas une œuvre mais sa reproduction radiophonique. Son activité est donc, du point de vue du droit d'auteur, « irrelevant » (2).

Saudemont ne voit pas non plus, selon le droit français, une lésion du droit de l'auteur dans l'exploitation d'un haut-parleur ; pour se faire indemniser, la société émettrice devrait exercer l'action de *in rem verso*. En Norvège, au contraire, la pose d'un haut-parleur et son exploitation dans des locaux ouverts au public, sont soumises à une autorisation spéciale qui est accordée contre l'acquittement au profit de la société d'émission d'une taxe spéciale.

b) La centrale de transmission radiophonique (Rundfunk-vermittelungszentrale) qui du moins en Allemagne n'est apparue que depuis

_____

(1) Comp. SMOSCHEWER, *Rev. jur. int. radioél.* 1930, p. 99 s. G. R. U. R. 1928, p. 317.

(2) Dans ce sens, Tribunal régional de Danzig, *Rev. jur. int. Radioél.* 1930, 33, *Arch. Funk.*, p. 1929, p. 572 et ALLFELD, 2ᵉ édition, p. 148, PLUGGE-ROEBER « Das musikalische Tantiemenrecht in Deutschland, 1930, p. 13, Compte-rendu du 2ᵉ Congrès juridique international de T. S. F., p. 123. NEUGEBAUER, *Feldmeldrecht*, p. 833.

très peu de temps comme un des moyens d'exploitation lucrative (1).
Des difficultés ont apparu dans l'érection d'antennes extérieures quand
un grand nombre de locataires habitaient une petite parcelle de terre ;
ces difficultés grandissaient encore lorsqu'il s'agissait non plus des locataires d'une même maison, mais de tout un bloc de maisons. La technique
de la radiodiffusion a alors imaginé la construction d'une antenne unique
pour tout le bloc de maisons ; cette antenne jouerait le rôle d'une centrale
de transmission qui transmettrait par fil les émissions captées. La centrale
de transmission avec son antenne reste la propriété de son constructeur
qui loue aux locataires des appareils récepteurs avec les accessoires. Les
locataires acquittent la taxe de radiodiffusion à leur bureau de poste.

On trouve un cas semblable, déjà étudié par Tabouis (2), dans
l'Administration Téléphonique de La Haye. En 1926, cette Administration
a capté des émissions allemandes, françaises, anglaises et hollandaises
et les a transmises par téléphone à ses abonnés contre l'acquittement
par ces derniers d'une taxe annuelle et sans que cette administration ait
indemnisé les sociétés d'émission mises à contribution.

Une pareille utilisation lucrative a été interdite en Italie par la loi
du 28 octobre 1925, article 12 ; tandis que l'ordonnance espagnole du
14 juin 1924, article 41 exige une autorisation de la part des sociétés
d'émission.

c) Le troisième mode d'utilisation lucrative consiste à fixer l'émission
elle même, puis à reproduire cet original à plusieurs exemplaires et à le
faire disparaître. La technique moderne permet une telle fixation sur le
disque de phonographe ou sur la bande cinématographique ; dans les pays
où la société d'émission diffuse déjà les images radioélectriques (procédé
Fulton) (3), la seule diffusion d'une image ainsi captée pourrait soulever
la question de savoir s'il s'agit d'une lésion du droit d'émission.

La fixation de l'émission sur disque gramophonique est devenue une
application pratique de notre problème ; un jugement allemand est
intervenu sur ce point (4).

d) Une utilisation directe est au point de vue international la retransmission (Ballsenden) ; dans ce cas, une société d'émission capte les émissions de sociétés étrangères, puis les transmet à ses auditeurs.

2° Une seconde série d'utilisations lucratives de l'émission doit être

---

(1) Comp. Conditions des transmissions radiophoniques du 13 avril 1930, art. 2. —
alinéa 3 (*Arch. Funk.*, 1930, p. 270). — NEUGEBAUER (*Arch. Funk.*, 1930, p. 178).
. Arrêt de la Cour d'Amsterdam du 21 octobre 1929 (*Rev. Jur. Int. Radioél.* 1930, p. 216 ;
Arch. Funk., 1930, p. 63).

(2) *Blaetter für Funkrecht*, 1927, p. 152.

(3) Cf. HOFFMANN, *Arch. Funk.*, 1929, p. 175.

(4) Arrêt du Kammergericht du 7 juin 1928 (*Arch. Funk.*, 1928, p. 665).

groupée sous le nom d'*utilisation indirecte*. Dans ce cas l'émission en elle-même n'est pas usurpée pour être employée dans un but commercial, mais le seul contenu de l'émission est exploité commercialement. Ainsi, tandis que dans le cas de l'utilisation directe l'émission est utilisée par le tiers soit après avoir été captée, soit après avoir été fixée, dans le cas de l'utilisation indirecte le tiers exploite le contenu de l'émission, c'est-à-dire non pas la forme de l'émission (*comment* la société d'émission a diffusé l'exécution) mais *ce que* la société a diffusé.

Lorsque l'auditeur se base sur les faits tels que les lui transmet la société d'émission, comme des indications sur le prix des marchandises, des indications météorologiques, etc., pour conclure certaines affaires dans le cadre même de son activité, il s'agit d'une exploitation absolument régulière et qui est conforme au vœu et au but de la société d'émission. Il en est autrement lorsque le contenu de l'émission est capté (il n'y a donc pas ici de fixation des ondes électriques comme dans le cas de la fixation de l'émission) puis divulgué dans un but commercial, en particulier par la presse. Si le contenu de l'émission est une œuvre légalement protégée, il s'agit vis-à-vis de son auteur d'une reproduction illicite ; lorsqu'au contraire il ne s'agit pas d'une œuvre protégée, en particulier de nouvelles du jour, que les sociétés d'émission diffusent dans une mesure sans cesse croissante, il ne sera pas question de lésion du droit de l'auteur, mais uniquement d'une exploitation commerciale de l'émission.

La pratique nous révèle deux cas : dans le premier, un journal provincial du soir a reproduit dans ses colonnes le prix des aliments que diffusait dans l'après midi une société d'émission de Berlin ; par ce moyen le journal évitait le coût d'une transmission téléphonique ; si ces nouvelles lui avaient été transmises par lettre, il n'aurait pu les insérer que le lendemain soir. L'autre cas a été soulevé par le vol du « Graf Zeppelin ». Une société d'émission de l'Allemagne du Sud, afin de pouvoir annoncer sur l'heure l'arrivée du dirigeable, avait envoyé un émissaire spécial au champ d'aviation de Friedrichshafen ; l'émissaire était en relation avec son poste émetteur par un fil spécial et tenait ainsi les auditeurs au courant des faits. Or, l'édition d'un journal de l'Allemagne du nord capta les messages radioélectriques, les diffusa dans une édition spéciale avant même que les bureaux télégraphiques eussent pu les tran·mettre à leurs abonnés, et gagna ainsi une importante avance sur ses concurrents.

La jurisprudence allemande par un arrêt du Tribunal d'Empire du 29 avril 1930 (1) a adopté le point de vue que la façon d'agir du quotidien dont nous avons parlé n'est pas contraire aux bonnes mœurs ; motifs :

____

(1) *Arch. Funk.*, 1930, p. 425. — Comp. ELSTER et LIST, *ibid.*, p. 335 et 347.

le législateur allemand n'a pas sanctionné un droit absolu à l'émission, droit que la société d'émission pourrait par suite opposer à tout tiers ; d'autre part, les dispositions interdisant l'utilisation lucrative de l'émission radiophonique en vigueur au jour du prononcé du jugement ne s'étendent pas à la radiodiffusion d'agrément.

Un commentateur de ce jugement a affirmé avec raison que la solution de cette question serait modifiée dans l'avenir (1). Un sens juridique raffiné trouve dans toute utilisation commerciale ou lucrative d'une émission qu'un auditeur entreprend sans l'assentiment de la société d'émission, un fait contraire à la bienséance et à la morale qui régissent toute activité humaine (2).

II. — Ce droit à l'émission n'a pas seulement attiré l'attention de ceux qui s'intéressent au droit spécial de radiophonie, mais a été, à plusieurs reprises, reconnu par le législateur.

Il suffit de rappeler les résultats atteints par les trois Congrès internationaux. Rappelons d'ailleurs qu'à la conférence de La Haye de 1925, pour la revision de l'accord de Paris de 1883, la Yougoslavie a proposé un amendement à l'article 10 qui protégerait les nouvelles quotidiennes et les informations de presse contre une exploitation déloyale par les quotidiens. La question n'a pas été réglée parce que la présence d'une représentation de la presse intéressée eût été indispensable. On était néanmoins d'accord pour reconnaître le bien fondé de cette prétention. L'Association internationale pour la protection de la propriété industrielle à Rome (mai 1928) s'est elle même saisie de la question et a adopté la résolution suivante :

« Le Congrès estime que la question de la protection des émissions radiophoniques se rattache essentiellement à la question générale de la protection de la propriété littéraire et artistique et que, seul, l'emploi de la radiophonie dans un but de concurrence déloyale rentre dans le domaine de la propriété industrielle.

« Il lui apparaît que les actes de concurrence déloyale commis au moyen de la radiophonie peuvent et doivent être réprimés par application des dispositions légales assurant la répression de la concurrence déloyale en général. Le Congrès se rallie à la résolution du conseil de l'Union internationale de Radiophonie en date du 11 mai 1927, par laquelle ce conseil a demandé la reconnaissance, aussi bien dans les législations nationales que dans la législation internationale, du droit de l'émetteur sur l'émission, et la création d'une protection de l'émission contre toute utilisation commerciale déloyale ».

(1) OPET dans J. W., 1930, p. 1028.
(2) GIESECKE (*Arch. Funk.*, 1930, p. 1).

III. — Une réglementation légale de ce droit d'émission est déjà intervenue dans plusieurs pays. Ainsi en Hongrie où l'article 10 de l'Ordonnance du ministère du commerce sur la radiophonie, en date du 5 avril 1927 (1), interdit de fixer les nouvelles captées au moyen de l'appareil récepteur, de les transmettre à une tierce personne, ou de les utiliser d'une façon quelconque. Ainsi encore en Lettonie où l'article 8 du décret du 22 octobre 1927 sur l'exploitation privée d'appareils récepteurs (2) interdit toute utilisation, toute divulgation de l'émission.

Le droit d'émission a encore été reconnu dans le duché de Luxembourg (loi du 19 décembre 1929), le Danemark (loi du 21 mars 1930), et enfin par la nouvelle ordonnance allemande sur les Rundfunkverleihungsbedingungen du 11 avril 1930 (3) qui dit dans son article 2, alinéa 8, que « l'utilisation commerciale des émissions des sociétés émettrices ne peut avoir lieu qu'avec l'assentiment de la société de radiodiffusion du Reich (Reichs Rundfunk Gesellschaft) à Berlin ou de la société d'émission dont le programme est mis à contribution ».

IV. — Pour la solution de ce problème d'une importance décisive pour le développement ultérieur de la radiophonie, nous recommandons la résolution du troisième Congrès international de T. S. F., à laquelle il y a lieu d'ajouter sous un troisième alinéa et conformément à l'article 10 de l'Accord de Paris : toute utilisation commerciale d'une émission intervenue dans un but de lucre et sans l'assentiment du poste émetteur ».

Cette formule paraît la plus conforme à son but pour plusieurs raisons :

a) Selon l'article 10 de l'accord de Paris du 10 mars 1883, pour la protection de la propriété industrielle, dans la forme que lui a conférée la Conférence de La Haye du 6 novembre 1925, les États de l'Union se trouvent dans l'obligation de créer un droit conforme au programme tracé dans cet article, c'est-à-dire d'établir une protection efficace contre une concurrence déloyale. La concurrence déloyale a été ainsi définie par l'alinéa 3 de cet article : « tout acte de concurrence contraire aux usages honnêtes en matière industrielle ou commerciale ». Cette définition est, en substance du moins, d'accord avec celle des lois allemande (du 7 juin 1909), autrichienne (du 26 septembre 1923), et tchécoslovaque (du 15 juillet 1927), sur la concurrence déloyale en matière industrielle et commerciale ; elle est semblable à celle de la loi hongroise du 2 janvier 1923, aux termes de laquelle « la concurrence industrielle ne doit point être poursuivie par des moyens contraires aux usages honnêtes en matière

---

(1) *Rev. Jur. Int. Radioél.* 1929, p. 32. *Arch. Funk.*, 1928, p. 516, sqq.
(2) *Arch. Funk.*, 1928, p. 162.
(3) En vigueur depuis le 1er mai. — Comp. NEUGEBAUER, *Ibid.*, p. 193.

commerciale ou, d'une manière générale, contraire aux bonnes mœurs ».
Si la France ne connaît pas de loi contre une telle concurrence, l'interprétation donnée par la jurisprudence de l'article 1382, C. C. conduit au même résultat ; il en est de même pour la Suisse grâce à la portée générale de l'article 48 O. R. « Celui qui voit sa clientèle enlevée ou susceptible d'être enlevée par la diffusion de fausses nouvelles ou d'autres manœuvres, contraires à la bonne foi, peut demander la cessation de ce procédé commercial et, en cas de préjudice, demander une indemnité ». Enfin l'alinéa 3 de l'article 10. est conforme dans l'ensemble au principe posé par la jurisprduence anglaise (pas de loi anglaise sur la concurrence déloyale) « Personne n'a le droit de représenter comme son bien le bien d'un autre ».

Les États de l'Union sont obligés, en outre, d'interdire, comme constituant une concurrence déloyale, les deux situations de fait prévues dans l'alinéa 3, c'est-à-dire que ces deux situations constituent obligatoirement une concurrence déloyale et qu'il n'est pas loisible aux tribunaux de se demander si les circonstances prévues dans l'alinéa 3 se trouvent alors réalisées.

Si aux deux cas, que nous \ ns d'examiner et que l'alinéa 3 de l'article 10 de la résolution du troisième Congrès international de T. S. F. a ainsi réglementés, nous ajoutons comme troisième cas celui de l'exploitation de l'émission, les tribunaux n'auront pas non plus à se demander si cette situation nouvelle constitue une concurrence déloyale.

b) La résolution du troisième Congrès de T. S. F. condamne l'utilisation de l'émission « *dans un but lucratif* » tandis que la résolution du conseil de l'Association mondiale de radiodiffusion de mai 1927 (de même que la résolution du premier Congrès international de T. S. F.) parle *d'une utilisation commerciale*. Cette seconde expression nous paraît plus heureuse puisqu'elle souligne le fait de l'utilisation commerciale ou industrielle, ce qui la rapproche de la concurrence déloyale, alors que la première définition met en relief le désir du gain.

Si l'on adopte la résolution du troisième Congrès international de T. S. F., en tenant compte d'ailleurs de la modification demandée dans le paragraphe *b*, la protection conventionnelle de l'émission n'est pas encore vraiment créée, puisque les dispositions de l'Accord de Paris n'ont d'autre effet que d'obliger les États de l'Union de créer par la suite la protection dont le principe a été admis. On peut néanmoins être convaincu que les États signataires de l'accord se sont par là même mis dans l'obligation d'introduire ce droit de protection dans leurs législations internes ; et l'on peut pour le moins garantir aux sociétés d'émission une protection contre l'exploitation de leurs émissions, et ce tant dans les législations internes que dans la législation internationale. On doit même espérer que ce droit d'émission se développera, en particulier par une législation spéciale soit dans le cadre d'une loi contre la concurrence déloyale, soit dans le cadre de la législation générale.

Soulignons enfin que notre proposition considère la lésion du droit d'émission comme une concurrence déloyale. Cette façon de voir met en relief le caractère de service social ou de service public (selon l'expression de la doctrine française) que revêt l'activité de la société d'émission ; le côté méritoire de cette activité justifie précisément une plus large protec tion que celle qu'on accorde aux industries qui poursuivent un but particulier et égoïste. La même idée a été déterminante dans la rédaction de l'alinéa 2 de l'article 11 *bis* de la Convention de Berne pour la protection des œuvres littéraires et artistiques.

M. le PRÉSIDENT. — Je remercie au nom du Congrès MM. Hoffmann et Reber pour leurs si intéressantes communications. Y a-t-il des propositions concrètes ?

M. JOUBERT (France). — Je considère que modifier la formule du congrès de Rome équivaut à porter atteinte aux droits de l'émetteur ou de celui qui autorise une émission. « But lucratif » est peut-être plus général, comme « but commercial » est plus déterminé ; mais un but peut être lucratif sans être commercial.

Le but commercial est de réaliser un bénéfice au vu et au su de tout le monde, tandis que le but lucratif peut n'être pas apparent.

Je suppose, par exemple, que l'on organise une émission au profit d'une œuvre de bienfaisance ; vous ne pouvez pas prétendre, comme organisateur de cette émission, que tous ceux qui prêteront leur concours sont astreints à le faire sans aucune rémunération. Et bien, cette organisation rentre dans le domaine de l'appellation « but lucratif ».

Le mot « lucre » ne signifie pas essentiellement bénéfice obtenu par un moyen pécuniaire.

A la société des Auteurs dont je suis président depuis trente ans, nous percevons même les droits dans les cas de bienfaisance.

Le but lucratif est bien plus général que le but commercial.

M. le PRÉSIDENT. — Vous proposez donc de maintenir les mots « dans un but lucratif ».

M. KONIC (Pologne). — Je partage l'opinion de M. Joubert ; il faut maintenir la résolution du Congrès de Rome ; la dénomination « but lucratif » est plus large que « but commercial ».

Je dois aussi dire à M. Hoffmann, qu'en matière de « concurrence déloyale », il a omis la loi polonaise qui, sous ce rapport, est presque la même que les lois qu'il a mentionnées.

M. le PRÉSIDENT. — C'est une simple rectification.

Comme en ce moment, nous avons l'honneur d'avoir M. Jeanne parmi nous, je crois qu'avant de mettre aux voix les vœux qui seront émis, il serait intéressant d'entendre les autres rapporteurs. Je donne maintenant la parole à M. Jeanne pour qu'il nous expose son rapport (1).

M. JEANNE (Belgique). — Le droit nouveau n'est pas encore au point, parce que les faits ont marché plus vite que le droit. Les faits dans le domaine scientifique ont amené des solutions que les juristes essaient maintenant de cataloguer.

Votre Congrès a précisément pour but de suivre les faits nouveaux pour essayer d'en dégager une réglementation légale, et c'est ainsi qu'aussi bien dans le domaine public que dans le domaine privé, des solutions nouvelles étant intervenues, il y a lieu de voir si le droit est suffisamment souple pour cataloguer les nouvelles situations créées par les émissions radiophoniques. Vous avez déjà entendu et et lu pas mal de rapports sur ce point.

Au point de vue des émissions, il y a deux situations à envisager.

Il y a d'abord le droit des auteurs, compositeurs et artistes sur les émissions qu'ils confient aux postes émetteurs et qui sont radioffusées dans le monde entier ;

Il y a ensuite le droit spécial de l'émetteur qui possède un poste — lequel lui a vraisemblablement causé une dépense spéciale.

Ce dernier est aussi à protéger et l'on n'accepterait pas que le domaine public s'emparât de la propriété personnelle, privée.

Il est évident qu'au point de vue « droits d'auteur » il y a déjà eu tout un cycle de conférences ; la législation sur la matière est déjà avancée ; on protège les droits d'auteur en empêchant le grand public de s'emparer des productions artistiques, littéraires ou scientifiques, qui ont un caractère privatif.

La plupart des règlements internationaux prévoient la façon dont la propriété intellectuelle doit être protégée et sera effectivement protégée.

Cette question qui est d'ailleurs traitée par les savants rapports que j'ai lus sur les droits des auteurs et artistes, mérite une considération spéciale.

Vous savez que le Congrès de Rome a émis l'avis que tous ceux qui distribuent une pensée intellectuelle — artistes ou auteurs — ont droit de recevoir la juste rémunération de leur travail ou de leur production.

Au point de vue des émissions radiophoniques, le Congrès de Rome a discuté le point de savoir si c'était l'idée ou la forme qui devait être sauvegardée ou si c'était plutôt le sujet présenté qui devait être l'objet

(1) Cf. *Rev. jur. int. Radioél.* 1930. p. 217.

d'une protection spéciale par les règlements internationaux de tous les pays.

La question du droit d'auteur n'est pas spécialement celle qui a été fixée pour le rapport que j'ai à présenter ici.

Il est certain qu'on ne peut émettre des idées intellectuelles, artistiques ou autres sans l'accord de leur auteur. On peut néanmoins dire qu'en ce qui concerne les émissions radiophoniques, les droits sont suffisamment sauvegardés par le contrat qui est généralement passé entre l'artiste ou l'auteur ou les deux avec l'émetteur d'ondes.

Ce sont donc ces contrats à conclure entre le propriétaire du poste émetteur et les artistes exécutants qui doivent réglementer le droit que possèdent auteurs et artistes à une juste rémunération. A ce point de vue, le droit civil est suffisamment complet pour régler toutes les phases de ce contrat.

Mais à côté de ces conditions qui concernent les auteurs et artistes, il y a le droit de l'émetteur, proprement dit ; c'est-à-dire de celui qui possédant un poste, lance des ondes radiophoniques dans le monde entier. Est-ce que cet émetteur, lui aussi, a un droit privatif, dès qu'il s'est mis d'accord avec les auteurs ou artistes ?

Ce droit privatif de l'émetteur s'applique également à la diffusion de nouvelles. Un émetteur peut passer un accord avec une agence qui a pour but de transmettre les informations mondiales les plus récentes. Le caractère privatif réside ici dans la nouveauté et la rapidité de l'émission de ces nouvelles.

En ce qui concerne la propriété intellectuelle, — suffisamment garantie — comme je l'ai dit, il reste à savoir si, une fois l'émission faite par l'émetteur, celui-ci possède encore un droit privatif. Est-ce que cette émission sera publique par le fait même que le studio est un endroit accessible ou non au public ? Je dis que cela ne peut être soutenu. Je crois qu'au point de vue de la réception de ces ondes il serait difficile d'établir un droit privatif ; mais ce serait tout autre chose s'il s'agissait de reproduire à nouveau l'émission ; ici, il me paraît que l'émetteur doit jouir d'un droit privatif.

Le deuxième émetteur peut certes recevoir les ondes comme tout le monde ; mais a-t-il le droit de les émettre à nouveau, si la première réception qu'il a reçue présente un caractère privatif ? Je ne crois pas que le deuxième émetteur puisse émettre à nouveau les ondes reçues, ou les reproduire d'une façon quelconque, sans qu'il y ait eu un accord préalable avec l'émetteur de la première onde.

Au point de vue de la protection, nous avons en Belgique l'article

1382 du Code Civil qui est la seule mesure de sauvegarde en matière de concurrence déloyale :

« Tout fait quelconque de l'homme, qui cause à autrui un dommage, oblige celui par la faute duquel il est arrivé, à le réparer ».

J'estime que le deuxième émetteur qui transmettrait des ondes lancées par le premier émetteur, sans accord préalable, pourrait être considéré comme ayant commis un acte de concurrence déloyale. En effet, le fait de relancer les émissions reçues, n'exige aucune connaissance spéciale de la part du deuxième émetteur, et dès lors le quasi-délit peut être établi.

Les Congrès antérieurs qui ont examiné cette question n'ont pu s'écarter de la thèse qu'il faut nécessairement prouver par tout moyen de droit — cette preuve devant émaner du demandeur — qu'il y a dommage causé. Donc, si rien de culpeux ne peut être établi dans la reproduction, par le fait même il n'y aura pas délit. Pour l'établissement de celui-ci, il faut qu'il y ait de la part du reproducteur une certaine connaissance de ce qu'on doit considérer comme quelque chose d'illicite.

Avant de reproduire, le deuxième émetteur doit s'entendre avec le premier émetteur. Si tous les postes indistinctement peuvent recevoir les ondes hertziennes, il n'en est pas moins équitable que la reproduction ne puisse se faire qu'après l'accord dont je viens de parler. L'absence de cet accord sera, à mon sens, suffisant pour établir la culpabilité du deuxième émetteur, sans qu'il faille recourir à d'autres moyens de preuve.

Les deux conclusions principales auxquelles nous aboutissons sont les suivantes :

1º Dans le domaine actuel de la législation, en attendant l'élaboration du statut international de la radio-électricité dans la sphère du droit privé, les droits de l'auteur intellectuel, et subsidiairement de l'artiste exécutant, sont suffisamment protégés par la conclusion des conventions qu'ils passent, avec l'émetteur.

2º L'émetteur est maître des ondes qu'il lance dans l'éther. S'il est loisible de capter librement les ondes pour l'audition, il est illicite de reproduire les ondes reçues, présentant un certain caractère privatif, pour de nouvelles émissions radiophoniques *sans accord préalable*, avec l'émetteur d'origine. Toutefois, en cette matière pas plus qu'en d'autres, la culpabilité du deuxième émetteur ne pourra légalement se présumer ».

On ne peut, à l'heure actuelle, émettre d'autres vœux que ceux-là.

M. JOUBERT. — Je partage l'opinion de M. le Professeur Jeanne qui vient d'émettre une théorie incontestable et, je dois ajouter, incontestée. Je veux cependant me permettre de lui faire remarquer qu'il n'a pas établi à suffisance la distinction entre le délit et le quasi-délit. Le délit ne peut exister que s'il y a contrefaçon ou plagiat.

Je prends un exemple : On me transmet une nouvelle de Chine, la nouvelle d'information est du domaine public ; il n'y a que la forme qui puisse rester dans le domaine privé. Je puis employer pour la rédaction de cette nouvelle, une forme particulière : littéraire, humoristique etc... Je suis propriétaire de la forme, mais pas du fond.

A part cette petite remarque, je suis entièrement d'accord avec M. Jeanne.

M. Gneme (Italie). — Je dois faire remarquer qu'en Italie, on ne peut obtenir l'autorisation d'émission qu'après avoir payé certaines taxes.

M. Jeanne (Belgique). — C'est une question de droit administratif uniquement. Or, nous n'avons envisagé ici la question qu'au point de vue droit civil.

M. Moresco (Hollande). — On a dit tout-à-l'heure qu'en attendant l'élaboration du statut international de la radio-électricité, les droits de l'auteur sont suffisamment protégés par le contrat qu'il passe avec l'émetteur. Je regrette beaucoup de ne pouvoir être du même avis.

Je considère que les droits d'auteur et la radiodiffusion s'enchaînent.

Je suis un particulier ; comment puis-je jouir d'un morceau de musique, d'un poème, d'un monologue etc... émis ? A l'aide de mon appareil de réception, si j'en possède un ; mais nous savons aussi que maintenant grâce à toutes les centrales de radiophonie, nous pouvons écouter les œuvres sans avoir un appareil récepteur. Il nous suffit, dans ce cas, d'être abonné à une centrale.

Or, lorsque l'émetteur a fait un accord avec l'auteur ou avec l'interprète, il n'est pas maître absolu de la production intellectuelle, pas plus que l'éditeur d'un livre n'est maître absolu de l'œuvre littéraire ou scientifique.

J'estime donc qu'on ne peut reproduire l'émission du premier émetteur, que moyennant nouvel accord avec l'auteur ou subsidiairement l'artiste interprète.

Il serait donc nécessaire de revoir les conclusions de M. Jeanne dans ce sens.

M. le Président. — Croyez-vous que ce soit bien là la question et que la protection de l'auteur, du compositeur originaire touche au droit de l'émetteur ?

M. Moresco. — Le texte de la conclusion 1° qui mentionne «... sont suffisamment protégés...» devrait en tous cas être révisé ; je ne puis marquer mon accord avec le mot « suffisamment ».

M. Homburg, *rapporteur général*. — Je crois qu'on peut donner satisfaction à M. Moresco en supprimant le premier paragraphe et en déclarant que la protection de l'auteur ne réside pas seulement dans la convention qu'il passe, mais également dans la loi.

M. Jeanne, (Belgique). — Ma conclusion N° 1 n'avait d'autre but que d'établir le rapport de l'auteur à l'émetteur. Pour les droits y relatifs j'ai renvoyé aux autres rapports traitant des droits d'auteur. En réalité ma conclusion n° 1 n'est qu'une introduction au vœu n° 2.

M. Moreau (France). — M. Moresco n'a pas bien compris ; les compositeurs ou auteurs doivent assurer le droit du premier émetteur. Je vais vous donner un exemple pratique :

Je suppose qu'un conférencier fasse une causerie scientifique dans un studio et que la Société des conférenciers désire que seul le poste un tel, ait le droit d'émettre la conférence. Nous avons toujours intérêt à assurer le droit du premier émetteur.

M. Moresco (Hollande). — Cela se borne à l'émission, mais pas à la réémission, mais je conviens qu'il faut assurer, dans notre intérêt, le droit du premier émetteur.

M. Palewsky (France). — Dans le vœu émis par M. Jeanne, il y a un paragraphe qui me semble un peu vague. Il dit notamment dans sa conclusion 2° « présentant un caractère certain privatif ». Ne pourrait-on pas préciser ce « caractère privatif » ?

D'autre part, de l'étude même du rapport de M. Jeanne, il se dégage pour moi une question assez complexe concernant la retransmission. et je me demande s'il ne va pas se poser ici une question analogue à celle des brevets de perfectionnement ?

Avons-nous le droit, par une disposition de caractère privatif, d'empêcher le public de recevoir une émission perfectionnée ? Devons-nous prévoir une espèce de licence obligatoire, ou la possibilité donnée à une deuxième station de pouvoir par la suite retransmettre au public, une image ou une transmission qui peut être perfectionnée ?

Il y a lieu d'examiner ce point avec l'avis de techniciens. Je ne sais si la question se pose à l'heure actuelle ; mais elle se posera peut-être plus tard et il y aurait vraisemblablement lieu de faire quelques réserves, dès maintenant.

M. Konig. — Je crois que toutes les conclusions présentées par M. Jeanne peuvent être adoptées. Commençons par la première :

M. Homburg a fait remarquer que M. Jeanne n'avait pas prévu le cas où il n'y aurait pas de convention passée entre l'émetteur et l'auteur. S'il n'y a pas de convention, il va de soi que la loi réglera certainement les relations réciproques ; de sorte qu'on peut, à mon avis, approuver la première conclusion.

En ce qui concerne la 2ᵉ conclusion, je crois que les remarques deMᵉ Palewsky ne sont pas opportunes. M. Jeanne se borne en effet à envisager l'état actuel de la législation ; ce qui se passera après, c'est l'avenir et nous ne pouvons préjuger si loin.

Quant à a 3ᵉ conclusion, il va de soi qu'on ne peut pas pour le moment prévoir de conclusion qui dépasserait ses propositions. Dans toute cette question de la propriété, dite intellectuelle, il faut tenir compte donc de ce que le terme « propriété » n'est pas tout-à-fait exact ; il ne s'agit pas d'une propriété au sens matériel du mot, mais d'une propriété spéciale. De sorte que nous supposons que les conclusions doivent être en rapport et conformes à notre idée de propriété, mais avec cette différence qu'il s'agit d'une propriété d'un caractère tout spécial.

Je réitère donc que les conclusions de M. Jeanne peuvent être complètement approuvées dans leur rédaction.

M. JOUBERT (France). — Je me permets d'objecter que je suis surpris que la conclusion 1º de M. Jeanne semble ignorer la législation en matière de droits d'auteur. Ce droit est déjà protégé en France et en Belgique par la loi de 1886.

M. JEANNE (Belgique). — C'est la même chose en matière contractuelle, quelle qu'elle soit. Prenez par exemple un autre cas : un bail ; si le bail n'est pas suffisamment complet, vous vous en rapportez à la législation *ad hoc* qui vient compléter les volontés.

M. JOUBERT. — Alors, ajoutons à la conclusion 1ʳᵉ «... de l'auteur intellectuel... *simplement protégé par la loi* ».

M. MELLET (France). — Je crois qu'il serait possible de réunir les 3 vœux de M. Jeanne en un seul. Comme la question porte sur les droits de l'émetteur et non sur les droits de l'auteur et de l'artiste, ne pourrions-nous simplement dire ceci :

« L'émetteur, sous réserve des droits de l'auteur et de l'artiste exécutant, est maître des ondes ».

M. JEANNE. — Ceci pour réserver à un autre rapport tout ce qui n'est pas strictement des « droits de l'émetteur ».

M. le PRÉSIDENT. — J'ai, jusque maintenant, connaissance de deux amendements :

L'un de M. Joubert, consistant à ajouter «... simplement protégé par la loi » ; et ensuite la proposition résumée que M. Mellet vient de lire.

M. OLAGNIER. — Je ne suis pas satisfait par les mots « maître des ondes ». A partir du moment où l'émetteur a émis les ondes, il n'en est plus le maître. Il vaudrait mieux transposer ici la définition que donne sur le droit d'auteur en général, le grand jurisconsulte Edmond Picard « C'est un droit réel, spécial, sur une chose intellectuelle » qui est tout-à-fait analogue pour l'émetteur, pour l'auteur et pour l'artiste exécutant Dès lors, j'aimerais mieux cette formule : « L'émetteur, sous réserve des droits d'auteur etc..., a un droit réel, spécial, sur les ondes qu'il lance dans l'éther.

M. le Président. — Voici donc un 3e amendement.

M. Moresco (Hollande). — Le premier amendement est meilleur et exprime la même idée, réserve faite toutefois des mots « il est le maître... »

M. Olagnier (France). — Au lieu de « droit spécial » dans mon amendement, on pourrait mettre « droit *sui generis* ».

M. Hoffmann (Allemagne). — Je remarque qu'on n'a fait aucune objection au paragraphe 3 des conclusions de M. Jeanne.

M. le Président. — Vous pouvez en faire !

M. Hoffmann (Allemagne). — Je ne crois pas qu'on puisse approuver la conclusion Ne 3 du rapporteur où il est dit « ... il n'y a pas de possibilités actuelles de rédiger avec précision un droit privatif d'exploitation ».

Mais, ce droit existe déjà. Je vous ai montré que cette législation sanctionne ce droit privatif. En Hongrie, en Lettonie au Luxembourg, au Danemark et en Allemagne.

D'autre part, M. le Professeur, vous dites, toujours au 3º paragraphe de vos conclusions «... il n'y a pas de possibilités aussi longtemps qu'un accord international » Sur ce point, je ne puis non plus marquer mon accord, car au 3e Congrès international de la T. S. F. on a démontré la possibilité d'un statut international ; et il a été pris une résolution pour compléter l'article 10 bis de la Convention de Paris par l'insertion d'un proposition tendant à fixer le droit réel de l'émetteur.

M. Jeanne (Belgique). — Je n'aime pas beaucoup entendre parler de « droit réel » parce que cette expression n'a pas, à mon sens, une correspondance juridique. C'est mal définir l'idée que se servir d'un mot qui manque de précision au point de vue juridique, et qui peut laisser place à l'équivoque.

Du moment où un auteur a lancé son œuvre dans le public, il ne peut plus en user ; mais il conserve un droit réel, spécial, en ce sens qu'il pourra par exemple faire saisir des exemplaires contrefaits de son œuvre ; ici, il s'agit du droit de contrefaçon qui, dans cette acception, est un droit réel.

Je crois que la formule de M. Edmond Picard est heureuse, puisque le mot « propriété » ne correspond pas à une chose mobilière ou immobilière.

M. le Président. — Permettez-moi de vous faire une simple remarque;

je ne désire pas entrer dans le fond de la discussion ; mais il est peut-être dangereux pour le Congrès de prendre position dans une controverse qui pourrait opposer les uns aux autres, un grand nombre de juristes.

Le mot « maître des ondes » n'a pas un sens juridique apparent, il laisse la porte ouverte à de nombreuses polémiques pour déterminer la nature du droit qui résulte de cette dénomination.

Si aujourd'hui, vous voulez prendre position, vous risquez de vous faire attaquer dans la suite.

Il est évident que je dis cela par raison de prudence ; vous restez naturellement libres d'adopter la formule que vous voudrez ; mais je répète qu'il me semble que le mot « maître » n'est pas un terme juridique déterminant la nature du droit.

M. GRAULICH (Belgique). — Je serais d'avis de remplacer « droit réel » par « droit sui *generis* ».

M. HOMBURG, *rapporteur général*. — Je voudrais, dans la mesure du possible, que nous nous rapprochions du texte du Congrès de Rome, qui n'est lui-même que le texte amendé du Congrès de Genève. Dans ce but, je me permets de vous rappeler que nous avons cherché avant tout, lorsque nous avons mis cette question, là l'ordre du jour, à nous rattacher à des principes déjà admis. C'est ainsi que nous avons pensé à une extension possible de l'article 10 *bis* de la Convention de Paris.

En ce qui concerne la concurrence déloyale, je ne crois pas que nous ayons grand changement à faire aux principes que nous avons déjà adoptés, et nous n'avons guère qu'à choisir entre : « but lucratif » et « but commercial ».

Evidemment, le but commercial est plus restreint, mais je crains également l'extension qu'on peut donner au terme « but lucratif » dans les exemples donnés par M. Joubert.

M. JOUBERT (France). — J'ai dit qu'il s'agissait d'un dommage prévu par les articles 1382 et 428 du Code ; c'est un délit ou un quasi-délit.

M. HOMBURG. — Nous sommes dans un domaine particulier, et on ne peut étendre à l'infini la portée de l'article 1382.

M. JOUBERT. — L'action en dommages intérêts de la part de celui qui a subi le préjudice ? Mais il faut étendre ce droit au lieu de vouloir le restreindre ?

M. HOMBURG. — Il faut faire une distinction ! ce qui doit être protégé, c'est le contenu même de l'émission, c'est-à-dire les œuvres diffusées et les informations. A ce sujet le rapport américain me frappe par la distinction qu'il semble faire entre la forme de l'émission et le contenu de l'émission.

Les œuvres du domaine du droit d'auteur sont protégés par la Convention de Berne.

Par contre, les informations qui font également partie des programmes ne font légalement l'objet d'aucun droit de priorité d'exploitation.

M. le Président. — Sauf pour la forme, bien entendu.

M. Homburg. — Aucune protection n'existe non plus pour les programmes dressés par la société émettrice. Il serait normal qu'on prévît un droit privatif, sur les programmes. En ce qui concerne les informations ; j'avais déjà soutenu lors de notre premier Congrès de Paris une thèse tendant à établir un délai de 24 heures pendant lequel toute information serait réputée être la propriété du premier émetteur.

M. Jeanne (Belgique). — Cela correspondrait en somme aux œuvres tombant dans le domaine public; il s'agit ici d'une absorption par le domaine public, après un temps restreint.

M. Homburg. — En ce qui concerne la proposition de M. Jeanne où il est dit « les droits d'auteur sont suffisamment protégés » je me permets de rappeler que l'article 11 *bis* de la Convention de Berne révisée ne constitue d'après des résolutions de notre congrès de Rome qu'un commencement de protection, ce qui semble donc bien indiquer que celle-ci est insuffisante.

M. Mellet. — Je ne saurais approuver la définition du mot « lucre ». Si je me rappelle bien mes premières études de droit, le lucre implique nécessairement l'idée de bénéfice. Mais comme avec la théorie qu'on déduit de mon observation de tantôt, on semble aboutir à des conclusions énormes de conséquences, je vais encore citer un exemple pour vous imprégner du sens de ma remarque :

Je suis un simple particulier, j'ai chez moi un appareil de réception ; des invités viennent me rendre visite, je repère un poste émetteur qui m'envoie de la musique de danse ; j'invite mes amis à danser. Y a-t-il lucre de ma part ?

M. Joubert (France). — Lorsque la musique militaire donne des concerts publics — lesquels sont gratuits — elle paie un franc par an, en considération de la diffusion de la musique populaire.

Si un tenancier de café — qui n'est pas entrepreneur de spectacle — avait demandé la musique militaire chez lui pour organiser un concert, il ne tomberait pas sous l'application de la loi.

M. Mellet (France). — C'est pour éviter des interprétations dangereuses au point de vue juridique que je crois qu'il vaut mieux employer « commercial » de préférence à « lucratif » ; puisqu'aussi bien « commercial » implique le « but lucratif », sans quoi ce ne serait plus la peine de faire de faire du commerce.

M. JOUBERT (France). — Je reproche à « commercial » son sens limitatif.

M. MELLET. — Il faudrait tout de même s'entendre sur le sens du mot « lucratif ».

M. HOMBURG. — Je voudrais faire remarquer à M. Joubert que les exemples qu'il vient de donner concernent uniquement la perception des droits d'auteur.

Prenez un autre exemple : les informations de bourse. Comme simple auditeur particulier, je reçois des informations boursières ; j'en profite pour réaliser un bénéfice et cependant je ne suis pas commerçant !

M. JOUBERT. — C'est un acte dans un but lucratif.

M. MELLET. — Alors, il faudrait aller demander l'autorisation à l'émetteur avant de remettre l'ordre de bourse ?

M. DROUETS (France). — J'ai demandé la parole parce qu'il s'agit là d'une question qui touche la propriété industrielle. La question n'a, en elle-même, rien d'inédit ; elle a été portée à l'ordre du jour de la réunion de La Haye où l'une des délégations présentes demandait qu'on prévît expressément dans l'article 10 *bis* de la Convention qu'on se proposait de modifier, le point relatif à l'utilisation illicite des informations transmises par radiophonie et qu'on inscrivît cet acte parmi ceux constituant une concurrence déloyale.

On avait proposé des formules beaucoup plus vastes que celles qui ont fini par être adoptées. On avait discuté très longuement sur ces formules sans pouvoir se mettre d'accord et on est arrivé à un texte général — reproduit dans le rapport américain — qui parle de tout, sauf de propriété. C'est d'ailleurs ce qu'on fait généralement dans les congrès internationaux pour mettre tout le monde d'accord.

On a naturellement admis que la question n'était pas épuisée et qu'à la prochaine Conférence de Révision de la Convention de Paris — qui doit se tenir à Londres en 1933 ou plus tard — la discussion serait reprise.

Elle doit l'être non seulement au sujet de cette question particulière, mais encore de beaucoup d'autres points. Ce que vient de dire Mᵉ Homburg est exact ; il ne s'agit pas ici de la question du droit d'auteur ; la Conférence de Rome a prévu la protection de l'auteur pour les émissions de radiodiffusion. Il s'agit ici de cas tout-à-fait particuliers et qui touchent au domaine commercial, parce que, à la différence de la Convention de Berne sur les droits d'auteur qui reste dans le domaine intellectuel, la Convention de Paris touche le domaine industriel, d'une part, et de l'autre, le domaine commercial.

Il s'agit en particulier des émissions d'informations qui sont transmises pour ainsi dire à titre privatif à une société qui a payé des correspondants pour obtenir ces informations et pour en être avisés les premiers, afin de les offrir à sa clientèle, souvent comme complément de programme. Bien que cette clientèle n'ait rien à payer pour recevoir ces informations, il s'agit néamoins là — à proprement parler — d'une véritable utilisation commerciale. Et c'est à ce point de vue commercial que les cas soulevés tantôt rentrent précisément dans le chapitre de la concurrence déloyale. C'est ce cas qui est visé par l'article 10 *bis* de la Convention internationale de Paris.

Je crois, à mon sens, qu'il est préférable de prendre « utilisation commerciale » plutôt que « but lucratif ». M. Homburg vous a démontré tout-à-l'heure que vous ne pourriez toucher un particulier captant des informations et s'en servant dans un but lucratif ; je dois ajouter que cet exemple mène à une conclusion assez complexe ; mais lorsqu'une organisation quelconque prend une information destinée à une autre et s'en sert pour sa clientèle, elle commet une utilisation commerciale frauduleuse et c'est cela que l'on pourra poursuivre.

On peut d'ailleurs dire que les discussions qui ont eu lieu sur l'article 10 *bis*, ont déjà eu un effet sérieux, puisque plusieurs législations sont entrées dans la voie de protéger efficacement certains actes de concurrence déloyale déterminés dans lesquels peut rentrer précisément cette utilisation déloyale.

L'idée qu'a suggérée tout-à-l'heure M. Homburg reflète — si l'on veut — un des aspects sous lesquels l'utilisation commerciale pourra être admise. Ce cas concrétise la possibilité de saisir le genre de délit ou de quasi-délit qui serait réprimé.

Je ne sais si l'on aboutira jamais à faire adopter cela par une conférence internationale ; car c'est plutôt du domaine des législations nationales. Dans la convention internationale il faudrait bien préciser la possibilité de la répression — à titre d'acte de concurrence déloyale — de toute utilisation commerciale illicite des informations destinées primitivement à une autre personne.

C'est pour cela que je me permettrai d'appuyer le remplacement de « but lucratif » par « utilisation commerciale illicite », expression qui serait naturellement à définir ultérieurement. Le rapport de M. Jeanne — 2e paragraphe qui serait à remanier légèrement — correspond bien à cette idée.

Je dois attirer votre attention sur le fait que nous ne devons pas mélanger ici les deux questions : la question de la protection de l'auteur qui est assurée par la Convention de Rome — revisant celle de Berne — et la question des informations qui est d'ordre commercial.

Cette question m'est chère du point de vue de la Convention de la propriété industrielle. J'ai déjà beaucoup travaillé pour faire entrer cet article 10 *bis* dans toutes les législations ; nous avons à présent un résultat partiel, mais je ne désespère pas, dans un avenir plus ou moins prochain, que nous ayons une législation nouvelle, plus complète et en tous cas plus précise sur la concurrence déloyale.

En effet, si la législation française sur la concurrence déloyale existe, elle consiste en un certain nombre de lois qui se réfèrent toutes au droit civil, article 1382 du Code Civil. Il y aurait intérêt, comme dans beaucoup de pays, à réunir tous les éléments de concurrence déloyale dans la législation générale, à considérer comme constitutifs de délits certains actes, tout en délaissant les autres, parce que la forme que peut prendre la concurrence déloyale est tellement multiple qu'il est impossible de définir tous les actes rentrant dans cette catégorie, sous réserve de la possibilité d'obtenir par la voie civile la réparation du dommage causé.

M. REBER (États-Unis). — Nous sommes d'accord avec la conclusion Nᵒ 2 du rapport de M. Jeanne.

M. JEANNE (Belgique). — La besogne devient de ce fait beaucoup plus facile.

M. JOUBERT (France). — J'en reviens encore à mon idée de maintenir le Nᵒ 1 des conclusions avec le changement proposé et la suppression du mot « exécutant » parce que « exécutant » a encore un sens particulier ; il n'y a pas que des artistes-exécutants ; il y a surtout les interprètes. Un orateur n'est pas un artiste ; un conférencier n'est pas un artiste. Comme il peut donc parfois s'agir de professions libérales, je demanderai que le mot « exécutant » mentionné dans la 1ʳᵉ conclusion de M. Jeanne, soit remplacé par le mot plus large et plus exact de « interprètes ».

M. le PRÉSIDENT. — A Genève, nous entendons par « interprètes » les « traducteurs ».

M. PATY (France). — « Artistes interprètes et exécutants », voilà ce que nous mettons toujours.

M. le PRÉSIDENT. — Voici donc un nouvel amendement. Pour plus de clarté, procédons avec ordre :

M. Jeanne avait abandonné l'idée de soumettre à votre vote le 1ᵉʳ paragraphe de ses conclusions ; M. Joubert, au contraire, reprend ce 1ᵒ et demande son maintien avec, si je ne me trompe, la modification consistant à introduire « interprètes ». Comme la proposition de M.

Paty rencontre celle de M. Joubert et est plus générale, je pense que M. Joubert pourrait se rallier à la proposition de M. Paty.

M. Joubert (France). — Evidemment.

M. le Président. — Voilà donc pour le premier amendement : le 2e amendement consiste, sur proposition de M. Joubert, à introduire à la fin de la conclusion No 1 «... suffisamment protégés par *la loi* et les conventions... ». Il s'agit donc ici d'intercaler « la loi » ; je ne sais si M. Jeanne se rallie à cette modification.

M. Jeanne (Belgique). — Le caractère contractuel des conventions passées avec l'émetteur laisse clairement sous-entendre le recours légal.

M. Joubert. — Oui, mais avec cette restriction que tout le monde n'est pas professeur de droit et ne comprend pas à première vue un texte de loi.

M. Jeanne. — On peut quand même ajouter « la loi » ce qui ne change en rien le sens de la conclusion.

M. le Président. — M. Jeanne se rallie donc aussi au deuxième amendement. Il nous reste maintenant la proposition de M. Moresco ; il s'agit ici d'un amendement qui consisterait à supprimer le mot « suffisamment » et dire éventuellement « sous réserve ».

M. Moresco (Hollande). — Ne présentez aucun amendement en mon nom !

M. le Président. — Le 3e amendement étant retiré, il reste deux amendements que je vais mettre aux voix.

M. Joubert (France). — M. Mellel me fait remarquer que ma proposition se trouvera comprise dans les modifications qui sont proposées par la conclusion 2o. Dans ce cas, je ne maintiens pas ma proposition.

M. le Président. — Alors il n'y a plus de proposition de maintenir le paragraphe 1o. Quelqu'un désire-t-il le vote sur ce point ? Non ! En conséquence, la proposition 1o est retirée.

Nous arrivons maintenant à la conclusion 2o. Il faut faire intervenir ici la réserve proposée : « L'émetteur, sous réserve des droits des auteurs... »

M. Paty (France). — Il y aurait lieu de compléter et de dire « auteurs, artistes exécutants ou interprètes ».

M. le Président. — C'est donc l'amendement proposé tantôt qui revient pour la confusion 2o. Je relis : « L'émetteur, sous réserve des droits des auteurs, artistes exécutants ou interprètes, est maître des ondes qu'il lance dans l'éther... »

M. Olagnier (France). — Je ne suis pas d'accord avec le mot « maître » qui ne semble pas correspondre à la réalité.

M. le Président. — M. Olagnier a proposé tantôt :

« L'émetteur a un droit réel, *sui generis*, sur les ondes qu'il lance dans l'éther. Est-ce que cette formule est maintenue ?

M. HOMBURG. — J'estime que le mot « ondes » n'est pas heureux, et on confond l'objet du droit : le contenu de l'émission, avec le moyen de transmission, le véhicule servant à la transmission : l'onde ; on ne peut être maître de l'onde.

M. KUCERA (Tchécoslovaquie). — Dans chaque pays, c'est l'État qui est maître des stations et chaque station est maître du matériel qui lance les ondes dans l'éther.

M. LANDRIEN (Belgique). — On pourrait encore dire plus simplement : « Un droit *sui generis* sur les émissions et les réceptions ».

M. le PRÉSIDENT. — Et les réceptions aussi ?

M. JOUBERT (France). — Cela n'est pas possible.

M. GNEME (Italie). — Voici une formule : « L'émetteur est maître des transmissions ».

M. KONIC (Pologne). — On pourrait peut-être dire « l'émetteur est maître des émissions... » car en somme, nous ne rédigeons pas des textes de lois.

M. ROYER (France). — Le droit de l'émetteur n'est pas le même que celui de l'auteur. Nous en sommes au droit de l'émetteur, je trouve que le sens général de la formule est bon : « L'émetteur est maître des ondes qu'il lance... » Je me rallie toutefois à M. Homburg pour dire que le terme est peu juridique et que le mot maître ne peut s'appliquer au mot « ondes ».

M. MORESCO (Hollande). — Il est logique de dire : nous discutons maintenant du droit de l'émetteur, nous parlerons après du droit de l'auteur. Mais, si on dit : « l'émetteur est maître... » il faut ajouter : « sous réserve des droits de l'auteur » et cette réserve peut être formulée dès maintenant. Droit d'émetteur et droit d'auteur sont des droits analogues ; on ne peut pas dire que quelqu'un est maître de quelque chose, quand il n'en est pas entièrement maître !

M. ROYER. — Si je comprends bien, la discussion comprend trois étapes : 1º le droit de l'émetteur, 2ᵉ le droit d'auteur, 3º l'utilisation de l'émission (c'est-à-dire le droit de capter éventuellement une émission et de la servir à nouveau).

M. HOMBURG, *rapporteur général*, — Je crois que M. le professeur Jeanne ne serait pas éloigné — sous réserve d'une modification de texte — d'admettre la formule suivante :

« Aucune retransmission, aucune reproduction dans un but commercial — quelque forme qu'elle revête — ne peut se faire sans une entente préalable avec le premier émetteur ».

Nous évitons ainsi les mots « maître des ondes » et nous insérons la condition importante de « l'entente préalable avec le premier émetteur ».

M. MOREAU. — Il vaut mieux ne pas parler des droits d'auteurs pour le moment.

M. HOMBURG. — Mais on peut ajouter « sous réserve des droits des auteurs, artistes interprètes, et exécutants.

M. PALEWSKY (France). Je suis d'accord avec la formule de M. Homburg, mais j'aimerais que le Congrès émît le vœu que la question de la retransmission des ondes perfectionnées fasse l'objet d'une prochaine discussion.

M. ROYER (France). — Ceci est plutôt un détail. Commençons d'abord par franchir la troisième étape : nous sommes en présence d'un émetteur qui, ayant capté une onde émise, veut la retransmettre.

Quelles sont ses obligations ? Nous verrons après le détail particulier de l'amélioration.

M. le PRÉSIDENT. — L'intervention de M. Homburg nous met en présence d'une nouvelle proposition qui consiste à reprendre le texte voté jadis à Genève. M. Jeanne semble s'y rallier, car au fond c'est la même idée.

M. DROUETS (France). — Il y aurait lieu de reprendre éventuellement les vœux du Congrès de Rome qui sont précisés par le rapport de M. Jeanne lequel estime élémentaire de reproduire les deux phases de la captation des ondes : la simple captation personnelle et ensuite l'utilisation commerciale. Cette idée doit être maintenaue.

M. HOMBURG. — Permettez-moi de vous proposer le texte suivant :

Le 4e Congrès, confirmant les vœux adoptés par les précédents Congrès de Paris, de Genève et de Rome ;

CONSIDÉRANT QUE

Si, sous réserve des droits des auteurs, artistes interprètes et exécutants, il est loisible, au point de vue du droit civil de capter librement pour l'audition privée des émissions radioélectriques,

Il est par contre illicite d'utiliser sciemment et sans autorisation préalable, dans un but commercial, des émissions présentant un certain caractère privatif ;

ÉMET LE VŒU

Que l'article 10 *bis*, alinéa 3 de la Convention de Paris, revisé à La Haye en 1925, concernant la protection de la propriété industrielle soit complété par un paragraphe 3 dont la teneur suit :

« Toute utilisation dans un but commercial d'une émission radioélectrique sans l'autorisation préalable de l'émetteur ».

M, Joubert. — Si « autorisation » était mis au pluriel, il sous-entendrait tous les cas concernant les uns et les autres.

M. Homburg. — Je crois que, dans ce cas-ci, le pluriel n'a pas un sens aussi étendu que le singulier.

M. le Président. — « Autorisation » au singulier, cela comprend tout.

M. Pellenc. — Je voudrais attirer l'attention des membres du Congrès sur le fait que dans toutes les discussions qui ont eu lieu jusqu'à présent, c'étaient les émissions de radio-diffusion qui étaient l'objet des discussions.

Il y a lieu de faire ressortir que le texte proposé ne s'applique qu'à la radiodiffusion à proprement parler. Vous ne pouvez étendre ce texte à la radioélectricité en général ; cependant vous parlez d'émissions radioélectriques. En matière de radio-téléphonie, par exemple, un particulier ne peut capter une communication émanant d'un autre particulier ; sinon vous iriez à l'encontre des règlements internationaux qui prévoient des sanctions pour le délit caractérisé de violation de correspondance privée.

Je conclus donc en demandant au Congrès de limiter le texte du vœu à la radiodiffusion seule.

M. Homburg, *rapporteur général*. — Il s'agirait donc de mettre « émissions de radiodiffusion » au lieu « d'émissions radio-électriques »

M. le Président. — Cela figure dans le titre du programme américain.

M. Homburg. — Le rapport américain ne parle de concurrence déloyale que quant au programme : il ne parle pas du contenu du programme d'une émission.

D'autre part, lorsque nous mettons «.. il est loisible au point de vue du droit civil de capter les ondes pour l'audition privée... » le bon sens indique qu'une exception doit être faite pour des communications radiotéléphoniques d'ordre privé.

M. Drouets (France). — Je dois faire une remarque au sujet de cette captation de communications privées. Il m'arrive tous les jours au téléphone, d'entendre les communications privées de deux ou de plusieurs personnes. Ai-je, pour cela, commis un délit ? Non, mais ce qui pourrait être grave ce serait le fait de me servir personnellement après de ce que j'aurais entendu.

M. Pellenc (France). — Vous ne pourriez vous enservir pour usage commercial. Je reprends l'exemple des cours de valeurs ; à la suite de la transmission de ces cours, vous achetez les titres indiqués. Si l'on peut établir la relation directe entre cette opération et la captation d'une communication privée qui ne vous était pas destinée, vous avez commis un délit. Il s'agit bien là d'une utilisation commerciale.

On a récemment trouvé en France un poste de réception clandestin qui tirait profit de la captation d'informations d'un caractère particulièrement privé pour permettre à celui qui en était possesseur d'en faire une utilisation privée, pour des fins que je n'ai pas à définir ici.

Il ne s'agissait pas d'une utilisation commerciale, en ce sens que le propriétaire de l'appareil envisageait, comme je viens de le dire, des fins spéciales et privées. Même en matière de téléphonie, un émetteur n'a pas le droit de donner l'autorisation de capter les communications, il s'agit ici de la sauvegarde du secret de la correspondance. On n'a pas le droit non plus de divulguer ce qu'un particulier transmet à un autre particulier.

M. le Président. — Il vaudrait donc mieux insérer dans le texte qu'il est limité à la radiodiffusion.

M. Pellenc. — C'est ce que je vous demande.

M. Homburg. — Nous remplacerions donc « radioélectricité » par « radiodiffusion ».

M. le Président. — Tout le monde est d'accord ? Dans ce cas nous allons mettre le texte aux voix :

« Le 4e Congrès, confirmant les vœux adoptés par les précédents « Congrès de Paris, de Genève et de Rome :

« Considérant que si, sous réserve des droits des auteurs, artistes « interprètes et exécutants, il est loisible, au point de vue du droit civil, de « capter librement pour l'audition privée des émissions de radiodiffusion :

« Il est par contre illicite d'utiliser sciemment et sans autorisation « préalable, dans un but commercial, des émissions présentant un certain « caractère privatif.

Émet le vœu

« Que l'article 10 bis alinéa 3, de la Convention de Paris, revisé à « La Haye en 1925, concernant la protection de la propriété industrielle, « soit complété par un paragraphe 3 dont la teneur suit :

« Toute utilisation, dans un but commercial, d'une émission de radio- « diffusion sans l'autorisation préalable de l'émetteur ».

(Le texte est adopté à la majorité des voix).

M. Palewsky (France). — Je propose que le Congrès émette maintenant le vœu suivant :

« Le Congrès émet le vœu que les problèmes juridiques soulevés par la transmission d'émissions perfectionnées ou améliorées soient mis à l'ordre du jour des prochains travaux du Comité International de la T. S. F. »

M. LANDRIEN (Belgique). — Si nous devons le discuter sans en connaître les bases, cela devient plutôt dangereux.

M. MOREAU. — Comment pourrait-on admettre, au point de vue des droits intangibles de l'auteur, que je donne, comme auteur, le droit à une personne ou à un appareil de diffusion de faire l'interprétation de ma production, puisque, sous prétexte que l'homme ou la machine à transmettre sont inférieurs, on pourrait me dépouiller de mon œuvre ?

Que je fasse une chanson et que je la fasse interpréter par un artiste modeste, puis qu'un fabricant plus puissant engage un Caruso, voilà ma volonté annihilée.

Cela me paraît impossible et nous adopterions ainsi une nouvelle licence obligatoire tout-à-fait dangereuse.

Avant qu'un Congrès juridique ne mette une question aussi dangereuse à l'ordre du jour de ses travaux, il s'agit au préalable de l'examiner à fond.

M. KONIC (Pologne). — Mais pourquoi ne pas accepter cette proposition — ceci n'est pas encore un vœu — « que le Comité international s'occupe de la question » ?

M. PATY (France). — Cette question me paraît assez dangereuse pour le moment.

M. MELLET (France). — La solution sera encore plus dangereuse que la proposition.

M. PALEWSKY. — Je comprends vos appréhensions au sujet des droits des auteurs et artistes ; mais je pense qu'il faut aussi songer au public et précisément le but poursuivi par notre Comité c'est, je crois, d'étudier et de concilier les intérêts contraires. Ma suggestion est une question d'information eu égard à ce but, d'une étude et d'une conciliation courtoise d'intérêts divergents. Je ne vais pas au delà de ce but.

M. PATY. — Je crois qu'il serait préférable d'attendre le moment où ces questions se présenteront à notre examen, plutôt que de les solliciter et d'aller au devant.

M. HOMBURG. — Vous savez que nous remettons, chaque année, sur le chantier certains vœux de nos congrès. Par conséquent, au point de vue technique, nous serons amenés à reviser les textes d'aujourd'hui. Si vous le désirez absolument, M. Palewsky, nous pouvons prendre note de votre suggestion ; mais, de toute façon, votre vœu sera réalisé pratiquement, car nous devrons toujours chercher les conséquences du progrès au point de vue juridique.

M. le PRÉSIDENT. — Je remarque une certaine hésitation au sein de l'Assemblée. Je mets aux voix le vœu de M. Palewsky.

(A la majorité le vœu est rejeté).

(La séance est levée à midi 40).

QUATRIÈME SÉANCE

Mercredi 24 Septembre 1930 (matin)

Protection des ondes radiophoniques et les brouillages.

La séance est ouverte sous la présidence de M. Mahaim.

M. le Président. — Je donnerai d'abord la parole à M. Fraipont qui est l'auteur d'un rapport sur la protection des émissions radiophoniques au point de vue du droit civil (1).

M. Fraipont (Belgique). — La protection des émissions radiophoniques comportant, d'une part, la recherche des principes généraux applicables, et d'autre part, la notion de l'abus du droit, il y avait déjà là des indications qu'il fallait que je suive le plus strictement possible. Je me suis attaché d'abord à bien déterminer ce que comportait le cadre général de la protection des émissions radiophoniques au point de vue du droit civil.

Pour arriver à délimiter mon sujet, j'ai suivi le processus par lequel passent généralement, paraît-il, les émissions radiophoniques, depuis la création des ondes jusqu'à leur réception.

J'ai noté en passant un certain nombre de rapports de droit administratif et de droit public qui doivent être signalés pour permettre la délimitation parfaite du sujet. Dans cette voie, j'en suis arrivé à cette phrase qui me paraît résumer dans une formule la manière dont le sujet doit être apprécié et envisagé : » La protection des émissions radiophoniques, au point de vue du droit civil, suppose des droits auxquels correspondent des actions munies de sanctions pour les cas où ces droits seraient en péril ».

Les rapports de droit public et de droit administratif que j'ai retenus peuvent se placer entre l'émetteur, le récepteur et l'autorité concédante, et, par conséquent, dans les pays où il existe un monopole d'État.

J'ai distingué alors pour mieux délimiter encore mon sujet, l'émission de la réception.

(1) Cf. *Rev. jur. int. Radioél.* 1930 p. 233.

La protection les émissions, au point de vue droit civil, comporte l'étude des différents droits reconnus à l'émetteur, c'est-à-dire le droit d'émettre d'abord, le droit à l'intégrité de ondes émises et suite, pour en arriver à la libre circulation, ou mieux à la libre communication dans l'éther des ondes émises, complétés par le droit des récepteurs de recevoir intégralement les communications radiophoniques envoyées. Enfin, j'ai noté que l'on pouvait reconnaître à l'émetteur un droit de propriété de publication de la nouvelle. En dernier lieu et afin de faire le tour complet des rapports de droit civil auxquels peut donner lieu la radiophonie il faut signaler la question de la rémunération pour les services rendus au récepteur.

La protection des émissions au point de vue du droit civil nous paraît comporter l'étude des différents droits que nous avons reconnus à l'émetteur complétée par l'étude du droit du récepteur de capter les ondes émises, la recherche des obstacles d'ordre juridique qui peuvent s'opposer à l'exercice paisible de ces droits, la détermination des principes applicables et l'indication des sanctions de droit civil qui sont susceptibles d'être employées.

Nous avons alors examiné le droit d'émettre que nous avons reconnu comme un droit appartenant à l'émetteur. Ce droit d'émettre repose à la fois sur la thèse juridique de l'éther qui, comme milieu de propagation des ondes hertziennes, est à la disposition de tous, et sur la propriété que possèdent ces ondes de se propager à travers l'éther à une vitesse considérable d'une manière non perceptible, ce qui exclut tout inconvénient et tout dommage pour les biens et pour les personnes.

Une fois sa base déterminée, on semble arriver à démontrer que le droit d'émettre est libre ; mais en raison des nécessités techniques, en raison de la nature même de ce droit, on doit prévoir que ce droit d'émettre sera, au contraire, de plus en plus limité, et que ce droit se verra finalement l'objet d'un monopole d'État, monopole que l'État répartira en concessions ou de toute autre manière, afin que des organismes ou des particuliers exercent leur activité en ses lieux et place.

Une fois ce principe posé, je remarque que la limitation du droit d'émettre, la règlementation apportée dans cette voie, semblent donner à ce droit des contours plus précis. De cette manière, nous posséderons à l'avenir, conjointement avec le droit d'émettre, les possibilités de faire respecter ce droit au point de vue du droit civil ; les pouvoirs publics pourront faire respecter les clauses de la concession par les moyens administratifs qui seront mis à leur disposition.

Dans les pays où le droit d'émettre fera l'objet d'une concession, une autorisation spéciale attestera l'autorisation obtenue et cette autorisation pourra être inscrite au Cahier des Charges pour essayer d'empêcher ceux qui n'ont pas obtenu l'autorisation ou ceux ne respectant pas leurs engagements, de porter atteinte à ce droit d'émettre.

Si le monopole d'État s'exerce par des concessions ou des particuliers, ou entreprises privées, on pourra reprendre l'autorisation au concessionnaire qui ne respecte pas les conditions du cahier des charges. Si ces manquements causent préjudice à d'autres émetteurs, ceux-ci auront la ressource d'une action en dommages et intérêts contre l'émetteur, auteur de ces manquements.

Nous ne faisons qu'indiquer ici, parce que cette matière fait l'objet d'un autre rapport, que le fait par un émetteur concessionnaire ou permissionnaire de faire usage des modalités dont s'assortit le droit d'émettre autorisé (longueur d'onde déterminée, temps des émissions, puissance réservée par exemple) peut être constitutif de concurrence déloyale et faire comme tel l'objet d'une action en responsabilité sur cette base.

Tout ceci revient à dire qu'en raison de sa réglementation de plus en plus précise et sévère, ce droit d'émettre permettra d'entamer des actions en responsabilité contre ceux qui auront contrevenu aux dispositions légales.

Après avoir envisagé ce droit d'émettre, j'ai reconnu alors les droits de l'émetteur et du récepteur sur les ondes, et j'ai remarqué comme premier droit ; le droit à l'intégrité et à la libre circulation des ondes. A ce sujet, je crois devoir dire que le droit à l'intégrité des ondes dérive de l'importance extrême qu'ont acquise les communications radiophoniques dans l'économie nationale et mondiale, des multiples services qu'elles rendent, bref, de leur utilité incontestable dans tous les domaines.

Le droit à la libre circulation des ondes émises se justifie en partie de la même manière, mais repose en outre plus spécialement sur l'idée de la libre circulation de principe des ondes dans l'éther, déduite de ce que l'éther fait partie du domaine commun de l'usage duquel il n'appartient à personne de priver les autres. Il a été reconnu que les atteintes portées à l'intégrité des ondes et à leur libre circulation à travers l'éther consistaient en ce qu'on a appelé les brouillages et les interférences.

J'ai trouvé dans le rapport du Congrès de Rome, une définition du brouillage et de l'interférence.

Je m'aperçois qu'à notre première séance, certaines de ces définitions n'ont pas été conservées telles quelles.

Toujours est-il qu'on peut considérer que par « brouillage » il faut considérer qu'on se trouve en présence d'atteintes portées à des émissions par l'exercice et l'activité d'autres hommes. C'est l'angle général sous lequel je veux examiner pour le moment les brouillages et les interférences.

Après avoir fixé la base du droit de l'émetteur et de la libre circulation des ondes et la manière dont il faut envisager les atteintes qui peuvent être portées à l'émetteur, j'ai examiné le droit du récepteur de recevoir librement et intégralement les ondes émises.

Le droit du récepteur de recevoir librement les ondes émises dans leur intégrité se fonde sur l'usage qu'il a en commun avec tous les hommes, de l'éther à travers lequel voyagent les ondes. C'est à lui, qu'il soit connu ou non de l'émetteur, que les communications radiophoniques émises sont destinées ; c'est à lui qu'est adressé le contenu de ces communications. Elles doivent donc d'abord parvenir jusqu'à lui et lorsqu'elles le touchent, se trouver dans un état de conservation telle qu'elles lui restent intelligibles et qu'il puisse s'en servir. Que le brouillage ait lieu à la source, ou au moment de la réception, qu'il ait lieu par interférence ou autrement, il empêchera de toute manière le récepteur de recevoir utilement la communication radiophonique.

Je fais remarquer qu'il s'agit de brouillages et d'interférences, le droit se fixe alors sur la tête de celui qui doit recevoir les ondes, tandis que le droit à l'intégrité et à la libre circulation des ondes devient commun à l'émetteur et au récepteur.

Pour essayer de faire le tour complet de tous les cas qui peuvent se présenter en matière d'atteinte à la libre circulation et à l'intégrité des ondes — envisagé par rapport à l'émetteur et au récepteur — j'ai rangé les atteintes qui peuvent être portées aux droits de ceux-ci en trois catégories juridiques que vous connaissez parfaitement :

1° Les faits constitutifs de quasi-délits ;

2° Les faits constitutifs d'abus de droit ;

3° Les faits constitutifs de manquements aux relations de voisinage

Les faits constitutifs de quasi-délits sont les atteintes portées aux émissions radiophoniques ou provenant de l'état défectueux de choses dont une personne a la garde. Nous comprenons dans la responsabilité des personnes aussi bien la responsabilité personnelle que la responsabilité du fait d'autrui. Nous visons donc les principes édictés par les articles 1382 à 1386 du Code civil, principes qui se retrouvent, à peu de chose près, dans la plupart des législations.

La faute des usagers de la T. S. F. ou des tiers donnant lieu à responsabilité et à action de la part des émetteurs ou des récepteurs consistera non seulement dans une violation de la loi pénale, mais encore dans tout manquement à des obligations légales ou réglementaires et enfin dans tout acte que n'aurait pas dû faire un homme doté d'une intelligence moyenne et doué de prudence et d'attention.

J'ai examiné ensuite les atteintes portées au droit de l'émetteur, d'abord par les usagers de la T. S. F., estimant que la connaissance plus spéciale de la matière de la part de ceux-ci devait avoir comme corrolaire des sanctions plus sévères. Dans la question de ces atteintes aux droits de l'émetteur par ces usagers de la T. S. F., il est question d'abord, et avant tout, des interférences qui sont des brouillages produits par des émissions de fréquence voisine de celle qui est envisagée. L'atteinte peut également provenir de brouillages ordinaires consécutifs aux fautes dans l'emploi d'appareils émetteurs ou récepteurs de T. S. F. ou de l'usage d'appareils défectueux.

A raison du régime de concession ou de permission avec monopole d'État vers lequel s'orientent presque tous les pays, et des conditions d'établissement et de maintien de postes émetteurs qui sont imposées par le fait même, à raison de la réglementation qui gouverne l'installation des postes récepteurs, on peut dire que, la plupart du temps, les brouillages provenant du fait d'usagers seront dus à un manquement à l'une des dispositions légales ou réglementaires auxquelles ils sont soumis. S'il s'ensuit un préjudice pour l'émetteur dont les ondes sont troublées, l'action aquilienne lui fournira le moyen, soit d'obtenir des dommages et intérêts, soit de forcer l'auteur du trouble à cesser ses agissements ou à modifier ses instruments.

On peut cependant imaginer que les usagers de la T. S. F., sans manquer aux prescriptions réglementaires ou légales qui les régissent, commettent dans le maniement de leurs appareils des négligences ou des imprudences non encore sanctionnées et prévues par les lois et règlements, ou que ces appareils présentent des défectuosités dont la réglementation a échappé au législateur ou à l'autorité.

Les usagers devront répondre de tels actes vis-à-vis de l'émetteur qui jouira d'une action contre eux.

Quant aux atteintes portées aux droits de l'émetteur par des tiers, nous avons en vue les brouillages ou l'emploi de machines ou d'appareils défectueux, dont les vices peuvent causer des perturbations dans les communications radiophoniques.

On peut citer l'exemple d'un médecin radiologue, inexpérimenté, qui, ayant dans son cabinet des appareils électriques, les faisait fonctionner d'une manière malhabile, de sorte qu'il produisait du brouillage dans les émissions d'un voisin. La faute du médecin résidera dans la manière maladroite apportée dans l'emploi de ses appareils ou dans le mauvais état de ceux-ci. Ici, encore l'émetteur, troublé dans l'exercice de ses droits, pourra lui intenter une action pour obtenir la cessation de ces agissements et éventuellement des dommages-intérêts.

Il y a là des atteintes portées aux droits du récepteur par les brouillages et interférences qui atteignent les communications radiophoniques.

Je ne développe pas cette partie de mon exposé parce qu'ici les mêmes principes me paraissent applicables qu'il s'agisse des droits de l'émetteur ou de ceux du récepteur. Ils ont toujours dans ces cas à leur disposition une action aquilienne contre ceux qui ne respectent pas les règlements, et par-dessus le marché, contre ceux qui ne peuvent satisfaire aux règles de la plus élémentaire prudence.

Nous arrivons maintenant à la catégorie des « faits constitutifs d'abus du droit ».

La notion d'abus du droit est une notion juridique qui a donné et donne encore lieu à des controverses dont la fin ne semble pas proche.

J'ai cru devoir — pour éviter trop de discussions — prendre une moyenne et choisir une de ces notions qui se rapprochent souvent de la réalité et dire : l'abus du droit existe lorsqu'on exerce ce droit dans l'intention de nuire, sans intérêt légitime et en causant préjudice à autrui. Le plus souvent, l'abus du droit se révélera extérieurement par un usage anormal, non conforme à celui que font habituellement de ce droit les autres hommes, joint au préjudice qui en résulte pour autrui.

Mais il n'empêche toutefois que l'intention de nuire doit avoir existé et que l'absence d'intérêt légitime doit être exigée.

Il s'agit donc ici d'actes d'usagers de la T. S. F. ou de tiers accomplis sous le couvert d'un droit, mais sans intérêt légitime, avec l'intention de nuire à l'émetteur ou au récepteur et de leur causer préjudice.

Pour nous conformer à la distinction que j'avais cru devoir faire dans l'examen des faits constitutifs de quasi-délits, nous ne relèverons que les atteintes portées aux droits de l'émetteur par les usagers de la T. S. F. exclusivement.

Il n'est plus question d'un manquement des usagers aux lois et règlements qui les régissent. On suppose qu'en usant de leur droit d'émettre ou de recevoir des ondes, ils le font sans aucun intérêt et dans l'intention de nuire à l'émetteur. Par exemple, un émetteur au lieu de diffuser de la musique, des nouvelles, etc... s'amuse à diffuser des bruits discordants et parvient ainsi, en respectant les conditions d'émission, à troubler les autres émissions.

M. le Président. — Vous parlez de la musique moderne ! (Rires).

M. Fraipont. — J'ai aussi cité l'exemple d'un récepteur qui se livrerait, par pure malignité, vis-à-vis d'un proche émetteur, à de nombreuses et inutiles expériences.

De quelles sanctions disposera l'émetteur troublé pour réduire cet autre concurrent ou récepteur incommode et l'empêcher de lui nuire ? Dans ce cas, un recours fondé sur l'abus du droit permettra à l'émetteur de faire mettre fin judiciairement à ces actes préjudiciables et d'obtenir des dommages et intérêts pour le dommage qu'il subit.

Nous ne disons rien d'autre des sanctions qui sont à la disposition des magistrats, car nous estimons que les faits d'abus de droit forment simplement une catégorie à part des quasi-délits. Par conséquent, les sanctions sont les mêmes : c'est-à-dire dommages et intérêts ou condamnation à cesser les agissements.

Quant aux faits d'abus de droit provenant de tiers, la même action en responsabilité contre les tiers arrivant à troubler les émissions sans intérêt légitime, dans l'intention de nuire et de causer un dommage par l'exercice apparent d'un droit, sera à la disposition des émetteurs.

Qu'on imagine, par exemple, un industriel, ennemi de la radiophonie, disposant dans son usine de machines émettant des radiations dès qu'elles sont mises en marche et faisant procéder à d'inutiles essais au moment d'émissions radiophoniques. Nous sommes dans l'obligation — à défaut de cas concrets de la jurisprudence, peu fournie en la matière, — d'imaginer des cas théoriques !

Sur ce point, force nous est bien également de dire quelques mots des décisions étrangères en matière d'abus du droit.

Le droit américain et le droit anglais — plus individualistes que le nôtre — paraissent jusqu'à présent réfractaires à l'extension de la notion d'abus du droit à des cas similaires à ceux envisagés.

Tandis que le droit allemand et le droit suisse ont accueilli cette notion et l'ont même fait passer dans des textes de loi d'une portée générale, tandis que les jurisprudence belge, française et même italienne en font application d'une matière relativement large, on voit d'autres pays comme l'Autriche et l'Espagne n'en faire qu'un usage très timide. Disons pourtant que l'idée paraît faire des progrès.

Il en résulte que les solutions des conflits que nous envisageons ne pourront être obtenues partout sur la base de l'abus du droit et qu'il y aura peut-être lieu, dans ces pays, de travailler à un élargissement de la jurisprudence, ou à défaut, à l'élaboration de textes législatifs spéciaux.

Envisageons maintenant les « atteintes portées aux droits des récepteurs par abus de droit ».

L'hypothèse est celle de troubles apportés à la réception des ondes par des usagers de la T. S. F. ou des tiers usant d'un droit qui leur appartient, mais agissant sans intérêt et par malignité pour empêcher la réception des ondes ou porter atteinte à leur pureté.

J'ai cité le cas d'un amateur de T. S. F. qui, en dépit de ses connaissances, produirait, par des recherches inutiles, des perturbations.

Pour ce qui est des tiers, on peut citer l'exemple d'un boulanger qui ferait tourner ses machines électriques à vide au moment où commence une audition.

Nous abordons alors la catégorie de faits qui peuvent être considérés comme portant atteinte à la pureté des émissions. Il s'agit de faits beaucoup moins faciles à déterminer, mais qui constituent des exemples pratiques. Nous voulons parler des faits constitutifs d'atteinte aux relations de voisinage.

Nous quittons ici la catégorie des actes malicieux et dommageables pour arriver à la catégorie des actes dommageables, accomplis dans un intérêt légitime.

L'émetteur ou le récepteur peuvent-ils, en ce cas, obtenir des sanctions civiles adéquates ?

Cela se rapproche du droit de la collectivité (quartier, carrefour...) contre le droit individuel.

En France et en Belgique, l'autorisation administrative donnée à l'occasion de l'établissement d'une industrie ou d'un genre d'activité qui peut porter atteinte aux relations de voisinage et causer dommage aux voisins a lieu sans préjudice des droits des tiers et ne fait donc pas obstacle à l'action en responsabilité dont il s'agit.

Le problème est ici plus difficile, plus délicat, plus compliqué qu'on ne pourrait le supposer à première vue. Il s'agira très souvent d'un conflit entre deux exploitations dotées chacune d'une autorisation administrative. Cette autorisation de l'une ou de l'autre ne pourra faire obstacle à une action basée sur l'atteinte portée aux relations de voisinage.

Pour résoudre ce conflit, va-t-on se demander s'il existe une hiérarchie des utilités de leur activité ? Le critère ne peut être trouvé dans une telle hiérarchie, parce que cela ouvrirait la voie à l'arbitraire et les magistrats seraient ainsi amenés à de regrettables confusions.

L'antériorité d'une entreprise, par rapport à l'autre, peut être envisagée comme critère unique, à la condition qu'elle s'accorde avec ce qui a été appelé la préoccupation collective, c'est-à-dire avec la manière dont un grand nombre d'occupants usent de leur propriété ou des avantages communs dans un quartier donné.

Au point de vue qui nous occupe, il faut rappeler non seulement le droit d'émettre de l'émetteur, mais son droit à l'intégrité des ondes et à la libre circulation de ces ondes à travers l'éther dans un but de communication.

En fait de sanctions, les tribunaux peuvent non seulement condamner l'auteur responsable à des dommages et intérêts, mais encore ordonner des mesures tendant à éviter le préjudice dans l'avenir ; si le dommage est continu, les dommages et intérêts pourront avoir lieu sous forme de rente payable tant que durera le préjudice.

Mais il se peut que la technique ne fournisse pas les moyens de remédier au préjudice, et que la seule sanction consiste en des dommages et intérêts ; il ne paraît pas que la jurisprudence aille dans ce cas jusqu'à ordonner la fermeture de l'établissement d'où émane le préjudice. On se refuse probablement à supprimer une activité qui se révèle, malgré tout, socialement utile.

De ce fait, la protection des émissions ne peut être adéquatement assurée, car, par hypothèse, l'émetteur se voit pratiquement dans la nécessité de cesser son industrie, tout au moins dans le lieu où il s'est établi.

Pour ce qui concerne les atteintes aux droits du récepteur uniquement, c'est peut-être le seul point sur lequel la jurisprudence puisse en l'occurence fournir quelques exemples.

Ni en France, ni en Allemagne, les considérations des activités utiles n'ont prévalu contre les convenances d'un amateur de T. S. F. captant les ondes plutôt à titre de passe-temps.

Toutes les jurisprudences étrangères ne sont pas d'accord sur les notions que je viens d'exposer.

Quant à l'étude du Droit de l'émetteur sur la priorité de publication de la nouvelle et du droit de l'émetteur à rémunération par le récepteur, elle nous paraît rentrer dans la question de savoir quel est le droit de l'émetteur sur les émissions, s'il est possible d'établir le principe d'un droit privatif d'exploitation, et comment la concurrence déloyale peut être réprimée à cette occasion.

Comme conclusion, les principes généraux du droit civil comportent un certain nombre d'actions dont les sanctions peuvent assurer utilement la protection des émissions.

Une règlementation technique et administrative de tous les progrès de la radioélectricité contribuera à rendre plus précis et concrets les problèmes que soulèvera la protection juridique des émissions par la définition de plus en plus exacte des droits et obligations des usagers de la T. S. F.

L'assouplissement, et dans certains pays, l'extension des notions de responsabilité pour faute, abus de droits et atteintes aux relations de voisinage pourront suffire à résoudre un certain nombre de contestations.

Mais il restera malgré tout des situations auxquelles il ne pourra être remédié que par des dispositions législatives spéciales ou par de nouveaux progrès de la technique.

M. le PRÉSIDENT. — Je crois être l'interprète de toute l'assemblée en remerciant M. Fraipont de son rapport remarquablement fouillé et travaillé ; je le fais avec d'autant plus de plaisir que je m'adresse à un de mes anciens élèves ; à titre de professeur, je le félicite encore une fois pour la clarté et la méthode qu'il a apportées dans son travail.

(Applaudissements).

Vous aurez remarqué, comme moi, que ce rapport ne nous apporte pas de résolutions concrètes ; il soulève une série de questions de droit qui peuvent éclairer singulièrement l'ensemble du problème.

Je crois qu'ici, au lieu de procéder à un vote sur certaines conclusions, il vaudrait mieux procéder à une discussion générale de ce rapport, sans l'étendre d'une façon absolue.

M. DISMENY (Hongrie). — La législation hongroise en 1925 a adopté sous le paragraphe 2 de la loi IX, les dispositions suivantes :

M. Le Ministre du Commerce est autorisé à donner les ordres nécessaires concernant l'agencement, les appareils et leurs accessoires, la possession et la propriété se rapportant au trafic intérieur ou extérieur et les stipulations connexes ; si le besoin s'en fait sentir, — les dispositions pénales également, même contrairement aux lois et aux autres règlements juridiques existants, qualifiant d'infraction la contravention à ces dispositions — le délinquant sera passible d'un emprisonnement allant jusqu'à deux mois et d'une amende allant jusqu'à 3 millions de couronnes (240 pengos) ».

Il appert de cette loi d'autorisation que le Ministre du Commerce a reçu le droit le plus étendu de régler, dans sa sphère d'activité, toute question prenant en considération les possiblités de son développement.

Selon les termes du décret, les installations servant à la radiotransmission ou à la réception ainsi que la construction ou l'exploitation des installations de ce genre — par antenne simple ou commune — ne sont accordées sur le territoire de l'État hongrois qu'avec une autorisation préalable. L'exploitation des installations radioélectriques sans autorisation, constitue une infraction comportant une peine d'emprisonnement d'un maximum de deux mois et d'une amende allant jusqu'à 240 pengos.

Concernant la question qui est en discussion, de paragraphe 13 du décret mentionné prévoit ce qui suit :

« Les communications « pour tous » — musique, chant, conférences et autres productions récréatives ou instructives — les nouvelles, désignées « pour tous », propagées par des stations de radiodiffusion publique, les signes transmis par les stations d'émission expérimentales — paragraphe 14 — n'ayant pas le caractère de correspondances particulières peuvent être reçues par quiconque ayant l'autorisation d'installer un poste récepteur. Il est pourtant interdit de faire usage ou de répandre ces communications commercialement, sans permission ».

Il ressort de ces dispositions qu'en Hongrie, sans autorisation préalable, l'utilisation industrielle et commerciale des communications propagées par des stations de radiodiffusion ne peut se faire et entraîne des sanctions pénales.

En dehors de cela, les ondes ne peuvent pas être utilisées sans qu'on paie une certaine redevance, parce que :

1° si un commerçant ou industriel de T. S. F. n'utilisant les émissions des stations de radio-diffusion que pour éprouver les appareils, paie la même taxe d'abonnement que tout autre particulier, le poste de radiodiffusion reçoit sa quote part de la recette de radio du commerçant et de l'industriel également ;

2° Dans le cas où l'hôtel, le restaurant, ou d'autres locaux publics munissent, dans l'intérêt de leur commerce, leur poste de radio-réception d'un haut-parleur, et perçoivent un prix d'entrée des auditeurs, payeront pour cette permission, en province, le triple, à Budapest, le décuple de la taxe d'abonnement ordinaire et de cette façon, la Poste et la Société Concessionnaire reçoivent leurs quote-parts de la taxe plus élevée, perçue sur les locaux publics pour l'usage étendu.

Il faut mentionner à cette occasion que la Poste royale hongroise considère les postes de réception installés dans les locaux publics comme un moyen devant servir à propager la radio, augmentant ainsi le nombre des abonnés. C'est pour cela qu'elle ne perçoit la taxe établie sur ces postes-récepteurs qu'au cas où l'entrée aux auditions n'est pas gratuite.

Il faut observer en plus que si la Société qui exploite la station émettrice diffuse par radio des nouvelles captées d'une autre station ou bien, si la presse publie des nouvelles captées et enfin, si quelqu'un enregistre sur disques des communications de radiodiffusion et les utilise ou les répand commercialement d'une façon quelconque sans autorisation, il tombe sous le coup d'une contravention qui l'expose à l'amende et à l'emprisonnement déjà mentionnés.

Pour ce qui concerne finalement l'exploitation commerciale du programme de la radiodiffusion, on est d'avis en Hongrie que la publication du programme dans la presse est pour les éditeurs de journaux une charge pécuniaire et pour couvrir ces dépenses, la Poste hongroise et la société concessionnaire abandonnent au syndicat des journaux,

une redevance mensuelle de 1 /2 à 3 o/o sur les taxes payées par les abonnés. Comme contre-valeur, les journaux sont obligés d'insérer dans
leurs journaux — en plus des programmes — 50 lignes de texte intéressant le radio, dont 25 lignes fournies par la Société concessionnaire.
Outre cela, les journaux syndiqués sont tenus de faire de leur mieux dans
l'intérêt de la radiodiffusion.

Pour éviter le brouillage, le décret hongrois a déclaré qu'il était
interdit — pour empêcher par une installation de radio de troubler
le service des installations téléphoniques et télégraphiques publiques
— d'admettre des appareils d'un caractère similaire pour l'intérieur
du pays. Ne seront toutefois admis que les appareils récepteurs sans
oscillation. Le vendeur d'appareils est tenu de faire annexer à
chaque appareil des instructions écrites relatives à l'usage.

M. REBER (États-Unis). — Nous présumons que ce sujet fait suite
à ce qui forme le sujet du troisième vœu adopté au Congrès de Rome
sous le titre de « Protection internationale des communications radio-
électriques. Interférence avec les stations d'émission ». La première
partie (A) du vœu tend à ce qu'il soit voté des lois pénales pour l'exécution des dispositions de l'article 5 de la Convention Radio-télégraphique
internationale de 1927. Dans la seconde partie (B) du vœu, il est question
d'interférence provenant surtout d'instruments électriques autres que
les récepteurs et émetteurs de télégraphie sans fil. En tant que la première
partie du vœu affecte l'interception et l'emploi illicites de radio-communications, il semblerait que le sujet se rapprocherait de beaucoup de
celui que nous traitons dans la sixième partie de notre rapport. Nous
sommes entièrement d'accord avec la première partie du vœu, attendu
que le « Radio Act » de 1927 paraît déjà répondre à tout ce que réclame
l'article 5 de la Convention.

Ainsi qu'il a été indiqué à des congrès juridiques précédents, les
brouillages peuvent provenir ; a) d'autres stations de transmission ;
b) d'instruments oscillants de réception ; ou bien c) d'autres appareils
électriques.

Quant aux brouillages causés par d'autres stations de transmission,
nous ne voyons pas ce que l'on pourrait ajouter en ce moment au principe énoncé à l'alinéa 3 du premier vœu adopté au Congrès de Rome :

« L'exploitation des stations radio-électriques d'un État devrait être
organisée de façon telle qu'il n'en résulte, dans la mesure des possibilités
techniques, aucun trouble pour les mêmes services des autres États ».

Ce principe avait été déjà reconnu dans son essence par la Convention radio-télégraphique internationale de 1927. Quand il s'agit de
stations de T. S. F. d'un même État et qu'il n'y a pas de brouillage inter-

national, il semble que la question serait du ressort de l'administration nationale et ne saurait devenir internationale.

Le brouillage causé par des récepteurs oscillatoires a été jusqu'ici, aux États-Unis, considéré comme une affaire d'intérêt local et ressortissant des États et des villes. Vu qu'il n'est pas requis de licence pour la manipulation des récepteurs, les brouillages qui se produisent ont été jusqu'ici traités comme ceux qui proviennent de tout autre instrument électrique. La « *Federal Radio Commission* » a publié un recueil de ces ordonnances dans une brochure intitulée « *State and Municipal Regulation of Radio-Communication* ». On y trouve en annexe deux modèles d'ordonnances proposés, l'un visant « le brouillage électrique d'émissions radio-électriques que l'on peut raisonnablement prévenir » et l'autre l'usage de porte-voix et autres instruments pouvant incommoder les voisins.

Le sujet ayant été traité aux États-Unis comme étant simplement d'une importance locale au point de vue de la loi, nous hésiterions à souscrire à aucun principe d'un effet général plus étendu que celui qui se trouve dans la seconde partie du vœu (B) adopté au Congrès de Rome.

Il n'y a eu jusqu'ici que très peu de protection de la loi pour les droits de quiconque dont la réception est empêchée ou gênée par un brouillage causé par des appareils électriques.

Dans des conclusions toutes récentes, le Procureur Général de l'État de la Floride a déclaré que ces personnes ont un recours d'après le droit commun basé sur ce que le brouillage provenant d'instruments électriques défectueux constitue une gêne publique (1). Lorsque le brouillage provient d'un appareil sans défaut et dont on ne peut se passer dans l'exercice d'une industrie ou d'une profession nécessaire, il a été suggéré que la priorité d'installation forme la règle en tout lieu.

M. MELLET (France). — Je voudrais vous présenter quelques observations sur deux points des rapports de M. Fraipont :

Le premier pose une question excessivement délicate et très grave qui a suscité énormément de polémiques ; j'aurais voulu ne pas en parler : c'est la question du monopole.

M. Fraipont a fait remarquer que le monopole d'État avait été accepté dans certains États et que nous allions de plus en plus vers ces monopoles. Je crois qu'en France et même en Belgique nous n'en voudrons pas. Nous, auditeurs de T. S. F., nous reconnaissons volontiers qu'en certains cas, les monopoles d'État sont indispensables, mais nous estimons qu'en qu'en matière de T. S. F. ce serait inutile et même dangereux ; je ne vous en donnerais pas les raisons, car nous sortirions de la question.

(1) Voir aussi l'affaire Fields contre la Skamama Light and Power Company Oregon Public Service Commission 1926. P. U. R. 1926 B 721.

En France, nous sommes opposés au monopole et même dans certains milieux administratifs les plus élevés, puisqu'un des mes amis, conseiller d'État, a fait un rapport complet sur la question et concluait pour la T. S. F à un statut conservant l'autonomie à la radiodiffusion, autonomie qui serait soumise à un certain contrôle de l'État, nécessaire au point de vue sécurité publique et défense nationale.

Le deuxième point se résume en ce que j'estime que, sans monopole d'État, on peut néanmoins très bien sauvegarder les droits de l'émetteur et du récepteur, et je crois que le meilleur moyen pour y arriver, c'est de donner à la notion de l'abus du droit un sens plus large que celui reconnu par M. Fraipont.

Il vous a dit que l'abus du droit consistait dans le fait de préjudicier à autrui, sans intérêt ou avec intention de nuire.

Je crois que cette définition est à la fois trop complète et trop restrictive. J'estime, avec la jurisprudence française, qu'il y a abus du droit dès lors que l'exercice d'un droit nuit à autrui. Nous en avons des exemples frappants en France, notamment celui de l'industriel qui a établi dans son immeuble une machine qui travaille normalement et régulièrement et qui cause des perturbations dans l'immeuble voisin ; il est admis par la jurisprudence française que le propriétaire qui subit un dommage du fait du fonctionnement de la machine de son voisin, a le droit d'obliger son voisin à prendre toutes les précautions nécessaires pour supprimer ce dommage.

Vous avez là une jurisprudence constante et j'estime que, lorsque vous causez un préjudice à votre voisin, le voisin peut — s'il existe des moyens de supprimer ce préjudice — recourir à une action contre l'auteur du dommage.

De plus, dans l'état actuel de la science, il y a un certain nombre de brouillages qu'on peut aisément supprimer. M. Leduc a fait en France un rapport complet sur ce problème et il a démontré qu'il existait des appareils, des agencements spéciaux, pour supprimer les brouillages et les bruits provenant de machines, de tramways, etc...

J'estime donc que lorsqu'il existe un moyen scientifique pour écarter les brouillages et les interférences, le législateur devrait décréter que tous les industriels sont obligés d'employer ces moyens destinés à atténuer fortement ou à supprimer les bruits parasitaires.

En donnant à la notion de l'abus du droit un sens plus large que celui donné par le rapporteur et en s'efforçant de le faire accepter par toutes les législations, il serait peut-être possible d'arriver à une législation uniforme, à une convention qui garantirait récepteurs et émetteurs.

Je sais qu'on critiquera l'élargissement de la notion de l'abus du droit comme pouvant entraîner à l'arbitraire ; aussi, je me base sur la jurisprudence française qui a la tendance de s'élargir de plus de plus.

M. HOMBURG, *rapporteur général*. — En écoutant M. Fraipont parlant des textes adoptés à l'unanimité à Rome, j'avais l'impression que nos résolutions de congrès étaient un peu comme la « Peau de Chagrin » de Balzac et qu'ils allaient se rétrécissant au fur et à mesure de l'avancement de nos travaux.

En effet, les cas dans lesquels la sanction juridique doit intervenir sont, d'après notre texte de Rome, beaucoup plus nombreux que les cas d'abus de droit que vous citez. Nous l'étendions à tous les faits délictueux et d'impéritie et nous définissions de terme « impéritie » en précisant que la clause de l'article 5 de la Convention de Washington serait applicable dans les cas dus soit à l'ignorance, soit aux infractions aux dispositions réglementaires.

Nous allions donc plus loin que notre rapporteur et la conclusion à laquelle arrive M. Mellet me semble plus en harmonie avec les vœux de Rome.

M. KONIC (Pologne). — Je dois d'abord féliciter le rapporteur, M. Fraipont. Je le félicite en ma qualité de représentant d'un pays qui a le même Code civil qu'en Belgique et qu'en France. Je me plais à reconnaître la clarté scientifique de ce rapport qui pourrait servir d'exemple.

Mais, en ce qui concerne la matière, je ne puis être du même avis que lui, au sujet de la notion de l'abus du droit, basée sur l'intention délictueuse. A ce point de vue, je suis d'accord avec M. Mellet. Si l'on exerce son droit et que l'on porte de ce chef préjudice à autrui, il y a abus de droit. Sous ce rapport, la jurisprudence doit s'élargir.

Quant à la question de savoir si une législation spéciale est nécessaire au point de vue des faits constitutifs d'abus de droit, je ne le crois pas.

Nous avons déjà une législation spéciale concernant la concurrence déloyale ; une autre législation est superflue, lorsque l'article 1382 peut suffire.

En ce qui concerne la question des « monopoles », je ne suis pas tout-à-fait de l'opinion de M. Mellet. J'estime, au contraire que le monopole d'État doit exister.

Je vous parle comme auditeur de T. S. F. et comme abonné de radio-je vous assure que dans les pays où il y a un monopole d'État, les stations fonctionnent mieux, beaucoup mieux ; et en France permettez-moi de vous dire que vous n'avez pas autant d'émissions que dans les autres pays parce que vous n'avez pas de monopole (*Rires*).

Sous ce rapport, le Congrès devrait émettre un vœu : que les monopoles soient constitués dans tous les pays.

E. OLAGNIER (France). — M. Mellet nous disait tout-à-l'heure que la jurisprudence française était basée sur le principe qu'on ne peut causer préjudice à autrui. Cette jurisprudence est bien antérieure à la notion de l'abus du droit ; elle était basée sur l'article 1382 qui est largement suffisant. J'estime qu'il ne faut pas étendre la notion de l'abus du droit, c'est une notion extrêmement dangereuse qui laisserait place à l'arbitraire.

M. PALEWSKY (France). — Mon intervention aura comme premier objet de féliciter le rapporteur qui n'a pas conclu sous forme d'une motion à mettre aux voix. Il a agi avec sagesse en ne nous proposant pas de voter un texte. Nous ne sommes pas en effet ici dans un domaine de droit pur, mais dans une question de fait. L'application de l'article 1382 soulèvera un problème de fait. dans les cas cités au point de vue de la jurisprudence, je crois qu'en toute hypothèse, un tribunal agira avec discernement en nommant un expert lequel dira s'il existe réellement un moyen pratique d'écarter les troubles produits.

M. MELLET (France). — Voulez-vous bien permettre à un avocat de la Cour de Cassation de répondre à un avocat de la cour d'Appel ? Vous avez dit que c'était une question de fait. Or la Cour de Cassation a un droit de contrôle sur les faits retenus par les juges et il s'agit d'un contrôle sur la nature du fait ; ce n'est pas une question de fait, c'est une question de droit !

M. ROYER (France). — Au point de vue juridique, il faut tenir compte de la conception de la faute, c'est-à-dire qu'il faut envisager la faute avec intention de nuire et la faute objective. Je constate que beaucoup se rallient à la doctrine de la faute objective. C'est précisément à celle-ci que nous devons nous en tenir d'une façon absolue en ce qui concerne les sanctions à apporter pour les troubles dans les émissions et les réceptions. C'est surtout de la réception que nous devons nous occuper, car si l'émetteur est troublé, le récepteur l'est par conséquence directe. Au lieu de dire fréquemment « récepteur » j'aurais voulu pouvoir dire « amateur », car pour moi l'amateur c'est celui qui veut de temps en temps recevoir une audition nette et non pas des sons parsemés de crépitements, de coups de fouet et de toute la gamme des parasites dont vous connaissez les multiples variétés.

Dernièrement, la Président du Comité Technique de Radiodiffusion qui siège à Bruxelles, nous a donné à Radio-Belgique une conférence intéressante dans laquelle il nous a fait un exposé de tous les spécimens de parasites qui viennent troubler la réception. Il s'agit donc avant tout, de la réception, l'émission, elle, n'est pas tellement troublée, à part l'interférence qui se produit par la rencontre d'ondes.

Dans tout ce débat — si même des idées particulières peuvent être divergentes — il y a deux idées d'ordre général sur lesquelles nous devons être bien d'accord.

La première est que le Congrès devrait soutenir l'opinion que la radiophonie n'est pas un luxe, mais une chose du public. C'est là le point de départ essentiel dont pourra s'inspirer la jurisprudence pour rechercher la sanction à appliquer. Il est en effet évident que si, pour le magistrat, l'usage de la T. S. F. est une fantaisie d'amateur, le Tribunal sera porté à donner la priorité au médecin que l'on a cité tantôt comme exemple. Sans cette notion de base que je réclame, on pourra invoquer dans presque tous les cas, d'une part, l'utilité sociale, tandis que, d'autre part, on n'aura pas d'argument direct pour répliquer. Je pense surtout aux régions françaises où l'on ne semble pas avoir cette notion que la T. S. F. n'est pas une fantaisie, mais bien une chose d'utilité nationale.

Le point de départ des difficultés n'est qu'une question d'ordre technique et à cet égard, je ne crains point d'affirmer devant les techniciens que cette question est actuellement résolue. De l'avis des ingénieurs avertis, il est matériellement possible de supprimer les parasites par des dispositifs qui ne coûtent pas cher. Ceci est tellement vrai, qu'en Allemagne on nous trace la voie d'une façon très claire ; on ne peut plus s'y servir d'appareils qui ne portent pas la marque du syndicat allemand V. D. E. Cette marque doit se trouver apposée sur tous les appareils vendus.

Au point de vue technique les parasites peuvent donc être écartés et j'en arrive à mon idée de l'objectivité. Plaçons-nous devant la pratique : Un ouvrier, par exemple, a un poste de T. S. F. chez lui. Au moment où des amis viennent lui rendre visite, son appareil ne peut donner qu'une audition complètement troublée. Que doit-il faire ? Voilà le problème ! Supposons qu'il soit troublé tous les jours, à la même heure et qu'à ces heures il ne puisse se servir utilement de son appareil.

Il a à sa disposition la fameuse action de l'article 1382, c'est la seule. Il faut donc qu'il fasse la preuve des troubles dans la réception des ondes. Pratiquement, le voilà devant des difficultés inextricables.

Il s'agit d'abord de rechercher la source des troubles ; à cet égard, il faut avoir des appareils spéciaux pour dépister exactement quelle est la cause du parasite, si cette cause est volontaire ou involontaire.

Je dois intenter une action ; contre qui ? La recherche de la cause sera une des premières difficultés. Je suppose qu'on arrive même à vaincre ces difficultés et qu'on arrive à dévoiler la source des troubles. Vous intentez votre action contre une personne déterminée ; et bien, si vous n'admettez pas la faute objective, elle vous répondra : « ce n'est pas ma faute, je n'y suis pour rien ».

C'est pourquoi je m'adresse à nouveau à M. Mellet et je lui dis que la faute commise peut être purement objective ; elle cause un préjudice, sans considération de l'intention.

Je vais encore ici avoir recours à un exemple : On fait du tapage nocturne, on appliquera la contravention même si le tapageur n'a pas eu l'intention de nuire.

D'après un texte de loi voté en Yougoslavie, on considère comme délit l'agissement de toute personne qui gêne les émissions radiophoniques.

Voilà donc l'idée qu'il faut retenir avant tout : Je suis troublé dans la réception, je suis à peu près dans l'impossibilité de trouver la cause ; il me reste à pouvoir porter plainte contre inconnu et à avoir à mes côtés le ministère public pour découvrir l'auteur de la faute.

M. le PRÉSIDENT. — Mais comment ferez-vous pour mettre l'inconnu en prison ?

M. MELLET (France). — Le juge d'instruction et le Parquet pourront faire une enquête. (Rires).

M. ROYER. — Etant donné que techniquement parlant, il est extrêmement facile de supprimer tous les parasites, je demande que le Congrès admette la théorie de la faute objective et qu'il préconise l'institution d'un délit à charge de la personne qui gêne les émissions. (Applaudissements).

M. JOUBERT (France). — Je commencerai d'abord par féliciter M. Fraipont pour son rapport minutieusement étudié. J'aurais toutefois voulu le voir aller plus en avant qu'il a été, car je crois qu'il faut étendre un peu l'énumération des troubles apportés à la T. S. F. Il ne faut pas se contenter de l'article 1382, sinon on serait obligé de soumettre à l'appréciation des juges des matières qu'ils ne connaissent parfois pas.

Pour permettre à un magistrat d'appliquer une loi, parfois synthétisée dans les 5 ou 6 lignes d'un article du Code — il faut énumérer certains faits qui constitueront une excellente base de jugement. Par conséquent, on peut bien admettre parmi les causes de troubles, les causes involontaires et notamment celles citées par M. Fraipont. Une boulangerie, une cordonnerie, une laiterie m'empêchent d'entendre les ondes, sans vouloir me causer un préjudice ; il faut tout de même que l'on puisse leur dire qu'il est interdit de faire certains travaux à certaines heures. sous ce rapport, nous avons connu une grande station qui avait la rage d'émettre des signaux à l'heure du déjeuner, au moment où tout le monde attend le radio-concert.

M. Homburg. — On ne peut cependant pas énumérer tous les cas !

M. Fraipont (Belgique). — Je dois dire deux mots sur la question du monopole. Sur ce point, je n'ai pas voulu prendre parti ni pour, ni contre. Je me suis contenté de constater que par l'extension du monopole d'Etat, un certain nombre de règles administratives pourraient atteindre les usagers de la T. S. F. et par conséquent on arriverait ainsi à l'appréciation de délits ou de quasi-délits pour les abus de droit.

En ce qui concerne spécialement la question de l'abus du droit qui a fait la partie principale des critiques qui ont été fournies, je répète qu'en réalité l'exercice d'un droit, quand il nuit à autrui, peut être considéré comme abus de droit, mais je ne sais pas si l'exemple cité tout-à-l'heure par M. Mellet n'a pas plutôt rapport aux atteintes concernant les relations de voisinage. Vous aurez remarqué que j'ai fait une distinction entre ces deux points. Voulez-vous maintenant les confondre ?

Plusieurs membres. — Oui.

M. Fraipont. — Je crois que vous confondez alors certaines notions séparées de la jurisprudence et de la doctrine. Toujours est-il qu'il vous appartient de proposer que les faits de voisinage et d'abus de droit soient éventuellement concentrés sous une même rubrique et fassent alors l'objet des résolutions à adopter par le Congrès. Cependant je pense qu'il y a certaines différences entre ces deux points parce qu'il me paraît que dans l'abus du droit, il y a une certaine intention de nuire, une certaine malignité qui n'existe pas dans l'atteinte pure et simple portée au droit d'autrui, ce qui constitue précisément l'atteinte aux relations de voisinage.

Nous ne pouvons pas entrer dans une discussion de toutes les théories. S'il fallait entrer dans cette voie, il faudrait peut-être exposer une dizaine de théories différentes.

Ce sont là des questions qui font même l'objet de divergences dans les jurisprudences nationales ; elles n'assurent pas par conséquent une protection complète du droit de l'émetteur ou du récepteur sur les émissions.

Un mot maintenant à M. Homburg qui vient de dire qu'il constatait que comme la peau de chagrin de Balzac, les résolutions votées se rétrécissaient dans mon rapport. Je crois que ce rétrécissement provient de ce qu'on n'avait pas à aborder ici les sanctions pénales. Pour faire respecter les droits des émetteurs et des récepteurs, on était arrivé, par énumération, à parler des sanctions pénales qui auraient pu être mises à la disposition des préjudiciés, et il s'agissait de savoir quelles sanctions civiles pouvaient être mises à leur disposition.

Ceci me permet maintenant de répondre à M. Royer qui a déclaré qu'il y avait lieu d'instaurer des sanctions pénales contre ceux qui troublent les émissions ; il est certain que les sanctions pénales font partie de l'ensemble des moyens que l'on peut employer, mais ce genre de sanctions n'appartient plus au droit civil, mais au droit pénal.

De vos délibérations pourrait évidemment sortir un vœu quant aux moyens de preuve à établir, au point de vue droit civil, par celui qui se plaint d'un trouble dans les émissions. Cette preuve est peut-être si difficile à faire qu'il importe de protéger le droit autrement que par la procédure civile, mais il s'agit là d'une question qui ne fait nullement partie de mon rapport.

Je vous signale maintenant encore un point qui pourrait faire l'objet de certaines de vos suggestions et sur lequel, j'ai eu un entretien avec un avocat, faisant partie du conseil d'administration d'une entreprise de T. S. F. Il me disait que la meilleure manière de porter remède aux troubles dont souffrent souvent les émissions, c'est-à-dire les émetteurs et récepteurs, consisterait à rechercher les causes de perturbation non pas du côté des appareils récepteurs, mais du côté des sources de perturbation.

Je m'explique : lorsqu'un entrepreneur de T. S. F. ou un vendeur d'appareils place un appareil chez un particulier, il lui appartiendrait de rechercher quelles sont les causes de perturbation qui peuvent exister dans les environs ; et s'il les trouve, il devra y remédier par l'emploi d'appareils adéquats.

La question se pose alors de la manière suivante : peut-on forcer quelqu'un qui exerce une activité industrielle, à recevoir chez lui un vendeur d'appareils et à mettre chez lui des appareils pour rechercher la cause de troubles même aux frais de celui qui fait placer un appareil récepteur ?

Évidemment la liberté individuelle existe et celui qui possède des machines perturbatrices pourrait s'opposer à laisser entrer quelqu'un chez lui pour y placer des appareils destinés à déceler la cause de perturbation.

Il s'agit ici de savoir si le droit civil peut vaincre cette résistance ou bien de prendre des dispositions législatives pour empêcher le commerce d'appareils pouvant troubler les autres ou pour permettre d'entrer dans les domiciles privés pour y placer des appareils condensateurs supprimant les troubles.

Voici d'ailleurs, le texte que je me suis proposé de soumettre à votre vote :

Confirme les résolutions prises au Congrès de Rome et désireux d'assurer la protection des émissions radiophoniques au point de vue du droit civil, le Congrès émet le vœu qu'il y a lieu — en l'état actuel du droit — de recourir aux règles de droit commun pour ce qui concerne les faits constitutifs de délit ou quasi-délit.

Le Congrès constate que les faits constitutifs d'abus de droit et d'atteinte aux relations de voisinage ne sont pas sanctionnés partout et de la même manière et suggère aux gouvernements l'adoption de sanctions civiles à mettre à la disposition des usagers de la radiodiffusion ».

M. le PRÉSIDENT. — Il y a lieu de mettre également en discussion les conclusions de M. Tabouis, vice-président de l'Union internationale de radiodiffusion.

« Considérant que la radiodiffusion a le caractère d'un service public et répond en tous cas à des buts d'intérêt général : instruction, éducation, informations, sécurité ;

Considérant que la plupart des Etats ont affirmé ce caractère et ces buts de la radiodiffusion en se réservant le monopole de l'organisation ou le contrôle de la radiodiffusion et perçoivent, en fonction de ce service, des redevances sur les écouteurs ;

Considérant que les Etats ont, par là-même, assumé l'obligation de protéger les écouteurs contre toutes perturbations ou immixtions dans la libre jouissance du droit concédé ou autorisé ;

Considérant que, techniquement, une protection efficace contre les perturbations les plus courantes peut être obtenue par des procédés simples et peu coûteux sans que l'obligation par les tiers responsables des perturbations d'adopter ces mesures de protection puisse nuire au rendement des appareils causes des perturbations, ni plus généralement s'opposer au développement des usages généraux de l'électricité ;

le Comité International de T.S.F. émet le vœu :

Que les Gouvernements sanctionnent par toutes mesures appropriées, et dans le cadre de leur législation nationale, le droit de l'écouteur radiophonique à obtenir une protection convenable contre toutes les interférences susceptibles de troubler leur jouissance normale. »

« Considérant que les Etats adhérents à la Convention de Paris de 1883 pour la protection de la propriété industrielle se sont, dans la nouvelle rédaction de l'article 10 *bis*, engagés à instituer une protection effective contre la concurrence déloyale,

Le Comité international de T.S.F.,

Confirmant le vœu précédemment exprimé par lui à Rome.

Approuvant le vœu émis par l'Union Internationale de Radiodiffusion en date du 11 mars 1927,

Demande :

1° que la reconnaissance du droit d'émission et de la protection de ce droit contre toute utilisation commerciale non autorisée soit sanctionnée sur le terrain international ;

2° qu'à cet effet l'utilisation commerciale des émissions, sous quelque forme que ce soit, depuis la publication des programmes des émissions jusqu'à la publication sans l'autorisation préalable du poste émetteur, soit considérée comme un acte de concurrence déloyale dans les termes de l'article 10 *bis* de la Convention de Paris de 1883 révisée à La Haye.

M. ROYER (France). — J'aimerais voir affirmer les 1 et 4 alinéas du rapport.

M. le PRÉSIDENT. — Nous pourrions commencer par prendre les résolutions de M. Fraipont, puis passer à celles de M. Tabouis, et les concilier ; mais si vous préférez mélanger le tout, c'est comme vous voulez.

M. DROUETS (France). — Il me paraît, quant à moi, difficile de confondre les deux rapports. Le rapport de M. Tabouis vise les sanctions pénales évidemment, mais au sujet des services d'informations. Ces sanctions pénales ne sont au reste possibles que s'il y a monopole d'État ; c'est ce monopole seul qui peut donner aux usagers le droit formel d'être garantis par l'État. Du moment que vous écartez l'idée de monopole, vous ne pouvez plus envisager d'une façon précise la question des sanctions pénales et de fait, vous n'avez plus que le recours aux sanctions civiles.

M. MELLET (France). — Je ne crois pas que pour cela un monopole soit nécessaire ; une loi peut suffire.

M. DROUETS. — Vous avez tantôt fait allusion, si je ne me trompe, à la question de l'exploitation des chemins de fer ; mais la police des chemins de fer est réglée par la loi, puisque c'est un service que l'État a concédé à des compagnies. Cela n'empêche que le principe du monopole des transports publics reste à l'État.

M. MELLET. — J'estime que, dès l'instant où il l'a concédé, l'État n'a plus le monopole. Bien entendu, nous n'entendons pas le monopole dans son sens strict, mais dans le sens d'exploitation.

M. le PRÉSIDENT. — Mon souci de clarté m'oblige à vous dire que le rapport de M. Tabouis implique la question des monopoles. Or, il vaut mieux, pour le moment, laisser cette question de côté ; elle ne figure du reste point à notre ordre du jour.

M. JOUBERT (France). — Il me semble qu'il manque, pour la forme, quelque chose dans la résolution de M. Fraipont. « A défaut d'une jurisprudence établie », ce serait mieux.

M. MELLET (France). — Je crois qu'on peut supprimer les mots « à défaut d'une jurisprudence... ».

M. Joubert. — Je n'y vois pas d'inconvénient. Je mettrais « émissions de radiodiffusion » au lieu de « émissions radiophoniques ».

M. Homburg, *rapporteur général*. — Fait-on une distinction entre émission et réception ?

M. Fraipont. — J'ai mis « usagers », c'est un terme très large.

M. Homburg. — Les usagers de la radiodiffusion, alors ?

M. le Président. — Plus personne ne demandant la parole, je mets aux voix les trois résolutions à la fois.

« Le Congrès confirmant la résolution prise au Congrès de Rome,
CONSIDÉRANT QUE :

Pour assurer la protection des émissions radiophoniques au point de vue du droit civil, il y a lieu — en l'état actuel du droit — de recourir aux règles du droit commun en ce qui concerne les faits constitutifs de délit ou de quasi-délit ;

Constatant d'autre part que les faits constitutifs d'abus de droit et d'atteinte aux relations de voisinage ne sont pas sanctionnés partout et de la même manière ;

ÉMET LE VŒU que les États prévoient des sanctions civiles au profit des usagers de la radiodiffusion ».   (Adopté à la majorité).

Le droit de réponse en radiophonie.

La deuxième question inscrite à notre ordre du jour est relative au droit de réponse en radiophonie. MM. Hoffmann, Reber et Lepic nous exposeront successivement les points de vue des comités allemand, américain et français.

M. Hoffmann (Allemagne). — Pour examiner la question de savoir si dans le domaine de radiodiffusion on peut prendre en considération un droit de rectification, c'est-à-dire un droit de réponse, il faut tout d'abord présenter les solutions données à ce problème dans le domaine de la presse par la législation des pays intéressés ; on pourra ainsi disposer d'une base pour la solution du problème soulevé ici.

1º La loi française sur la presse du 29 juillet 1881 distingue nettement entre un droit de rectification (art. 12) et un droit de réponse (art. 13). Tandis que ce droit de rectification « n'a été à l'origine qu'une forme accidentelle du droit plus général accordé à l'autorité de faire insérer dans les journaux des communications pouvant présenter un intérêt public » (1) le droit de réponse déjà réglé en France par l'article II de la loi du 25 mars 1822 a été directement institué pour fournir aux per-

(1) Joubert, *Le droit de réponse*, Paris, 1901, p. 69.

sonnes visées par la presse un moyen efficace de défense (1). Pour ce droit de réponse il faut s'en référer en France à une jurisprudence constante selon laquelle « le droit de réponse est général et absolu ; celui qui l'exerce est seul juge de la forme, de la teneur et de l'utilité de la réponse ; et l'insertion ne peut être refusée qu'autant qu'elle serait contraire aux lois, aux bonnes mœurs, à l'intérêt légitime des tiers ou à l'honneur du journaliste lui-même » (2). C'est pourquoi la presse est obligée d'insérer des réponses qui ne constituent pas une véritable réfutation des allégations antérieures et pourvu qu'elles ne renferment aucune injure. Le droit de réponse s'étend selon la jurisprudence française même à des critiques littéraires ou scientifiques et alors que l'auteur de l'article attaqué n'appartient pas à la rédaction du journal ou du périodique. Ce droit est strictement personnel et partant ne se transmet pas aux héritiers. Ainsi la protection de la personne va jusqu'à éclipser le droit absolu du propriétaire du quotidien ou du périodique de disposer de son contenu comme bon lui semble. Le « gérant » du quotidien ou du périodique se trouve obligé de reproduire la réponse à l'endroit même où avait paru le premier article et avec les mêmes caractères d'imprimerie.

2° Le droit allemand au contraire connaît seulement un droit de rectification (Loi d'Empire sur la presse, art. 11) ; il en est de même pour les législations autrichiennes (loi fédérative du 7 avril 1922, art. 23 et 24) danoise (loi sur la presse du 3 janvier 1851, art. 430), norvégienne (Code pénal du 22 mai 1903, art. 14), espagnole (loi sur la presse du 26 juillet 1883, art. 19) et tchécoslovaque (loi du 17 décembre 1862).

Ce droit de rectification affirme en substance :

Que dans l'intérêt de l'ordre public le législateur édicte un droit public de rectification que l'autorité ou des personnes privées peuvent faire valoir contre le rédacteur responsable d'un périodique, si dans une partie quelconque de ce périodique des affirmations ont été insérées qui touchent à l'intérêt personnel des bénéficiaires de cette loi ; il faut donc avoir un intérêt à la rectification. La rectification est une réponse de l'intéressé, réponse qui ne présume ni une attaque, ni une affirmation susceptible d'être démontrée.

3° La Grande-Bretagne et l'Irlande ne connaissent pas une semblable législation.

(1) JOUBERT, *loc. cit.*

(2) BARBIER, Code expliqué de la Presse Paris, 1911, p. 132.

II

1º Jusqu'à ce jour aucun pays n'a sanctionné un droit de rectification ou de réponse (dans le sens de la législation sur la presse) dans le domaine de la radiodiffusion (1).

2º L'application à la radiodiffusion de la loi sur la presse a été expressément refusée en France par un jugement de la Chambre des Appels correctionnels du 27 novembre 1929 (2).

III

La société allemande d'études radioélectriques a estimé qu'une législation analogue à celle de la presse ne doit pas être introduite en matière de radiophonie, quoique l'obligation de dire la vérité constitue un des principes fondamentaux de la radiodiffusion. Et quoique la radiodiffusion constitue un moyen de diffusion des nouvelles au même titre que le quotidien, il y a néanmoins entre les deux moyens cette différence profonde et décisive pour le problème soulevé ici que la diffusion radiophonique est incorporelle, alors que dans la presse le message revêt une forme matérielle. Cette forme matérielle faisant défaut dans le cas de la radiodiffusion, une pareille application des dispositions législatives devient impossible (3).

D'ailleurs, même en théorie, on ne saurait justifier l'extension des dispositions sur la presse au domaine de la radiodiffusion. Le danger d'une intrusion dans la sphère personnelle de l'individu réside dans le cas de la presse en ce que, grâce à la forme corporelle du message, le lecteur qui ne le critique pas s'en approprie le contenu au point d'en tirer une conviction de la vérité des fausses allégations. Cette force de conviction résultant de la possibilité pour le lecteur de revenir à plusieurs reprises sur le même article n'existe pas dans le cas de la radiodiffusion. La radiodiffusion n'a point l'ambition de supplanter la presse, mais n'en veut être qu'un véhicule plus rapide ; il faut en dire autant des messages diffusés. Ces messages préparent le public ; ils ne veulent point définitivement confirmer un fait. Selon une conception très répandue, les dires ne deviennent faits que lorsqu'ils paraissent noir sur blanc.

Il faut d'ailleurs ajouter qu'une rectification orale, entreprise quelque jours seulement après la première affirmation, resterait inefficace, puis-

---

(1) Cf projet de loi français *(Rev. jur. Int. Radio.* 1930 p. 275*)*.

(2) *Rev. jur. Int. Radioél.* 1930. 36. *Arch. Funk.*, 1930, p. 150 et l'article de M. LAPIE *(Rev .jur. Int.,* 1920, p. 16) et article de M. SAUDEMONT, (d°, p. 166.)

(3) Dans le même sens SAUDEMONT, *loc. cit.*

qu'aucun auditeur ne serait à même de se représenter.la fausse allégation de façon à se rendre compte de la véritable filiation des faits.

Les lésions des droits personnels par la radioduffison devront donc être réprimées par application des principes généraux du droit, jusqu'au jour où le développement de la radiodiffusion fera apparaître des points de vue totalement nouveaux; une réglementation spéciale prématurée ne pourrait qu'entraver ce développement.

Bref, notre conclusion est que nous ne sommes pas partisans du droit de réponse et que pour le moins, nous ne l'appuyons pas pour le moment.

M. REBER (Etats-Unis). — La question à discuter est celle qui a été traitée dans des articles récemment parus dans la *Revue Juridique internationale et de la Radioélectricité* (1), et discutée à la 26e Assemblée générale du Comité International de la T. S. F., le 7 mai 1929 (Bulletin pages 4 à 6), et qui a été soulevée par un jugement du Tribunal correctionnel de la Se.ne du 1er février 1929 (2). Dans cette affaire il a été décidé que l'article 13 de la loi française de 1881 ne s'applique qu'à la presse et ne saurait être interprété de façon à faire comprendre les stations de radio-diffusion. Le texte de l'article 13 suit :

« Le gérant sera tenu d'insérer, dans les trois jours de leur réception, les réponses de toute personne nommée ou désignée dans le journal ou écrit périodique quotidien, sous peine d'une amende de 50 francs à 500 francs, sans préjudice des autres peines et dommages-intérêts auxquels l'article pourrait donner lieu.

« En ce qui concerne les journaux ou écrits périodiques non quotidiens, le gérant, sous les mêmes sanctions, sera tenu d'insérer la réponse dans le numéro qui suivra le surlendemain de la réception.

« Cette insertion devra être faite à la même place et en mêmes caractères que l'article qui l'aura provoquée et sans aucune intercalation.

« Non compris l'adresse, les salutations, les réquisitions d'usage et la signature, qui ne seront jamais comptées dans la réponse, celle-ci sera limitée à la longueur de l'article qui l'aura provoquée. Toutefois, elle pourra atteindre cinquante lignes, alors même que cet article serait d'une longueur moindre, et elle ne pourra dépasser deux cents lignes, alors même que cet article serait d'une longueur supérieure. Les dispositions ci-dessus s'appliquent aux répliques, lorsque le journaliste aura accompagné la réponse de nouveaux commentaires ».

(1) LAPIE, Droit de réponse en radiophonie, n° 17, p. 16 SAUDEMONT, Le droit de réponse en radiophonie n° 19, p. 166.
(2) Privat c. Delamare et la Fédération radiotéléphonique, *Revue juridique*, n° 16, pages 57-64, 89-91, confirmé par la Cour d'appel de Paris, le 27 novembre 1929 (*Revue jurid.*, n° 21, p. 36).

Notez que l'article 29 du projet de loi français du 29 mai 1929 sur la radio-diffusion est conçu comme suit :

« Tout directeur de poste concédé est tenu de faire émettre gratuitement les rectifications qui lui seront adressées par un dépositaire de l'autorité publique au sujet des actes de sa fonction qui auront été inexactement rapportés sous une forme quelconque par ledit poste d'émission.

« Ces rectifications devront être faites dans la journée qui suivra la demande dont le directeur aura été saisi. Elles devront prendre place dans la partie du programme correspondant à celle où a été radioffusée l'information à laquelle elles répondent et sans aucune intercalation.

« La rectification ne devra pas excéder, quant à sa durée, le double de l'information inexacte.

« En cas d'infraction, le directeur sera puni d'une amende de 100 à 1.000 francs ».

D'autres sources (1) font noter que dans d'autres pays d'Europe (Allemagne, Autriche, Belgique, Danemark, Italie, Norvège, Suisse et Tchécoslovaquie) le droit de réponse n'est pas imposé à la presse, ou, s'il l'est, la radio-diffusion lui échappe. Aux États-Unis, il n'y a pas de loi, soit fédérale ou particulière, dans aucun des quarante-huit États formant l'Union, qui nous soit connue, par laquelle le droit de réponse dans la presse soit admis ; inutile d'ajouter que ce droit n'est nulle part reconnu aux États-Unis quand il s'agit de stations de radio-diffusion.

Tout en évitant de se prononcer sur le principe d'après lequel le droit de réponse en radiophonie devrait être reconnu dans d'autres pays, la Section américaine s'oppose à ce que le principe en soit généralement et internationalement reconnu, ou même reconnu de façon à impliquer qu'il serait reconnu ou appliqué par les États-Unis qui constituent l'Union. Les raisons sur lesquelles elle s'appuie sont les suivantes, énoncées en peu de mots :

1. Avant que le droit de réponse à la diffamation puisse être convenablement établi, il faut s'accorder sur ce qui doit s'appeler diffamation. D'après la Constitution des États-Unis, la diffamation par voie de publicité autre que la radio-diffusion tombe sous le coup de lois particulières aux États et non de la loi fédérale. Les lois des quarante-huit États ont de grandes divergences en ce qui concerne la diffamation donnant lieu à quelque action civile et aussi la diffamation qui peut être poursuivie comme crime. Les divergences entre les lois des divers pays sont probablement encore plus marquées. A moins d'un amendement de la Cons-

_____

(1) Dausset, Un Statut international de radio-diffusion, *Revue juridique*, int. *Radioél.* n° 20, p. 221 et p. 241.

titution des États-Unis, la législation fédérale ne saurait, par exemple, définir la diffamation par la voie de la presse qui pourrait être poursuivie ou punie, ni créer un droit de réponse par la même voie.

2. Plusieurs États ont déjà légiféré au sujet de la diffamation par radio-diffusion, en grande partie, par suite du sentiment que la distinction, vénérable par son antiquité, et respectée par presque tous les États, entre la diffamation imprimée (libel) et la diffamation orale (slander) ne peut pas s'appliquer à la radio-diffusion. En conséquence, quelques États (l'Illinois et la Californie) en particulier ont fait des lois comprenant dans la définition plus large du « libel » toute parole émise d'une station de radio de façon à entraîner des poursuites au criminel et aussi (proba. blement) au civil sans qu'il y ait preuve absolue de dommage. D'autre part, plusieurs essais ont été faits au Congrès des États-Unis de modifier la loi sur la Radio de façon à interdire toute émission diffamatoire par les stations de radio-diffusion ; on a même essayé d'imposer aux détenteurs de licences de stations la charge de tenir un registre de toutes les paroles émises, de façon à pouvoir en fournir la preuve sans peine. Toutes ces propositions ont été rejetées.

3. La loi actuelle aux États-Unis suffit, à ce que nous croyons, pour mettre un frein aux abus auxquels on se propose de remédier par le droit de réponse. Bien que le droit de répondre dans les journaux ne soit pas admis aux États-Unis il existe un autre moyen d'arriver à un résultat satisfaisant. Quoique la rétractation publiée par un journal ne puisse servir de défense complète contre un procès en diffamation, il en est tenu compte pour réduire le chiffre des dommages-intérêts.

La loi de 1927 sur la Radio contient la disposition suivante (article 18):

« Art. 18. — Tout détenteur de licence qui permettra à un candidat légalement reconnu pour quelque fonction publique de se servir de la station de diffusion, devra concéder à tout autre candidat à la même fonction la même faculté de faire usage de la station, et les autorités chargées de donner la licence prescriront les règles et règlements pour l'exécution de cet article ; il est entendu, toutefois que le détenteur de licence n'aura aucun droit de censure sur la matière émise conformément aux dispositions de cet alinéa. Il n'est pas par là imposé aucune obligation de la part du détenteur de permettre à aucun des candidats de faire usage de la station ».

Toute infraction de cet article expose le contrevenant aux fortes pénalités prescrites par l'article 33. Les stations de radio-diffusion aux États-Unis ont, presque sans exception, scrupuleusement observé ces règles. Il semble n'y avoir qu'un seul procès ayant trait, même de loin, à l'article 18. Il a été récemment entamé en Floride, contre une station de radio-diffusion qui n'avait donné à un fonctionnaire (Procureur Général de l'Etat) un accès au microphone, qu'après avoir lu et censuré son discours.

La loi de 1927 sur la Radio contient aussi la disposition qui suit (article 29) :

« Art. 29. — Rien dans la présente loi ne sera compris ou interprété de façon à conférer aux autorités qui donnent les licences le pouvoir de censurer les communications ou signaux transmis par une station quelconque de radio et aucune règle ou condition ne sera édictée ou instituée par les dites autorités qui puisse enfreindre le droit de libre parole par l'entremise de communications par radio. Il ne sera permis à personne d'émettre dans le ressort des États-Unis un langage entaché d'obscénité, ou de blasphème par la voie de la radio ».

La première phrase de cet article applique à la radio-diffusion la garantie assurée par le premier amendement de la Constitution des Etats-Unis par lequel il est défendu au Congrès de voter une loi « portant atteinte à la liberté de parole ou de la presse » ; les Constitutions des différents Etats contiennent en substance la même garantie, quant aux législations de ces Etats (1).

4. Il serait, à notre avis, contraire aux vrais intérêts du public auditeur d'admettre le droit de réponse par radio. Les facilités à la disposition des stations de diffusion étant strictement limitées par les lois physiques, il conviendrait d'encourager, en tout temps et de toute façon, l'usage de ces facilités auxquelles le public attacherait de l'intérêt et du prix ; l'emploi de ces facilités pour donner vent à des querelles d'ordre privé devrait être condamné. C'est la position que la commission a prise carrément (2). On ne saurait trop appuyer sur la nécessité d'éliminer les émissions diffamatoires des programmes de radio-diffusion (au moyen de recours au civil et de peines au criminel qui seraient convenablement prévues) plutôt que de les laisser se prolonger sous forme de controverses entre deux parties, laissant la porte ouverte aux répliques et contre-répliques qui seraient la conséquence de réfutations dont la portée dépasserait celle des observations qui les auraient occasionnées.

5. Admettre le droit de réponse en radio-diffusion pourrait placer sur les épaules du propriétaire de la station un fardeau qu'il ne serait pas juste de lui imposer et qui, au point de vue du bien public serait peu sage. Il ne faut pas perdre de vue que la radio-diffusion, aux États-Unis, a son appui financier sur la réclame et que le programme de toute

(1) Voir aussi l'article 5 de la Convention de 1927 sur le Radio.

(2) Voir son second rapport annuel, pages 159-161.

station de quelque importance (surtout pour la soirée) est fixé, non seulement des jours, mais aussi des semaines et des mois d'avance et réglé par des contrats passés avec les annonceurs et les artistes. La plupart des grandes stations consacrent une bonne partie de leurs heures de service à des programmes faisant chaîne qui leur sont transmis par des stations maîtresses dans les plus grandes villes, sous l'empire d'arrangements faits depuis des semaines entre les stations, les stations maîtresses et les annonceurs. Pour se mettre convenablement à l'abri du danger de porter le trouble dans des arrangements par suite de l'obligation d'accorder le droit de réponse, le propriétaire de la station de radio-diffusion n'aura que l'alternative ou d'essayer de censurer les discours à émettre (ce que la loi de 1927 sur le Radio ne lui permet pas de faire lorsqu'il s'agit de candidats à des fonctions publiques et ce qui, au surplus, semblerait contraire au bien public, lorsque les discours traitent de sujets d'un intérêt général), ou de se refuser à émettre les discours qui auraient chance d'avoir des passages de nature diffamatoire. De plus, il lui faut décider, à ses risques et périls, si les paroles dont on se plaint sont diffamatoires, une question de droit qu'il sera souvent difficile de trancher avec certitude sur le champ vu la diversité des lois en vigueur dans les différents États (surtout lorsqu'il s'agit d'une station de radio-diffusion dont les émissions sont écoutées dans deux États, ou même plus, ou croisent la frontière d'autres pays). Bref, le propriétaire de la station de radiodiffusion se trouve exposé à de sérieux dangers dans des circonstances qui sont à peu près, sinon tout à fait, indépendantes de sa volonté, à moins qu'on ne lui accorde la faculté, qui n'est pas sans danger, de censurer tous les discours d'avance et qu'on ne le pousse à se prévaloir de cette faculté.

M. le Président. — Dans votre pays, on pourrait alors diffamer par T. S. F. ?

M. Reber. — Un accord international à ce sujet devrait avant tout être national, et non général.

M. Hoffmann (Allemagne). — Je crains qu'il ne se crée dans l'esprit des représentants américains une confusion entre la diffamation et le droit de réponse.

M. Lapie (France). — A partir du moment où la radiophonie a quitté le laboratoire elle est entrée dans les mœurs, soit pour amuser par des transmissions de concerts, soit pour instruire par des diffusions de conférences, soit pour intéresser tout le monde par la distribution rapide des informations sur tous les sujets d'actualité depuis les cours de Bourse jusqu'aux nouvelles ou aux chroniques littéraires, politiques, etc... Ainsi la radiophonie, déjà égale à la presse par l'importance numérique de son public, devenait supérieure à cette dernière par l'instantanéité de ses procédés.

Aussi, la radiophonie en tant que distributrice d'informations devait-elle se heurter à des obstacles analogues à ceux qui ont entouré les débuts de la grande presse imprimée : en particulier — et pour passer sous silence, ici une question traitée ailleurs : celle des relations avec les pouvoirs publics — les relations avec les personnes privées posaient des problèmes nouveaux et fréquents dont plusieurs vous ont été déjà soumis mais dont celui qui nous occupe aujourd'hui a le double et important caractère d'être neuf et d'intéresser non pas une catégorie spéciale de personnes, mais tout individu ou toute personnalité quelle qu'elle soit.

Les personnes privées, heureuses d'abord d'être amusées, distraites, instruites, informées ou intéressées par leurs diffuseurs particuliers s'aperçurent un jour que cet appareil était non pas un jouet à leur disposition, mais un maître puissant de leur propre personnalité. Cette découverte, elles la firent au moment où elles s'entendirent nommées, décrites, leurs faits et gestes rapportés par la diffusion radiophonique. Que leur liberté d'action était devenue mince : à peine avaient elles agi que le monde était informé. Peut-être à faux, peut-être à tort, peut-être méchamment. Et que pouvaient-elles faire là contre ? Rien. Dans une conversation particulière ou même dans une réunion publique si l'orateur allègue des faits relatifs à une personne présente celle-ci peut immédiatement protester, contester les imputations, proposer des preuves contraires. Dans un journal : qu'une personne soit citée ; qu'il soit imprimé qu'elle a agi de telle et telle façon ; et selon la plupart des lois sur la presse ou selon les usages de celle-ci, la personne intéressée peut faire rectifier l'information imprimée ou répondre aux allégations portées sur son compte.

Au contraire, devant le haut parleur implacable une personne nommée ou désignée ne peut-elle que couper le courant en se désolant de savoir répandu dans des millions d'oreilles une relation erronée de ses comportements — ou ne peut-elle obtenir une rectification, exercer un droit de réponse ?

Ici, allant plus loin, quelqu'un n'a pas été seulement nommé, mais injurié, diffamé par voie de radio-diffusion quelle réparation peut-il obtenir ? De qui ? Par quelle voie ?

Telle est la manière dont se pose en pratique la question du droit de réponse d'injure et de diffamation en matière de radiodiffusion.

On a déjà très bien compris dans certains organismes internationaux que la radio-diffusion devant servir l'intérêt général, comme son caractère d'universalité l'y contraint, il serait fâcheux que l'émission d'informations ou d'appréciations d'ordre économique, intellectuel, artistique ou touchant le domaine de la vie privée puisse nuire à la bonne entente internationale. Il serait évidemment contraire à la mission de la radiophonie de devenir un élément de polémiques et de discordes. Qu'elle renseigne le monde sur tout et sur tous, c'est son devoir, mais que chacun ne trouve dans cet enseignement qu'un accroissement de ses connaissances, sans qu'aucun s'en trouve touché dans sa propre personnalité. L'impartialité et l'indépendance de l'information radiophonique exigent le respect de règles générales en matière de droit de réponse d'injure et de diffamation.

Il s'agit donc pour nous de contribuer pratiquement à tracer la limite entre ce que les théoriciens du droit nomment deux libertés. Une liberté publique, l'expression de l'opinion dans les conditions particulièrement graves et toutes nouvelles que créent les moyens nouveaux et puissants de la radiodiffusion ; une liberté individuelle, celle de la personnalité de l'individu qui ne doit pas être livrée au public surtout, contrairement à la vérité, encore plus sous une forme injurieuse ou diffamatoire sans garanties pour elle et sans réparations à son profit.

Trois degrés peuvent être franchis dans l'atteinte que porte à la personnalité, à la liberté individuelle, cette forme spéciale de la liberté politique qu'est l'information radiophonique :

D'abord on *relate* simplment un fait quelconque, ou seulement on cite une autre personne : *C'est une information.*

Ou bien, on s'exprime sur son compte d'une manière désobligeante, on emploie à son égard une expression outrageante, un terme de mépris. *C'est l'injure.*

Ou bien encore, on allègue un fait de nature à porter atteinte à l'honneur ou à la considération de la personne à laquelle il est imputé : *C'est la diffamation.*

Donc : trois modes d'emprise sur la personnalité par la liberté d'expression publique de la pensée : information, injure, diffamation.

Ces trois emprises ont un caractère commun.

Le caractère commun à ces trois emprises sur la personnalité d'autrui est le caractère de *publicité* : rendre public un renseignement que l'on a obtenu sur une personne, exprimer publiquement son mépris, la déconsidérer publiquement, c'est donner à la collectivité *une possibilité d'appréciation* sur un de ses membres ; c'est livrer celui-ci à la curiosité de tous ; c'est modifier l'aspect de la personnalité au regard de la Société. Dans les trois cas, il n'y a atteinte à la personnalité *que s'il y a publicité* ;

Mais un caractère distinctif permet de diviser ces trois atteintes en deux catégories : (1).

Le premier cas : L'appréciation psychologique ou la relation d'un fait est *dénuée d'intention* : c'est un renseignement sans appréciation.

Le deuxième cas : au contraire (injure) et le *troisième cas* (information d'un fait pouvant nuire à l'honneur) sont nourris d'une intention outrageante.

Trouvons tout de suite les conséquences au point de vue du plan de cette étude :

Le premier cas : (citation ou désignation d'une personne, information d'un fait) n'emporte pas de *qualification pénale* : l'individu cité se fait justice lui-même : il rétablit ce qu'il considère comme la vérité sur son nom, sa personne ou les faits auxquels il a été mêlé : il exerce son droit de rectification, de remise au point. Dans une conversation il corrige immédiatement les dires de l'interlocuteur qui l'a nommé ; dans une réunion, il réplique à l'orateur ; s'il est cité dans un article de journal, il exerce un droit qui se qualifie plus expressément de *droit de réponse*.

Le deuxième et le troisième cas : l'injure et la diffamation : comme il y a intention dans l'acte, une volonté de nuire, il y a qualification pénale : la personne lésée met en mouvement l'action publique et, à la suite d'une certaine procédure, des condamnations pénales sont prononcées.

Alors se posent les questions qui nous réunissent : un mode nouveau de rendre publique l'expression de la pensée : la radiophonie, étant né quelles sont les règles qui vont être appliquées :

1º à l'injure et à la diffamation répandues par voie de radiodiffusion. Doivent-elles être punies ? Vont-elles l'être ? Comment le seront-elles ?

2º à la simple information radiophonée. Elle donne lieu jusqu'ici à l'exercice du droit de réponse en matière de presse imprimée. Peut-elle donner lieu à l'exercice d'un droit analogue dans la matière qui concerne la T. S. F. ?

C'est ce que nous allons examiner en deux sections successives.

Injure et Diffamation

Une appréciation méprisante sur le compte d'autrui, la nouvelle d'un fait tendant à déconsidérer quelqu'un jaillissent de tous les diffuseurs.

___

(1) Pour la facilité de l'exposé nous laisserons délibérément de côté la discussion de la question de droit de réponse en matière artistique littéraire ou droit de critique qui se colore souvent d'un caractère intentionnel.

La personne ainsi injuriée ou diffamée « radiophoniquement » peut-elle poursuivre ?

Si l'on interprète les principes juridiques traditionnels qui gouvernent la répression de l'injure et de la diffamation et qu'on applique ces principes nouvellement interprétés aux circonstances économiques nouvelles, il faut répondre à la question que nous venons de poser par l'affirmative : l'injure et la diffamation par radio-diffusion doivent être poursuivies et punies. Les principes juridiques, rappelons-le, sont : la protection de la personnalité individuelle par une limite à la liberté de l'expression publique de la pensée dès que celle-ci porte atteinte à celle-là.

Les circonstances économiques, c'est la radiophonie ; elle est un mode de publicité : elle est même une extension de tous les modes de publicité jusqu'alors connus en étendue et en puissance. Les règles qui s'appliquent à l'injure et à la diffamation publiques doivent donc être appliquées à l'injure et à la diffamation par T. S. F. par application d'un principe général proclamé dans tous les pays et sous réglementation nationale de détails.

C'est en effet au point de vue de la traduction en droit positif que les difficultés se présentent.

Bornons-nous à présenter deux exemples :

En France sous le régime de la loi de 1881, l'extension de la répression de l'injure et de la diffamation telle qu'elle existe en matière de presse à la radiophonie est difficile : la loi fait en effet de la publicité un élément essentiel de l'infraction, mais elle énumère (et, dit la jurisprudence, d'une manière limitative) les modes de publicité. Bien entendu elle ne fait pas allusion à la radiophonie.

Dans ces conditions, il est nécessaire, si l'on veut procéder par voie jurisprudentielle, d'interpréter les paroles diffusées comme des « cris, discours proférés ou produits dans des lieux ou réunions publics » interprétation correcte au gré de certains auteurs pour qui l'audience des postes diffuseurs constitue une réunion. Mais pour qu'il n'y ait aucun doute possible, il faudrait qu'un texte de loi ajoutât expressément la radiodiffusion aux moyens de publicité déjà énumérés par les art. 23 et 28 de la loi du 29 juillet 1881.

Le second exemple sera tiré du droit anglo-saxon et singulièrement de l'Angleterre. La matière correspondante à ce que le continent appelle diffamation se retrouve dans la notion de «Defamatory statement» divisée en « slander » et « libel » par la « Common Law ». Le « slander » est la diffamation par voie orale; « le libel »par voie écrite. L'ensemble demeure sous le régime des Torts avec cependant ces deux différences très importantes pour nous : que le « slander » n'est qu'une « civil injury » tandis que le « libel » n'est pas seulement un *torts* donnant lieu à une action, mais aussi une « criminal offense », que d'autre part le « slander » — sauf dans des cas particuliers ne donne lieu à une action que s'il a causé un dommage actuel — tandis que le « libel » constitue de lui-même une source d'actions.

Le « defamatory statement » est celui qui concerne une personne en l'exposant à la haine, au ridicule, au mépris ou qui tend à lui porter tort dans sa situation, sa profession ou son commerce.

Nous ne voulons pas entrer plus avant dans l'explication du droit anglais à ce sujet ; nous voulions marquer simplement qu'à notre connaissance aucune extension n'avait été faite par les Cours anglaises à la radiophonie et qu'il serait délicat pour elles de ranger la diffamation radiophonique dans un des deux cas des deux catégories anglaises du « slander » ou du « libel » ; si on considère qu'il n'y a qu'une émission de paroles largement diffusées, nous nous trouvons dans un cas de « slander » ; mais s'il est tenu un registre de ces paroles qui leur donne un caractère de permanence, est-ce que l'on ne se trouverait pas sous le régime du « libel » ?

Ces exemples et ces dernières observations en particulier nous amènent à considérer que notre devoir est d'envisager quelles sont les principales difficultés vraisemblablement indépendantes des dispositions juridiques nationales qui s'élèvent à l'application directe à la radiodiffusion des règles édictées en vue d'autres modes d'expression.

A mon sens je propose au congrès d'envisager les deux principaux cas suivants :

1º La détermination du sujet responsable ;

2º Les modes de preuves.

1º On nous oppose tout de suite : qui est vraiment responsable ? Qui poursuivrez-vous ? Qui portera le poids de la peine ?

S'il s'agissait de réunion publique, vous savez qui vous a diffamé, vous poursuivez l'orateur. S'il s'agit d'un article de journal, la loi en général a prévu la personne pénalement responsable : ici par l'institution du gérant, là par la présence du rédacteur.

A quoi il est sans doute facile de répondre que le nom de celui qui parle au microphone est en général annoncé par la presse imprimée ou par l'émission elle-même, et que si le speacker était anonyme, il serait loisible de poursuivre la Société émettrice, dans la mesure où le droit national admet la responsabilité pénale des Sociétés.

2º La discussion renaît à l'occasion du mode de preuve ; la preuve, en cas de diffamation orale, provient d'une enquête faite par témoin. Il en sera de même en matière de radio-diffusion : le diffamé rassemblera le témoignage des gens qui ont recueilli, à la même heure que lui, les ondes diffamatoires annoncées par le même speaker. Ce point ne semble pas répéter une notion connue, et comme recueillir ces témoignages peut être très difficile pour un individu qui peut ne connaître personne de ceux qui ont écouté, il y a lieu de songer à un moyen certain de retenir les paroles prononcées par l'émetteur ; dactylo, disques, etc...

En conséquence la diffusion et l'injure peuvent être poursuivies et punies par l'application des principes généraux du droit de chaque pays.

Mais si ce principe peut assez facilement être admis, l'application est rendue difficile par la nécessité d'administrer la preuve ?

En conclusion à cette première section de notre rapport, nous pouvons déjà préparer les lignes générales d'une résolution qui tendrait à faire accueillir par le droit de la radiodiffusion, d'abord les principes généraux que sous une forme ou une autre les principaux pays adoptent d'injure et de diffamation.

Ensuite, une recommandation, afin de faciliter l'établissement du délit d'injure et de diffamation, que les postes d'émission constituent des sortes d'archives de tout ce qu'ils émettent par les moyens anciens ou modernes de la conservation de la parole, c'est-à-dire un enregistrement, soit par moyen mécanique, rouleaux, etc... soit par le moyen de la dactylographie.

Le droit de réponse.

Nous avons dit au début de ce rapport que le droit de réponse ou de rectification appartenait à tout individu chaque fois que son nom était cité, sa personne désignée ou qu'il était donné une relation de ses comportements ; ceci publiquement et même en l'absence de toute allégation fausse, injurieuse ou diffamatoire. Nous avons établi qu'il y avait là un droit inhérent à la personnalité et protecteur de la liberté individuelle. Nous avons ajouté que ce droit n'était] règlementé qu'en matière de presse périodique imprimée sous le nom spécifique de droit de réponse.

Un semblable droit en théorie existe au profit de l'individu en corollaire avec la liberté accordée à tout autre individu. La radiodiffusion institue un mode nouveau de répandre des nouvelles ou d'exprimer l'opinion. Le droit de réponse doit donc s'appliquer à la matière de la radiodiffusion.

Mais, la question théorique étant ainsi considérée comme résolue, comment en pratique appliquer à la radio-diffusion les règles du droit de réponse ? Est-ce par une simple transposition de la réglementation de la presse ? Est-ce autrement ?

**

Pour répondre à cette question, jetons un coup d'œil préalable sur le droit positif de la presse dans les principaux pays :

En matière de droit de réponse, nous nous trouvons tout de suite en présence de trois grandes catégories :

1° Le droit de réponse proprement dit, tel qu'il a été établi le plus anciennement par la loi française de 1822 et que pour cette raison nous nommerons le type français.

2° Le droit de rectification ou « Berichtigung » particulièrement caractérisé dans les pays germaniques.

3° L'absence de règlementation des pays anglo-saxons,

1° Le droit de réponse selon le type français.

« La publicité deviendrait un moyen d'oppression, si elle permettait d'attaquer la réputation d'un citoyen sans qu'il puisse descendre dans la même lice que son agresseur. L'article 11 la combat à des armes peu près égales et devant le même public ».

Ainsi s'exprimait devant la Chambre des Pairs, l'éminent juriste Portalis. L'article 11 dont il parle est celui de la loi du 25 mars 1822 (1). A peu de chose près il est demeuré le même dans les lois du 9 septembre 1835 et du 29 juillet 1881 où il est devenu l'art. 13. Il a subi des modifications qui ne touchent pas à son principe par la loi du 29 décembre 1919.

Les paroles prononcées à un moment où la presse imprimée commençait à peine à naître, selon la formule que nous lui connaissons ont dominé la matière pendant le siècle tout entier. On les retiendra quand nous passerons, dans notre deuxième partie, à l'application du « droit de réponse » à la radiodiffusion. Elles résument l'idée fondamentale de la loi : concevoir au plus large les pouvoirs de défense de l'individu. C'est cette idée d'interprétation large que nous trouvons au sujet des principaux éléments du droit de réponse — caractère de l'article initial de la désignation de la personne, et même dans les limites de la nouvelle loi de 1919.

Dans tous les écrits périodiques (ce qui exclut les livres, brochures, catalogues) et en réponse à des énonciations émanant de ses rédacteurs (2) ce qui exclut les documents officiels (3), les insertions forcées, les annonces judiciaires ou privées, les comptes rendus d'audience des tribunaux) toute personne nommée ou désignée par cet écrit, peut faire insérer à la même place, dans les mêmes caractères, sans frais, une réponse de

(1) Rapport à la Chambre des Pairs, (Moniteur 27 fév. 1822, p. 295 col. 3).

(2) Cf. Cour de Cassation 6 janv. 1863 Leymarie.

(3) Le Journal officiel est considéré comme un recueil de documents officiels.

même longueur que l'article incriminé, avec un minimum de cinquante lignes et un maximum de 200 lignes.

Non seulement le caractère de l'article n'a pas besoin d'être injurieux ou diffamatoire, mais encore, ni le journal qui reçoit une réponse, ni les Tribunaux n'ont le droit d'examiner si la personne qui l'envoie a un intérêt quelconque ou n'a pas d'intérêt à cette insertion. Le seul fait qu'elle ait été désignée, suffit à justifier la rectification. Peu importent les termes employés par le journal.

Cela est très vaste. Voici qui agrandit encore le pouvoir individuel ; quand une personne répond alors qu'elle n'a pas été nommée, citée, mais qu'elle se considère comme clairement désignée, l'appréciation de cette désignation n'appartient pas aux journaux, mais aux tribunaux.

Quant à la teneur de la réponse, la personne nommée en est seule juge — sauf à être responsable de ses suites, si elle est contraire à l'esprit des lois, aux bonnes mœurs, à l'intérêt légitime des siens ou à l'honneur du journaliste et sauf aussi au gérant la liberté de ne la point insérer dans ces conditions.

La personne nommée est seule juge de la forme de cette réponse ; elle peut consister en un envoi de documents, la reproduction d'un discours entier, etc... pourvu, depuis 1919, qu'elle ne dépasse pas 200 lignes.

Le journal est obligé d'insérer l'intégralité de cette réponse même en cas d'éléments qui lui paraissent inutiles ou étrangers à l'affaire ; il ne doit même pas la couper, encore moins y intercaler des observations Cette insertion doit être faite pour les écrits quotidiens dans les trois jours de la réception, pour les périodiques à fréquence moins rapide, dans le prochain numéro. Le refus d'insertion constitue un délit puni. d'une amende correctionelle, sans compter les dommages-intérêts..

Telle est, brièvement résumée et en laissant de côté les cas particuliers de réglementation du droit de réponse pour certaines catégories de personnes (fonctionnaires publics) ou dans certaines périodes, de la vie publique (périodes électorales: etc.), dans ses traits principaux, la réglementation du droit de réponse en matière de presse imprimée.

Les législations italienne, égyptienne, turque paraissent suivre un régime théoriquement analogue au régime du droit de réponse français. La Belgique par décret du 10 juillet 1831, art 13, passé dans le Code pénal de 1867, a adopté de très près le régime français antérieur à 1919, mais la jurisprudence apporte cette restriction que l'exercice droit de réponse est subordonné à le preuve d'un intérêt suffisant (1).

2° Droit de rectification ou « Berichtigung ».

____

(1) Pand. Belges Verbo droit de réponse n° 51.

Ce sont les pays de langue allemande qui ont les premiers adopté le système que nous allons étudier : le droit de réponse dans ce système est contenu dans des limites plus étroites que dans le système précédemment résumé. En particulier la notion de rectification implique en effet la nécessité de redresser des allégations de fait faux, dénaturés ou défigurés ; l'objet unique de la rectification est un redressement de faits. En conséquence, les discussions d'opinion et de critique demeurent en dehors de l'application de la loi. En corollaire à la notion de la chose rectifiée, la notion de la personne rectifiante est limitée par son intérêt ; en droit allemand cette notion est d'ailleurs assez vague (*allgemein*). C'est une question de fait en droit allemand, elle n'en dit pas moins que la notion du droit de réponse est limitée par la nécessité de démontrer un intérêt dans le redressement de certains faits allégués par un journal (1).

Un principe semblable est adopté par une des plus récentes lois sur la presse qui existent : la loi autrichienne du 7 avril 1922 parag. 22.

Au Portugal, sous le nom de droit de réponse régi par le décret du 29 juillet 1926 s'exerce, quand la publication apportée sur des offenses directes ou des allusions d'une manière fausse ou erronée pouvant affecter la bonne réputation et la renommée ou d'une façon plus large une nouvelle, ceci en dehors de la diffamation qui est traitée dans l'article suivant.

Il semble qu'en Espagne, selon la loi du 26 juillet 1883, art. 14, le droit de réponse ne puisse être exercé qu'au cas d'offense, de diffamation et d'allégation de faits erronés.

En Colombie, la loi du 31 décembre 1892 accorde aussi le droit de réponse quant à la rectification de fait.

En Suisse, le Tribunal fédéral, par arrêt du 16 mai 1907 a jugé que le droit de réponse n'était pas contraire aux principes de la liberté de la presse, ceci pour répondre aux discussions qui avaient fini par faire éliminer le droit de réponse du code pénal fédéral en 1853 comme portant atteinte à la liberté de la presse ; aussi différentes législations cantonales admettent-elles la réponse rectificative de faits faux : Canton de Chaffouse, loi sur la Presse 15 déc. 1837. Canton des Grisons, loi sur la Presse 13 juillet 1839, Canton de Berne, Code pénal 30 janv. 1866, art. 240 à 247, mais la plus intéressante est certainement la loi du Canton de Vaud (loi sur la presse, 26 déc. 1832 et surtout loi 12 fév. 1898 qui est uniquement consacrée au droit de réponse. Elle vise aussi uniquement les faits.

3° Dans beaucoup de pays, en particulier dans les pays anglo-saxons, la Grande-Bretagne et les États-Unis d'Amérique et aussi en Suède, aucune règle analogue à la règle continentale soit du droit de réponse,

____

(1) Loi allemande du 7 mai 1874 par. II.

soit du droit de rectification n'existe ni dans la loi, ni dans la jurisprudence.

Il n'est pas moins vrai que les journaux de ces pays insèrent facilement une lettre rectificative d'un de leurs lecteurs. Il y a là une habitude courtoise qui ne donne pas les mêmes garanties absolues qu'un texte ou qu'une jurisprudence, mais qui semble suffire à satisfaire à la fois la presse et les individus. Il faut cependant ajouter deux remarques :

La première c'est que dans les pays anglo-saxons, le contact entre le journal et les lecteurs est assuré d'une façon beaucoup plus large et permanente que dans un journal français, il y a toujours une rubrique affectée à la correspondance des lecteurs où on accueille leur abondante correspondance, soit sur les faits relatés dans le journal, soit sur d'autres faits. C'est là que se prolongent fréquemment des discussions assez longues sur toutes sortes de sujets en particulier lorsqu'une personne s'est cru visée par un des rédacteurs du journal. Souvent aussi dans ce dernier cas c'est à la fin de l'article de ce rédacteur, s'il a une rubrique régulière, que la réponse est insérée.

La deuxième remarque vient préciser les causes de cette attitude : il ne faudrait pas croire que cette courtoisie soit purement bénévole; la notion de Libel que nous avons analysée dans notre section relative à la diffamation est tellement souple qu'un écrivain peut craindre quand il écrit au sujet de quelqu'un d'être poursuivi pour « Libel ». D'où deux précautions des directeurs de journaux : d'une part le ton souvent très anodin ou voilé des critiques et même des informations, d'autre part la possibilité de ménager toute susceptibilité par l'insertion volontaire des réponses des personnes qui se sont trouvé visées.

Un régime semblable à celui qui est appliqué à la presse périodique et imprimée, est-il *en droit positif appliqué* à la Télégraphie sans fil ?

A cette question l'enquête que nous avons pu faire dans le droit comparé nous répond par la négative.

Aucune loi jusqu'à présent n'a par simple extension appliqué au régime de la T. S. F., le régime du droit de réponse ou de rectification que certains pays connaissent en matière de presse imprimée.

Mais nous pouvons nous demander, comme on l'a fait de plusieurs côtés et en particulier en France, si, prenant texte des dispositions légales relatives à la presse imprimée, la jurisprudence pourrait, par interprétation, étendre au régime de la T. S. F. le régime de la presse imprimée.

La jurisprudence française, et un jugement du 1er février 1929 du Tribunal de la Seine — 12e correctionnelle — a été confirmé par la Cour, le refuse.

La situation de la Belgique est assimilable à celle de la France.

En Allemagne, le droit de réponse ne peut pas être étendu à la radio-diffusion.

De même en Autriche, la transposition du droit de réponse en matière de presse à la radio-diffusion n'est pas considérée comme possible.

Au Danemark, le conseil radiophonique estime qu'il serait naturel qu'une réglementation du droit de réponse en matière de T. S. F. analogue à celle qui existe en matière de presse, fût appliquée à la radio-diffusion, mais il faut quelques réserves.

La loi pénale de Norvège n'est pas encore étendue à la radio-diffusion.

En Tchécoslovaquie, le droit de réponse existant en matière de presse n'est pas étendu à la radiophonie et ne pourrait l'être dans les termes de la loi.

Le canton de Berne, en Suisse, ne reconnaît pas le droit de réponse en matière de radio-diffusion.

Il en est de même dans le Royaume d'Italie.

Dans les pays de droit anglais, la question ne se pose pas de la même façon puisque aucun texte ne régit le droit de réponse en matière de presse, à plus forte raison n'en existe-t-il pas pour l'inaugurer en Radio-diffusion ; au contraire le système anglais de la presse qui consiste à être prudent avant la publication et dans la rédaction de toute nouvelle, chronique, critique etc... s'est insensiblement transporté dans le domaine de la radio-diffusion, non seulement dans les pays anglo-saxons, mais dans tous les autres pays, même ceux où une notion extensive comme celle du « slander » (correspondant oral de la diffamation écrite « libel ») n'existe pas. Par contre, il ne semble pas que les postes de radio aient émis tout ou partie des lettres qu'ils reçoivent si fréquemment à propos de leurs émissions.

Aucun texte de loi en la matière, aucune assimilation jurispruden-tielle des textes de droit de réponse en matière de presse à la matière de la radiodiffusion.

Quelles seraient alors les objections, et s'il n'y en a pas, quels seraient les procédés ?

Les objections qui se sont fait jour jusqu'à présent paraissent surtout être des objections d'ordre pratique, des objections touchant à la réa-lisation de ce droit de réponse.

Par exemple, le Conseil radiophonique danois ne paraît pas être favorable au désir exprimé par ceux qui demandent que le droit de réponse soit proclamé en matière de radiophonie.

Ils craignent, ou semblent craindre, qu'un grand nombre de per-sonnes viennent émettre la prétention de faire émettre leurs réponses et, qu'ainsi encombrée d'émissions qui ne présenteraient pas, pour la plupart des auditeurs, un intérêt particulièrement grand, l'émission de radiophonie perdrait beaucoup de sa valeur « culturelle ».

C'est dans le même sens que se prononce la Tchécoslovaquie, en disant « qu'il n'y a pas d'impossibilité à un statut du droit de réponse en T. S. F., seulement ses conditions doivent être tout particulières, parce qu'elles doivent correspondre à un aménagement spécial de l'instrument nouveau qu'est la radiophonie ; en particulier l'exercice excessif du droit de réponse rendrait très difficile la régularité des émissions radiophoniques ».

Au surplus, il ne semble pas que dans la plupart des pays des contestations ou même des difficultés se soient élevées au sujet de l'exercice du droit de réponse.

A cela il est facile de donner au moins une explication c'est que les projets de textes à diffuser donnent lieu de plus en plus à un examen préalable destiné à éviter des polémiques personnelles.

Par exemple, la radio autrichienne s'est efforcée de ne pas introduire dans ses programmes des questions touchant à la personnalité des gens.

L'autre explication, quoique d'ordre pratique en apparence, a pris une valeur juridique dans le procès français auquel nous faisions allusion tout à l'heure : c'est l'impossibilité où se trouve une personne frappée de faire la preuve de l'émission de l'allégation qui a été portée contre elle. Il faudrait qu'elle réunit un grand nombre de témoins ayant écouté à la même heure le même poste, ou qu'elle ait fait constater par huissier ce qui avait été répandu par le diffuseur ; tous moyens assez peu faciles à se procurer.

Ou bien, il faudrait qu'une sorte de présomption de faute pesât sur l'institut d'émission et qu'étant prié de rectifier et s'y refusant, ce fut lui qui fût amené à faire la preuve de la réalité de l'émission critiquée.

Dans ce sens, la question d'archives de la parole radiophonique par disques ou tous autres moyens d'enregistrement que nous avons déjà signalés à propos de l'injure et de la diffamation, et dont certaines Sociétés émettrices se sont occupées de très près, répond facilement à l'objection qui nous est faite.

Alors, nous nous trouvons devant la grande et dernière objection :

Sous quel régime allez-vous classer ce droit de réponse ? Allez-vous considérer la radiodiffusion comme étant une édition, ou allez-vous la considérer comme une conférence, une manifestation purement orale ?

Des deux elle a la publicité, mais les autres caractéristiques sont différents. Même si vous enregistrez ce qui se dit à l'émetteur vous n'avez que l'analogue d'une conférence sténographiée au fur et à mesure des paroles que prononce le conférencier. L'audition est simplement plus vaste que celle que réunit un individu moyen dans une salle ordinaire.

Si, au contraire, vous vous placez au point de vue du plus grand nombre des personnes qui écoutent et surtout au point de vue de la périodicité des émissions, vous vous trouvez dans un régime semblable à l'émission de presse périodique répandue à des milliers d'exemplaires.

Aussi bien est-ce un système mixte que nous proposons au Congrès d'adopter.

Lorsqu'un conférencier parle dans une salle, une personne présente qui s'entend citer ou désigner, peut se lever, protester, demander la parole etc... Jusqu'à présent ce moyen n'est pas possible en matière de T. S. F. et il n'est pas désirable, car c'est alors que les émissions pourraient être coupées sans arrêt par des écouteurs trop susceptibles ou simplement mal intentionnés.

Mais, comme il faut répondre à la parole par la parole, c'est par la voie du même appareil d'émission que la rectification sera faite.

Elle sera faite dans des conditions que se rapprocheront autant que possible de celles qui sont faites en matière de presse périodique imprimée, c'est-à-dire que l'individu cité ou désigné aura un certain délai, très court, après l'émission qu'il critique pour demander la rectification. Cette rectification devra avoir lieu périodiquement, pour une émission égale à la première publication qui devrait être faite à la même place, c'est-à-dire au même rang d'émission, à la même heure et par le même speaker.

La question la plus délicate est celle de la longueur. En effet, dans un journal, et selon le système le plus libéral, si la réponse est longue, plus longue que l'article critiqué, le journal doit tout de même l'insérer. Ceci coûte cher au journal puisque dans certains cas il a fallu ajouter des pages au journal, mais cela n'empêche pas le journal de paraître, c'est-à-dire d'être lu.

Au contraire, en matière de radiodiffusion, si on donne le droit à un rectificateur d'encombrer toute une séance, toute la publication radiophonique disparaîtrait. Il serait fait ainsi à la Société émettrice un préjudice fort peu en rapport avec celui qu'elle avait causé.

Mais nous avons vu que les réformes les plus récentes limitaient même en matière de presse la longueur de la réponse à un certain nombre de mots ou de lignes.

La radiophonie sera donc dans le sens de la législation actuelle en admettant le droit de réponse, mais limité dans sa longueur.

C'est à la suite de ces observations que j'ai l'honneur de présenter au Congrès les projets de résolutions suivantes :

En résumé, il résulte de cette étude au point de vue des principes généraux que tous les pays, soit d'après leurs lois, soit d'après un usage privé, admettent le droit de réponse.

Tous les pays considèrent aussi que le principe du droit de réponse doit être transposé en matière de T. S. F.

On se heurte uniquement à de légères difficultés pratiques qu'un accord d'ensemble arrivera facilement à résoudre.

Cette tâche sera d'autant plus aisée que la matière est neuve et qu'aucune législation n'a encore pris de mesure en la matière.

A ces difficultés de fait il faut répondre :

Après une résolution de principe sur la nécessité d'un droit de réponse en T. S. F. recommandation pratique portant sur les points suivants :

1º Établissement d'un système de preuves à l'émission.

2º Réglementation très stricte du délai de réponse.

3º Réglementation très stricte de la longueur de la réponse.

C'est dans ces conditions que l'on arrivera à un juste équilibre entre les droits des particuliers dont la personnalité doit être respectée par tous les droits des compagnies d'émissions dont la tâche intellectuelle et économique ne doit être limitée que par le respec' de la liberté individuelle.

Comme conclusions, j'ai l'honneur de vous présenter les projets de résolutions que voici :

1º L'intérêt général de la radiophonie, de quelque côté qu'on le considère — aussi bien au point de vue intellectuel et éducatif qu'au point de vue économique et industriel — exige que les droits protecteurs de la personnalité humaine garantissant à la fois la liberté individuelle et la liberté d'opinion soient étendus à la matière de la radiodiffusion ;

En particulier, les règles qui sanctionnent l'injure et la diffamation publique et celles qui établissent un droit de réponse analogue au droit existant en matière de presse, par le fait de la loi ou de l'usage, doivent être dans leur principe, proclamés par tous les pays en matière de radiophonie ;

2º Pour permettre la traduction en pratique des principes précédemment exposés, le Congrès recommande aux postes émetteurs de conserver par les moyens qui leur sembleront le plus expéditifs, une trace permanente et non discutable des paroles prononcées lors de leur audition.

M. le PRÉSIDENT. — Je relis le 1ᵉʳ paragraphe depuis « L'intérêt général jusqu'à radiodiffusion ». Celui-ci constitue un considérant que je soumets à votre vote ; je pense que ce considérant résume l'idée générale. Que ceux qui sont d'accord sur ce texte, lèvent la main. (*Opposition de M. Hoffmann).* A part une opposition, vous avez donc adopté cette rédaction.

Examinons maintenant le deuxième paragraphe de ce paragraphe 1er.

M. MELLET (France). — Vous dites « les règles qui sanctionnent... » « Comme sanctionner a deux significations, il vaudrait mieux employer... « répriment ».

Dans cette question de droit de réponse et de diffamation, il sera plus facile d'arriver à une entente si on discute séparément ces termes.

Rien que pour le droit de réponse en radiophonie, n'oublions pas que nous pouvons arriver à des conclusions très lourdes. Imaginez-vous déjà une douzaine de personnes diffamées qui auraient chacune un droit de réponse de 10 minutes ; cela reviendrait à dire que nous n'entendrions plus que des réponses au lieu d'un concert.

C'est pourquoi il vaut donc mieux préconiser des systèmes préventifs. Imposez des sanctions très sévères contre les diffamateurs et cela donnera à réfléchir à ceux qui auraient l'intention de diffamer. On pourrait envisager de pair des sanctions pénales et des sanctions pécuniaires.

M. le PRÉSIDENT. — Nous ne parlerons donc pour le moment que de la sanction en matière d'injure et de diffamation.

M. ROYER (France). — Je pense que l'opinion de M. Mellet s'inspire un peu de l'état actuel de la législation française et je crois que c'est le procès intenté par l'ancien directeur de la Tour Eiffel à son successeur qui a mis en lumière cette question du droit de réponse. Dans ses attendus, le Tribunal Correctionnel de la Seine a déclaré que le droit de réponse sollicité n'était pas possible !

M. le PRÉSIDENT. — Est-on d'accord sur le deuxième paragraphe qui constitue avec le premier, le considérant préalable au vœu ? On a proposé jusqu'à présent «... règles qui répriment » au lieu de « sanctionnement ».

M. HOMBURG. — La fin de la dernière phrase gagnerait en clarté si elle était résumée comme suit : «... par le fait de l'usage ou de la loi soient dans leur principe, reconnus par tous les pays en matière de radiodiffusion.

M. le PRÉSIDENT, — Vous venez d'entendre tous les changements proposés. Est-on d'accrod ? Je déclare donc le 1er paragraphe du texte de M. Laple adopté avec les changements proposés.

M. MELLET (France). — N'aurait-on pas gagné en précision en intercalant « ... suivant des moyens compatibles avec la radiodiffusion... » En effet, ce n'est pas ici la même chose que le droit de réponse en matière de presse où vous avez le délai, le nombre de lignes, etc... c'est-à-dire des facteurs nombreux que vous ne pouvez pas faire intervenir en radiophonie. Il me semble donc qu'il faudrait émettre un vœu tendant à ce que les Gouvernements admettent en principe le droit de réponse, sauf à rechercher les modalités compatibles avec la radiodiffusion.

Voici un projet de rédaction :

« Émet le vœu que les États adoptent le principe du droit de réponse, sous réserve d'établir les modalités compatibles avec la radiodiffusion ».

M. DIMÉNY (Hongrie). — On pourrait dire «... par analogie avec la presse ».

M. le PRÉSIDENT. — Cela devient alors anodin.

M. ROYER (France). — Ne pourrait-on davantage déblayer le terrain ? A mon avis, il faudrait que la personne pouvant bénéficier du droit de réponse ait un intérêt évident à en user. Sous ce rapport, on se montre très large dans la presse.

M. MELLET (France). — Je prends « modalités » dans le sens général, c'est-à-dire qu'il faut entendre par « modalités » toutes les conditions dans lesquelles peut s'exercer le droit de réponse.

M. OLAGNIER (France). — J'estime que la personne nommée est seule juge de ses intérêts. D'autre part, j'ai entendu parler de sanctions devant les tribunaux. Je suppose qu'au cours d'une émission de radiophonie, on diffame soi-disant un candidat à un mandat de parlementaire, en lui prêtant des opinions qui ne sont pas les siennes. Ce n'est pas au fond de la diffamation, et s'il faut attendre un procès, celui-ci ne pourra avoir lieu qu'après les élections et ne servira plus à rien du tout.

De même, on fait couramment, au cours des émissions, de la critique littéraire ou artistique. Il faut nécessairement que la personne désignée — il s'agit d'une atteinte aux droits d'auteur — puisse répondre immédiatement. Il faut donc comme sanction le droit à une réponse immédiate.

M. le PRÉSIDENT. — Permettez-moi de vous faire remarquer que tout cela entre dans les modalités que nous ne voulons pas préciser. Je ne veux pas que le Congrès soit pris à l'improviste ; il reste bien entendu que le Congrès ne pourrait voter qu'en principe le droit de réponse ; sinon je crois qu'il y aura ici des oppositions.

M. OLAGNIER. — J'accepte le principe du droit de réponse ; je me rallie à la première partie de la rédaction et je demande la disjonction.

M. MELLET (France). — C'était pour permettre d'arriver à une transaction que je proposais «... des modalités compatibles... ».

M. OLAGNIER. — Nous ne pouvons pas dicter aux gouvernements leur ligne de conduite.

M. LAPIE (France). — On laisse ainsi la porte ouverte, ce qui estplus simple et plus prudent.

M HOMBURG, *rapporteur général*. — Il faut chercher la solution dans le plan international et recommander des principes qui soient uniformément admis pour permettre une application également uniforme.

M. OLAGNIER (France). — Le vœu parle cependant de modalités ?

M. HOMBURG. — Il y a deux choses distinctes : le principe et les modalités d'application.

M. le PRÉSIDENT. — Voulez-vous M. le Rapporteur Général, lire la première partie, de votre résolution ?

M. HOMBURG, *rapporteur général*. — «Le Congrès émet le vœu que le principe du droit de réponse soit internationalement reconnu le plus vite possible ».

M. le PRÉSIDENT. — Je mets cette première partie aux voix. (Par 17 voix contre 4, le texte est adopté).

M. HOMBURG. — « Et que les États prévoient, par conséquent, d'une façon aussi uniforme que possible, les modalités d'application de ce droit de réponse. »

M. le PRÉSIDENT. — Je mets aux voix cette deuxième partie. Pas d'opposition ? Vous avez donc adopté à l'unanimité cette deuxième partie.

Je mets maintenant aux voix l'ensemble.

« Emet le vœu que le principe du droit de réponse soit internationalement reconnu le plus vite possible,

Et que les Etats prévoient, par conséquent, d'une façon aussi uniforme que possible, les modalités d'application de ce droit de réponse ».

(Adopté à la majorité).

M. le PRÉSIDENT. — De cette façon le paragraphe 2e, des résolutions de M. Lapie devient un troisième vœu « Pour permettre la traduction en pratique... »

M. OLAGNIER (France). — Je voudrais mettre « appareils enregistreurs ».

M. le PRÉSIDENT. — Il me semble qu'il n'est pas nécessaire d'être aussi précis : il existe d'autres moyens de contrôle que les appareils enregistreurs.

M. OLAGNIER. — Vous avez encore la prise sténographique, mais celle-ci n'est pas autre chose, à proprement parler.

M. LANDRIEN (Belgique). — Au point de vue technique et pratique, est-il possible d'enregistrer fidèlement ?

M. GNEME (Italie). — Par exemple, en Italie, ce ne sont pas les postes qui prennent des dispositions ; ils les reçoivent.

M. HOMBURG, *rapporteur général*. — Nous ne pouvons pas en effet recommander aux postes de faire quelque chose.

M. MOREAU (France). — Quand nous avions la censure, nous étions tenus d'apporter un manuscrit. Les postes ont intérêt à se défendre.

M. MELLET (France). — Nous avons trouvé un texte qui sauvegardera leurs paroles.

M. HOMBURG. — On pourrait dire « l'application » au lieu de « la traduction en pratique » et remplacer « expéditifs » par « efficaces ». D'autre part c'est aux Etats que doivent aller nos recommandations et non aux postes émetteurs.

M. le PRÉSIDENT. — Pas d'objections à ces modifications ?

« Emet le vœu que

« pour permettre l'application des dits principes, les Etats prennent les
« mesures nécessaires pour faire conserver par les moyens qui leur sembleront
» le plus efficaces, une trace permanente et non discutable des paroles pro-
« noncées lors de leur audition ».

(Par 16 voix contre 3, le vœu est adopté).

La séance est levée à 12 h. 40

CINQUIÈME SÉANCE

Mercredi 24 Septembre (après-midi).

Plan de Conventions internationales de la Radioélectricité.

La séance est ouverte à 14 h. 30 sous la présidence de M. Mahaim.

M. le PRÉSIDENT. — Nous allons nous occuper maintenant du « Plan de Convention Internationale de la radiodiffusion », puis du « Plan de Convention Internationale du droit privé de la radioélectricité ». La parole est à M. Homburg.

M. HOMBURG, *rapporteur général*. — La radiotélégraphie internationale fait aujourd'hui l'objet de la Convention de Londres du 5 juillet 1912 et de la Convention de Washington de 1927.

Ces conventions s'appliquent aussi bien à la radiotélégraphie proprement dite qu'à la radiotéléphonie, c'est-à-dire aux communications radioélectriques entre stations déterminées (1).

Mais on y remarque l'insuffisance des dispositions générales concernant la radiodiffusion (broadcasting), c'est-à-dire non plus la transmission de poste à poste déterminés, mais la transmission d'un poste donné à tout un public d'auditeurs indéterminés.

Cette lacune n'est pas la seule qui existe dans la réglementation actuelle de la radioélectricité.

Les problèmes juridiques que celle-ci soulève n'ont guère été examinés. En particulier, la Convention de Washington avec ses Règlements annexes se distingue des autres documents du même ordre par son caractère plus technique que réglementaire. Comme l'a remarqué un des délégués italiens à la conférence de Washington, M. G. Montefinale (2), les problèmes techniques ont eu une prédominance décisive sur ceux qui ne présentaient qu'un simple caractère administratif. La composition même des délégations, qui comprenaient surtout des techniciens, ne favorisait point d'ailleurs la réalisation d'une œuvre juridique.

---

(1) Cf propositions du Comité International de la T. S. F. sur la terminologie (*Rev. jur. int. Radioél., Bulletin C. I. T. S. F.* 1930, n° 22).

(2) La Conferenza Radiotelegrafia internazionale di Washington (*Rivista marittima,* juin 1938.

Le droit privé de la radioélectricité a été laissé en dehors des préoccupations et des travaux de cette Conférence. S'il ne faut pas trop le déplorer jusqu'ici, il n'en faut pas moins souhaiter que cette lacune soit comblée le plus tôt possible, car les questions de droit soulevées par le développement de la T. S. F. sous toutes ses formes prennent une importance sans cesse accrue, en même temps que s'affirme leur caractère international.

Cette double nécessité de compléter la réglementation actuelle de la radioélectricité tant au point de vue de la radiodiffusion que du droit privé de la radioélectricité en général a été nettement soulignée par le troisième Congrès juridique international de la T. S. F. réuni à Rome, en octobre 1928, par le Comité international de la T. S. F. (1).

Mais si l'accord s'est facilement fait sur le principe de l'élaboration d'une réglementation complémentaire, il n'en est pas de même en ce qui concerne les modalités de réalisation.

La radiodiffusion et le droit privé de la radioélectricité doivent-ils faire l'objet de nouvelles Conventions, distinctes non seulement l'une de l'autre, mais encore des Conventions déjà existantes, de sorte qu'on aboutirait à des Conventions réglementaires particulières à la télégraphie-téléphonie avec fil, à la radiotélégraphie-radiotéléphonie, et à la radiodiffusion, d'une part, à une Convention du droit privé de la radioélectricité d'autre part ?

Doit-on au contraire compléter les textes de Washington par des dispositions spéciales à la radiodiffusion et remanier en même temps les autres Conventions depuis celle de Saint-Pétersbourg jusqu'à celle de Washington pour y intégrer les règles de droit privé dont l'adoption devient urgente ?

La première opinion semble rencontrer la faveur la plus générale (2).

Si c'est celle qui doit être suivie par les Gouvernements intéressés, il ne sera pas inutile, avant d'élaborer les textes des deux nouvelles Conventions envisagées, d'en tracer à l'avance les plans aussi logiques et harmonieux que possible.

Nous avons nous-mêmes émis autrefois le vœu (3) que les rédacteurs des Conventions, et notamment de celle de Washington, apportent de l'ordre dans la disposition des articles, de façon à faciliter le maniement des textes ; la diversité des questions soulevées par la radiodiffusion ou le droit privé de la radioélectricité risque de faire sacrifier plus que

---

(1) V. compte-rendu du 3ᵉ *Congrès jur. Int. de la T. S. F.* (vœux nᵒ 2).

(2) DAUSSET, Statut International de la Radiodiffusion (*Rev. Jur. Int. Rad.*, 1929, p. 221). — A. GIANNINI, VANNI et DE VILLALONGA, (Compte-rendu 3ᵉ *Congrès jur. Int. Radioél.* p. 38).

(3) *Compte-rendu 2ᵉ congrès jur. Int. Rad.* p. 12 s.

jamais au hasard des discussions ou des intérêts particuliers les vues générales et l'ordonnance des textes ; aussi espérons-nous qu'en renouvelant notre vœu, nous lui donnerons la force suffisante pour qu'il soit entendu.

Radiodiffusion. — Comme la télégraphie et la radiotélégraphie, la radiodiffusion soulève des questions de principe et des questions d'application.

Au point de vue des principes généraux, la question de la liberté de l'éther, posée par le premier Congrès juridique international de la T. S. F. est sans doute la plus importante : dans quelle mesure l'émission et la réception des ondes sont-elles libres ? C'est en d'autres termes poser implicitement la question du droit de contrôle des États.

L'article 1er de la Convention de Saint-Pétersbourg sur le télégraphe, reconnaît à toute personne le droit de correspondre au moyen des télégraphes internationaux, la convention de Washington sur la radiotélégraphie n'a pas, par contre, maintenu l'article 23 du projet qui consacrait le droit de passage des ondes au-dessus de tout territoire ; elle ne prend d'ailleurs pas position pour ou contre le principe de la liberté des transmissions.

Les rédacteurs de la Convention sur la radiodiffusion auront à se prononcer sur le principe ; arme politique et économique, l'onde diffusée pouvant porter avec et en elle des fausses nouvelles, des informations erronées ou des discours provocateurs et mettre en jeu l'intérêt public, oblige les États à délimiter leurs pouvoirs de contrôle réciproque.

Une fois le principe de la liberté de l'éther réglé, il y aura lieu d'examiner sur quels points et dans quelle mesure les dispositions de la Convention s'appliqueront. C'est la question que, dans son article 2, la Convention de Washington désigne sous l'indication : « Étendue de la Convention ».

Viendra ensuite la réglementation technique, qui constitue le corps principal des différentes Conventions sur la télégraphie avec ou sans fil.

En ce qui concerne les émissions, on envisagera dans l'ordre chronologique : les conditions d'établissement des postes et stations, de leur fonctionnement (répartition des longueurs d'ondes, etc...), les obligations à leur imposer tant au point de vue des droits des États (fausses nouvelles, etc...) que de l'intérêt public (appels de détresse, de secours etc...) et des intérêts légitimes des tiers que l'émission peut troubler (brouillages, etc...).

Si nous insérions dans une Convention générale sur la radiodiffusion une réglementation de droit privé, nous aurions à prévoir encore les conséquences juridiques de l'inobservation des règles imposées aux émetteurs : responsabilité à raison des brouillages, concurrence déloyale, droits des auteurs et artistes, droit de réponse, etc... questions que nous retrouverons plus loin au sujet du droit privé de la radioélectricité.

En ce qui concerne les réceptions, la radiodiffusion ne soulève guère que des questions de contrôle intérieur des postes récepteurs : autorisation préalable, taxes, etc... c'est-à-dire des questions administratives qui échappent à la réglementation internationale.

Des obligations restent lettre morte si elles ne sont pas assorties de sanctions et ces dernières sont sans effet s'il n'existe pas de juridiction chargée de les appliquer.

Pour l'interprétation et l'exécution de la Convention sur la radiodiffusion, on pourra s'inspirer des dispositions de la Convention de Londres qui, par son article 18, a prévu des organisations d'arbitrage, chargées notamment de régler les conflits entre États.

Enfin, en annexe à la Convention, il sera indispensable de réserver une place à la terminologie.

En résumé, la nouvelle Convention sur la radiodiffusion dégagée de toutes les questions de droit privé pourra tenir dans un cadre très simple :

      I. Principes généraux.

      II. Étendue de la Convention.

      III. Réglementation des transmissions.

      IV. Solution des conflits.

Droit privé de la Radioélectricité. — La radioélectricité, avec ses applications multiples et qui comprennent aussi bien, les radiocommunications que les radiodiffusions, permet-elle l'unification dans une seule Convention de toutes les règles de droit privé destinées à régler les rapports entre États et particuliers ?

Les rapports juridiques nés de la télégraphie ordinaire, de la téléphonie, de la T. S. F. et de la radiodiffusion ont des sources et des caractères très différents.

Déjà des résistances extrêmement vives se sont élevées lorsqu'il a été question de fusionner les dispositions de la Convention radiotélégraphique internationale avec la Convention télégraphique internationale, projet qui fit cependant l'objet d'un vœu à la 8ᵉ séance plénière de la Conférence de Washington le 22 novembre 1927.

La fusion est-elle plus facile du point de vue juridique que du point de vue technique ? Pour pouvoir répondre à la question, le mieux n'est-il point de rechercher quels sont les points communs aux divers modes de transmission par fil ou sans fil des sons, des signes ou des images ?

Toute transmission comporte une émission et une réception, c'est-à-dire qu'elle est génératrice de droits et d'obligations corrélatives et réciproques pour l'émetteur comme pour le récepteur.

A leur tour, récepteur et émetteur auront, à raison de l'émission et de la réception, des rapports juridiques avec les tiers usagers ou non.

a) Rapports entre émetteur et récepteur. — En matière de télégraphie ou de téléphonie avec ou sans fil, les seuls rapports de droit existant entre l'émetteur et le récepteur sont ceux qui naissent à l'occasion du contrat de transport des sons, des signes ou des images.

Pratiquement, ces rapports ne donnent point lieu à contestations, les relations entre émetteurs et récepteurs étant surtout d'ordre technique et administratif (répartition du produit des taxes, par exemple), aucune question de responsabilité solidaire à l'égard des usagers ne venant même lier l'un à l'autre émetteur et récepteur, par suite des clauses d'irresponsabilité admises en matière de transmissions.

En matière de radiodiffusion, il n'existe guère plus de difficultés.

Ou bien le récepteur usager sera lié à l'émetteur par un contrat d'abonnement ; ce seront alors les règles du droit commun qui seront applicables, sans qu'il y ait lieu de recourir à des règles internationales particulières ; ou bien il n'y aura aucun lien contractuel entre l'émetteur et le récepteur, auquel cas l'émetteur n'aura aucun droit sur le récepteur notamment à une perception quelconque, l'action de *in rem verso* apparaissant inapplicable (2) ni le récepteur à l'égard de l'émetteur, à raison des défectuosités de l'émission, par exemple.

b) Rapports entre émetteur et tiers. — Dans la télégraphie ou la téléphonie avec ou sans fil, l'émetteur s'engage par rapport au tiers usager à transmettre des textes, des paroles et aujourd'hui avec la téléphotographie des images.

Il se forme un contrat de transport par lequel l'émetteur s'engage, contre rétribution, à transmettre sans erreur et sans retard les paroles ou images qui lui sont confiées. Mais la responsabilité de l'émetteur à raison de l'obligation ainsi contractée a été écartée par l'article 3 de la Convention télégraphique de Saint-Pétersbourg des 10-22 juillet 1875, le articles 17 et 15 respectifs des Conventions de Londres et de Washington.

En matière de radiodiffusion, les rapports de l'émetteur avec les tiers seront d'ordre soit contractuel, soit délictuel ou quasi-délictuel.

Dans le premier cas, il s'agira généralement de l'exécution de conventions passées avec les auteurs et exécutants pour la diffusion de pro-

---

(1) Dans certains cas le récepteur et le tiers usager se confondront dans la même personne ; cas de l'auditeur de radiophonie.

(2) Cf. BOURUET-AUBERTOT (*Rév. jur. int. Radioél.*, 1924, p. 76).

grammes artistiques, ou avec des industriels et commerçants pour la diffusion d'annonces de publicité.

Dans le second cas on se trouvera en face de transmissions sans autorisation d'œuvres du répertoire des Sociétés d'auteurs ou de concurrence déloyale.

La question des droits d'auteur est déjà réglée par la Convention de Berne et l'article 11 *bis* de cette Convention, revisée à Rome en mai 1928, prévoit le cas de la radiodiffusion ; quant aux droits des artistes interprètes et exécutants, ils ne sont pas encore protégés, dans le domaine international ; toutefois, il est probable qu'une Convention spéciale règlera bientôt la matière, laquelle n'est d'ailleurs pas propre à la radiodiffusion, mais commune à tous les modes de reproduction mécaniques, cinéma, phonographe, etc...

Pour la concurrence déloyale, la Convention de Paris n'étend pas sa protection à la radiodiffusion ; mais des vœux ont été adoptés en ce sens.

Il n'apparaît donc ni nécessaire, ni opportun, de confier à une Convention nouvelle le soin de régler des problèmes qui, spécifiquement, sont du domaine particulier d'autres Conventions, depuis longtemps ratifiées, appliquées, et qu'il suffira de compléter.

Parmi les autres questions juridiques soulevées, certaines, comme celle des rapports entre propriétaires et locataires à raison de l'installation, de postes ou d'antennes, échappent au droit international ; d'autres au contraire demandent une solution internationale particulière : celle des interférences et des brouillages, celle encore, très délicate, du droit de réponse pour les tiers injuriés et diffamés au cours des émissions radiophoniques.

La Convention de Washington a prévu par son article 10 que, du point de vue technique, toutes les précautions devaient être prises pour éviter que des interférences puissent se produire entre postes voisins et le troisième Congrès juridique international de la T. S. F. a émis dans le même sens le vœu que «chaque pays prenne des mesures appropriées pour obliger les exploitants de toutes installations à adopter les dispositions reconnues nécessaires pour supprimer les causes de trouble aux communications radioélectriques, en tenant compte autant que possible de la nécessité d'adopter des règles transitoires pour les installations déjà existantes ».

Le juriste ne se contentant point de recommandations et le droit exigeant l'établissement de sanctions, il y aura lieu, lorsque les obligations techniques auront pu être nettement déterminées et imposées, de prévoir quels seront les modes de coercition contre ceux qui ne se seront pas soumis aux règles de la Convention.

Quant à la question du droit de réponse, elle n'a jamais été traitée du point de vue international et tout est ici à créer.

c) Rapports entre récepteur et tiers. — En matière de télégraphie ou de téléphonie avec ou sans fil, le récepteur est contractuellement tenu de remettre, ou pour employer une formule plus juridique, de délivrer au destinataire, sans erreur et sans retard, les écrits, signes ou sons qui lui sont transmis par l'émetteur.

Mais, comme pour l'émetteur, aucune responsabilité n'étant admise par les administrations ou sociétés chargées du trafic, aucun problème de droit privé ne semble pratiquement pouvoir se poser, exception faite des atteintes portées au secret des correspondances, et qui peuvent entraîner l'application de la loi pénale.

Avec la radiodiffusion, les rapports contractuels qui peuvent naître entre le propriétaire d'un poste de réception, notamment d'un poste public distribuant un concert à des auditeurs payants, et ces derniers, ne demandent aucune réglementation spéciale, si ce n'est du point de vue des droits des auteurs et artistes intéressés. Mais, nous l'avons déjà vu, la question ressort au domaine spécial du droit de propriété artistique et littéraire.

Les questions d'interférences et de brouillages vont donc, ici encore, constituer le corps principal du droit international privé de la radioélectricité. En effet, une mauvaise réception peut entraîner des troubles de voisinage, Et bien que soient encore nombreux les partisans de l'application pure et simple du droit commun en cette circonstance, il n'en reste pas moins nécessaire de codifier sur ce point le droit international.

Faisant ainsi la part entre les questions qui sont du domaine du droit commun ou de réglementations particulières, nous restons devant une certain nombre de problèmes juridiques pouvant faire l'objet d'une Convention internationale du droit privé de la radioélectricité.

La presque totalité de ces problèmes sont particuliers à la radiodiffusion.

On pourra donc les traiter soit dans une Convention particulière, soit dans la Convention sur la radiodiffusion. Les questions peuvent être examinées suivant deux classifications : l'une fondée sur la distinction entre les contrats et les délits ; l'autre sur les situations différentes où se trouvent émetteurs et récepteurs dans leurs rapports entre eux et avec les tiers.

Cette seconde distinction est plus près de l'ordre technique et apparaît donc ici comme plus logique ; c'est pourquoi nous proposerons un plan en rapport avec les divers aspects de la transmission depuis l'émission jusqu'à la réception :

    I. Obligations de l'émetteur.

        a) Responsabilité à raison du service.

        b) Abus, interférences et brouillages.

        c) Diffamation et droit de réponse.

    II. Obligations du récepteur.

        a) Responsabilité à raison du service.

        b) Secret des correspondances.

        c) Interférences et brouillages.

M. Reber (États-Unis). — Les deux espèces de Convention sont traitées sous deux sous-titres séparés. N'ayant pas été instruits de la portée exacte ni des dispositions spéciales d'aucun des projets, nous ne pouvons faire mieux que de présenter des conclusions d'ordre général.

A. — *Pojet de Covention interrnnationale sur la Radio-diffusion.*

Nous présumons que tout projet de Convention internationale sur la radio-diffusion qui serait présenté ne s'écarterait pas des dispositions de la Convention internationale de 1927 et qu'il serait rédigé d'après l'article 14 de la Convention, intitulé « Arrangements Spéciaux », qui lui servirait de base.

C'est le brouillage qui doit nous inspirer surtout pour décider s'il est bien d'incorporer quelque matière spéciale dans une Convention internationale générale telle que celle de 1927 ou dans un arrangement spécial en vertu de l'article 14. L'emploi des fréquences dans certaines parties du spectre (par exemple la gamme de 6.000 à 30.000 Kc. pour parler d'une façon générale) produira du brouillage global, ou tout au moins inter-continental ; l'emploi de fréquences dans d'autres parties du spectre (la gamme de 550 à 1.500 K. c. par exemple qui est maintenant d'ordinaire allouée à la radio-diffusion) produira du brouillage qui ne s'étendra pas au-delà d'une surface moindre que celle de continents comme l'Amérique du Nord et, dans certains cas (selon la puissance, la distance géographique, la différence d'heures), la surface sera moindre que celle d'un grand pays tel que les États-Unis. Il est évident que pour les gammes qui peuvent produire un brouillage global et celles dont le service (Maritime mobile, par exemple) fait du brouillage une question d'intérêt général, il faudra une plus grande mesure d'accord généraux internationaux que pour les gammes où le brouillage n'atteint qu'un groupe de pays voisins sur un seul continent.

D'après la Convention de 1927, certaines gammes de fréquence dépassant 6.000 K. c. sont allouées à la radio-diffusion, de sorte qu'elles peuvent être employées pour la diffusion directe ou relayée. Aux États-

Unis, la licence n'accorde ces gammes qu'aux postes de relais. Le type de règlements internationaux qui conviendrait à ces postes est tout différent de celui qui convient aux stations de radio-diffusion. A notre avis, la question de savoir si l'on doit accorder l'emploi de ces gammes à l'un ou à l'autre de ces services ou même aux deux, n'est pas d'ordre juridique et doit être réservée pour la prochaine Conférence de Madrid, en 1932, et mise sous le coup d'une Convention internationale générale. Il faudrait de même réserver pour la Conférence de Madrid, en tant qu'il soit possible d'arriver à s'entendre à leur sujet, les règlements d'ordre technique offrant un intérêt général international et les incorporer dans une convention internationale générale dans laquelle toutes les communications par la T. S. F., et non pas seulement la radio-diffusion, seraient réglementées.

Quant aux gammes allouées à la diffusion en Europe et non ailleurs (160-224 K. c.), il n'est ni possible ni convenable d'avoir un accord général international sur la radio-diffusion.

Il nous reste ainsi la gamme (550-1.500 K. c.) qui est généralement allouée et employée pour la diffusion.

Nous aimons à croire que le genre de convention internationale sur la radio-diffusion à discuter au Congrès de Liège comprendra, entre autres sujets, l'allocation de fréquences, la largeur des chenaux, les limitations de puissances, le minimum de séparation géographique entre des postes de faible puissance usant la même fréquence, les règles techniques concernant le type de l'appareil et sa manipulation, de façon à prévenir les brouillages, etc. S'il doit en être ainsi, nous ne voyons ni le besoin, ni l'occasion d'avoir, à présent une convention générale internationale sur la radio-diffusion différant de tout arrangement particulier entre les pays intéressés, comme le fait le Protocole de Prague. S'il arrive que des considérations de brouillage international se produisent (à la suite, par exemple, de l'emploi d'une puissance de beaucoup amplifiée), se faisant sentir sur d'autres continents, le temps sera venu où il pourrait être nécessaire de faire des additions aux articles de la Convention radio-télégraphique internationale.

De même, et nous parlons ici au nom de la Section Américaine, nous ne croyons pas qu'il soit nécessaire ou utile d'avoir aucun arrangement général international concernant les *contenus* de communications transmises par le télégraphe sans fil avec des fréquences de la gamme de 550 à 1.500 K. c. A l'exception de cas qui sont trop rares pour mériter quelque importance, les programmes de stations en Europe employant ces fréquences ne sont pas entendus dans l'Amérique du Nord et ceux de l'Amérique ne le sont pas en Europe. Le problème est bien différent dans les deux continents, une des raisons, sans doute, étant qu'une très grande partie de l'Amérique du Nord consiste en deux pays parlant la même langue, tandis qu'en Europe, une surface bien moindre, les pays sont nombreux et les langages divers.

B. — *Convention internationale sur le droit privé du Radio.*

Nous supposons que le genre de convention internationale qui sera discuté au Congrès de Liège sur le sujet du droit privé du Radio comprendra entre autres sujets la perception de droits d'auteur, les droits des artistes, la protection des programmes de radio-diffusion, la diffamation et le droit d'y répondre. Nos vues sur ces sujets seront données à l'occasion des discussions particulières sur chacun d'eux.

Nous sommes portés à croire qu'un de ces sujets, pour le moins, celui du recouvrement des droits d'auteur, ne devrait pas former le sujet d'une convention séparée et que, s'il est envisagé, il devrait faire partie de la Convention de Berne pour la Protection de la Propriété Littéraire et Artistique.

Quant aux autres sujets, parlant encore au nom de la Section Américaine, nous sommes d'avis qu'il n'est pas besoin, pour le moment du moins, de conventions internationales générales et que des arrangements particuliers régionaux, de pays à pays directement intéressés, rempliront le but.

En résumé, la Section Américaine est d'avis de restreindre les Conventions internationales de radio-diffusion à certaines régions bien déterminées et à des fréquences qui ne puissent pas causer de brouillage intra-continental.

D'autre part, la Section Américaine est d'avis que le moment présent où le développement des communications radio-électriques est en formation et les législations nationales à leur sujet s'étendant rapidement, n'est pas propice pour entreprendre la préparation d'aucune Convention internationale de droit privé sur les radio-communications autrement que sur une base régionale.

Je pense — ainsi que beaucoup d'administrations — qu'il n'est pas nécessaire d'avoir plusieurs conventions, mais plutôt une convention générale qui pourrait par exemple prendre comme base la Convention Télégraphique Internationale de Saint-Pétersbourg pour tous les services de communication, radio, câbles, etc...

On aurait ainsi déjà franchi un pas dans la réalisation de ce programme, car, selon moi, la proposition faite à Paris en 1925 dans le Règlement télégraphique sera séparée pour le règlement téléphonique qui fera l'objet d'un 2ᵉ règlement. Cela sera à adopter à Madrid ainsi que le règlement spécial de la radiodiffusion.

Il ne faut qu'une seule convention générale subdivisée en autant de règlements qu'il y a de services spéciaux.

M. Homburg cite également la Convention de Londres, mais, à mon avis, on ne doit considérer que celle de Washington.

M. HOMBURG. — C'était en faisant l'historique des différentes conventions.

M. GNEME. — Vous parlez cependant de l'application de la Convention de Londres.

M. HOMBURG. — J'ai dit qu'on pourrait éventuellement s'en inspirer.

M. GNEME. — Puisque nous avons une définition plus large dans la Convention de Washington, il est inutile de recourir à l'ancienne Convention de Londres sur la radioélectricité. En restant dans les limites générales qui sont ici indiquées, nous n'avons pas besoin de descendre d'un étage.

M. le PRÉSIDENT. — Si je comprends bien M. Gneme, il nous propose un plan plus général qui transforme un peu l'économie du rapport de M. Homburg ; celui-ci prévoit deux conventions de principe ; vous, vous préférez une seule convention. Dans ce cas, M. Gneme, je serais obligé de vous demander le plan général de cette convention.

M. GNEME. — Je pense que le principe général applicable à tous les pays du monde est bien difficile à trouver.

Je n'ai pas les éléments ici pour répondre d'une façon positive ; mais il y a déjà eu une étude faite par un Bureau International. L'Union Télégraphique a publié dans un journal un article dans lequel il est fait allusion à une convention générale des communications électriques.

M. le PRÉSIDENT. — Vous préférez donc cela à ce système-ci.

M. GNEME. — Dans ce règlement général, il y a déjà les principes généraux nécessaires pour assurer les services. Je considère les indications du rapport de M. Homburg comme des textes réglementaires à comprendre dans le règlement. Par conséquent, pour le moment il n'y a rien à modifier. Il y aura lieu d'établir plus tard l'examen des détails pour le plan général des communications radioélectriques.

On pourrait émettre le vœu que cette question qui tient à la radio diffusion puisse faire l'objet d'un règlement annexé à la Convention générale.

M. HOMBURG, *rapporteur général*. — La question de principe qui se pose est celle-ci : Doit-on traiter les questions de radiodiffusion en dehors des questions de radiocommunication ?

La question s'est déjà posée à Rome où la tendance de la majorité a été de considérer la radiodiffusion comme un sujet spécial. En mon for intérieur, je préférerais une réglementation générale unique. Je pense qu'il vaut mieux ne pas discuter ici sur ce point, car l'essentiel c'est que nous arrivions à Madrid avec des propositions concrètes.

M. GNEME. — Nous pouvons en somme dire qu'il y a certains principes préalables à étudier.

M. KONIC (Pologne). — Il faut une Convention, mais il s'agit de savoir ce que peut faire notre Congrès ? Je crois qu'il serait préférable de se référer aux projets de convention et aux articles rédigés antérieurement.

Vous dites que nous serons en retard si nous n'avons pas établi avant 1931, les principes généraux d'un plan de Convention. Sous ce rapport, j'ai une certaine expérience. En d'autres occasions, j'ai vu voter les principes généraux ; mais, dans la suite, lorsqu'on voit qu'ils ne peuvent être appliqués, on passe outre.

Il vaudrait mieux que nous ayons sous les yeux la Convention proposée et qu'après, nous procédions à une discussion concernant les principes généraux contenus dans ce projet. De sorte, que je propose que le 4e congrès International de la T. S. F. prie ses comités nationaux de préparer un projet complet d'une Convention de la Radiodiffusion pour être proposé au Congrès International à venir.

M. PELLENC (France). — On peut dire qu'à la suite du Congrès de Washington de 1927, la tendance actuelle des divers gouvernements est de procéder à une unification du droit international public régissant les communications en fusionnant dans un seul et même texte la partie commune, en quelque sorte, à sa disposition. La préoccupation des diverses administrations télégraphiques — en vue notamment de la prochaine Conférence de Madrid de 1932 — est de s'efforcer, au nom de principes plus généraux, de réaliser cette unification.

A ce point de vue là, je m'associe donc aux idées de M. Gneme. Je crois que pour que le Congrès puisse faire une œuvre efficace, il faudrait que les États et le Congrès collaborassent étroitement, afin que l'activité de ce dernier se déploie dans le cadre des tendances des diverses administrations.

D'autre part, nous ne devons pas perdre de vue que les champs d'activité de la Convention sont nombreux.

Il y a trois domaines principaux : celui des communications radiotélégraphiques, radiotéléphoniques et par navigation aérienne. Si, dans chacun de ces domaines, on doit établir une convention internationale particulière, on aboutira à l'établissement d'un droit international qui sera d'autant plus difficile à connaître qu'on sera devant des textes épars et devant un foyer de conceptions incompatibles avec les buts poursuivis en matière internationale.

C'est pour éviter que le vote d'un Congrès ne s'exerce en pure perte que j'ai demandé la parole et que j'ai tenu à me rallier à l'avis de M. Gneme.

M. Reber (États-Unis). — Je partage l'opinion de M. Gneme.

M. Drouets (France). — Si l'on veut faire un travail utile, il faut d'abord apporter des éléments à une Conférence Internationale. Il y a un intérêt particulier, évident, à ce qu'on prenne les éléments déjà existants pour pouvoir présenter quelque chose de positif se référant à ce qui existe.

M. Kucera (Tchécoslovaquie). — Il faut envisager cette question du point de vue pratique. Il y a trois mois, le Bureau International de Berne a envoyé aux Administrations des invitations pour la Conférence de Madrid ; il a sollicité des propositions pour la télégraphie avec fil, sans fil, la radiotélégraphie, la radiotéléphonie et les services de broadcasting.

Il est possible que les administrations envoient elles-mêmes tel plan de convention de broadcasting sans rien envoyer en ce qui concerne les services de radiodiffusion. Il peut arriver, dans ce cas, que d'autres organismes internationaux envoient ce plan, par exemple le Comité Interparlementaire.

Dès lors, je pense que notre Comité pourrait élaborer quelque chose et soumettre cela à la prochaine Conférence de Madrid. Il s'agirait également de savoir s'il n'existe pas d'autres questions qui ne figurent pas dans les Conventions de Washington ou de Paris, par exemple la sécurité aérienne.

Vous savez que le Ministre français de l'Air a convoqué pour décembre de cette année, une grande conférence pour la sécurité aérienne.

M. le Président. — Votre proposition consiste à ce que nous fassions tout de même le plan d'une Convention relative à la radiodiffusion tout en laissant le soin à Madrid d'incorporer cela dans une seule Convention. Il me semble d'ailleurs que c'est cette solution qui rallie le plus de suffrages.

M. Drouets (France). — En réalité, la proposition du Congrès serait d'envoyer un certain nombre de considérants qui auraient été adoptés par l'assemblée, et il faudrait que la radiodiffusion soit incorporée dans une législation générale.

M. Royer (France). — Je m'en rapporte à ce qui a été dit.

M. Jeanne (Belgique). — Je me rallie à l'avis du délégué de la Pologne ; il faut que le Conférence de Madrid se trouve devant un texte définitif, autrement elle passera outre ; il est donc nécessaire que nous élaborions quelque chose.

M. le Président. — On pourrait peut-être rédiger ce vœu rapidement,

M. Jeanne. — Ce vœu viserait uniquement la radiodiffusion.

M. Landrien (Belgique). — La Conférence de Madrid ne se tiendra
qu'en avril 1932. Ne pourrions-nous nous réunir avant, par exemple
dans dix-huit mois ; nous aurions encore le temps de cette façon pour
discuter une convention complète.

M. le Président. — Il s'agit là d'une motion d'ordre que vous pouvez
présenter tout-à-l'heure.

M. Homburg, *rapporteur général*. — Nous pourrions tenir un Congrès
l'année prochaine.

M. Gneme (Italie). — Le Comité peut très bien étudier les textes
des dispositions qu'il juge nécessaires pour régler internationalement
autant que possible les services de radiodiffusion. Il pourrait se borner
à une formule générale.

M. Homburg. — Je vous propose la rédaction suivante :

« *Considérant que le Comité International devrait être en possession
d'un plan d'une convention relative à la radiodiffusion ;*

« *Le Congrès invite le Comité international de la T. S. F. à préparer
un projet de réglementation internationale de la radiodiffusion en vue de
le soumettre à la prochaine Conférence de Madrid de 1932, et à réunir en
conséquence son prochain Congrès avant cette date.*»

M. le Président. — Je mets cette résolution aux voix. Comme il
n'y a pas d'opposition, je la déclare adoptée à l'unanimité.

(La séance est levée à 17 heures)

SIXIEME SÉANCE

Jeudi 25 Septembre 1930 (matin)

Perception et répartition des droits d'auteur en radiodiffusion

La séance est ouverte à 9 h. 30 sous la présidence de M. Mahaim.

M. le Président. — Nous allons discuter aujourd'hui, conformément à l'ordre du jour, la question des droits d'auteur. Nous avons à ce sujet un rapport de M. Moresco, intitulé « Le droit d'auteur et la radiodiffusion ».

M. Moresco (Hollande). — Je dois d'abord vous dire que j'avais l'intention de présenter mes observations à un autre congrès qui s'est tenu antérieurement à Budapest, le Congrès de l'Association artistique et littéraire internationale. M. Homburg m'a fait remarquer aussitôt qu'il s'agissait de radiodiffusion et il m'a alors donné l'excellent avis de reprendre mon exposé au Congrès de Liège.

Bien que la question des droits d'auteur ne soit pas spéciale à la radiodiffusion, elle y joue cependant un rôle important.

Il est vrai que la théorie du droit d'auteur a toujours été une notion difficile, même pour les juristes parfois les plus éminents. Le droit d'auteur est en effet un droit sur une chose absolument impalpable que nous ne pouvons assimiler au droit de propriété ordinaire. Cette difficulté s'est encore accentuée par le fait de la radiodiffusion ; car elle aussi est une chose absolument neuve et entièrement impalpable. Il s'agit là de toute une matière que les juristes n'ont pu traiter jusqu'à présent sans commettre certaines erreurs.

On conçoit peu facilement que l'auteur qui a publié un livre — qui a ainsi permis à tout le monde d'en prendre connaissance — en reste cependant le maître, ou plutôt le propriétaire, car le mot « maître » n'est pas adéquat : on n'est pas maître de quoi que ce soit, pas plus qu'il n'y a de roi absolu. On ne peut rester maître que dans les limites de la loi ; mais dans ces limites, l'auteur, l'écrivain, le poète et le peintre sont propriétaires de leur droit d'auteur.

On a trouvé maintenant un autre moyen de divulguer la pensée littéraire et artistique : maintenant, par la radiodiffusion, tout le monde peut entendre de la musique, des poésies, des œuvres littéraires etc... Toutefois l'auteur reste propriétaire de sa production intellectuelle.

Malheureusement dans notre pays même, nos droits ne sont pas entièrement reconnus. On a certes reconnu le droit de l'auteur sur les émissions dont les stations paient le droit d'auteur ; jusqu'à présent, un cafetier — on a déjà cité cet exemple — qui a un haut-parleur, doit lui aussi payer le droit d'auteur ; or qu'est-il arrivé ? Nous avons 16 centrales de radio ; ces centrales permettent même à ceux qui n'ont pas d'appareil récepteur de jouir de la radiodiffusion ; c'est par exemple le cas pour La Haye où les abonnés au téléphone peuvent jouir des émissions.

Il s'agit maintenant de savoir si ces centrales doivent payer le droit d'auteur. (Les autres délégués hollandais partagent mon avis). Ces centrales sont obligées d'acquitter ce droit, et cela pour la raison que ces centrales font bénéficier des tiers de l'agrément de l'audition de la musique, de conférences, etc...

Il est particulièrement difficile devant la juridiction hollandaise de définir exactement ce qu'est une émission. Ce que font les centrales que je viens de citer, est-ce oui ou non une émission ? Est-ce que ces centrales divulguent ou publient ? La radiodiffusion, invention sympathique et agréable, a donc créé cette difficulté inattendue. Nous sommes infiniment heureux d'avoir pu assister à cette belle invention ; mais cela n'empêche que cette invention ne peut priver qui que ce soit de son droit de propriété.

J'ai constaté avec regret que les trois degrés de la justice des Pays-Bas -- le Tribunal, la Cour et la Cour suprême — ont avec des considérants développés exonéré les centrales de tout paiement. Dès lors, qu'est-il arrivé ? Le cafetier ne paye plus rien non plus, et ce cafetier déclare : « Pardon, ce morceau me parvient de la Centrale et par conséquent les auteurs ont perdu tous leurs droits. Alors, si on fait jouer toutes les œuvres dans les centrales, toute la production intellectuelle tombera automatiquement dans le domaine public ?

Moi, je déclare hautement que cela est impossible et je ne puis comprendre que par suite de l'apparition d'une invention technique, un homme puisse perdre ses droits les plus sacrés, et c'est pour cela que je prie l'assemblée de confirmer le vœu suivant :

Le Congrès émet le vœu :

1° Que les législations de tous les pays, qui reconnaissent et sauvegardent le droit d'auteur mettent fin à toute divergence et à toute équivoque quant au droit exclusif de l'auteur de « reproduire », « exécuter » ou « publier » son œuvre.

2° Que toutes les lois d'auteur nationales et toutes les conventions internationales attribuent le même sens à ces expressions et que tout acte tendant à faire connaître l'œuvre en-dehors d'un cercle restreint ou de quelques personnes spécialement qualifiées soit considéré comme étant une prérogative inviolable de l'auteur et de ses ayants-cause.

Je pense que n'importe qui est libre de jouir lui-même d'une œuvre littéraire ou artistique qui est publiée, mais il n'est pas autorisé à en faire bénéficier d'autres, en dehors tout-au-moins d'un cercle restreint ; sinon il se livre à une publication.

M. REBER (Etats-Unis). — Le Congrès de Rome avait émis le vœu suivant :

« Le Congrès considérant comme un commencement de solution satisfaisante l'article 11 *bis*, adopté par la Conférence de Rome de 1928 pour la révision de la Convention de Berne, déjà révisée à Berlin, pour la protection de la propriété littéraire et artistique, émet le vœu que les Etats participant à cette Conférence veuillent bien ratifier le plus tôt possible la nouvelle Convention ».

Le texte de l'article 11 *bis* de la Convention de Rome est le suivant :

« (1) Les auteurs d'œuvres littéraires et artistiques jouissent du droit exclusif d'autoriser la communication de leurs œuvres au public par la radio-diffusion.

« (2) Il appartient aux législations nationales des pays de l'Union de régler les conditions d'exercice du droit visé à l'alinéa précédent, mais ces conditions n'auront qu'un effet strictement limité au pays qui les aurait établies. Elles ne pourront en aucun cas porter atteinte ni au droit moral de l'auteur, ni au droit qui appartient à l'auteur d'obtenir une rémunération équitable fixée, à défaut d'accord amiable, par l'autorité compétente ».

Nous sommes de tout cœur pour la liberté d'action assurée aux législations nationales par le second alinéa et contre toute modification tendant à les priver de cette liberté.

Les conditions varient avec les pays. Aux Etats-Unis où la radio-diffusion compte sur la réclame pour ses ressources financières et où il n'est pas imposé de taxe de licence à l'écoute, il est convenable et juste d'accorder une rémunération raisonnable aux auteurs et aux compositeurs pour la diffusion de leurs œuvres. On a proposé différentes bases pour le calcul des droits d'auteur, telles que « heure-puissance » (combinant les deux facteurs — puissance et heures d'opération) ou que le nombre de morceaux de musique à droits réservés qui sont exécutés par la station autorisée. Dans l'état actuel des choses nous ne pouvons pas nous permettre de proposer ou d'accepter aucune formule pour le calcul des dits droits.

Quant au montant des droits qu'aurait à payer la station de radio-diffusion (et aussi la station de relais), le texte suivant a été proposé au Congrès de Genève :

« Ils sont dans ce cas proportionnels à la puissance du poste et à la densité de la population se trouvant dans le rayon moyen d'action de ce poste ».

Sur l'interpellation faite à l'occasion de l'ordre du jour, le Congrès se déclara incompétent pour se prononcer sur la question du montant des droits à recouvrer, probablement (à en juger d'après le débat) parce qu'il comprit que la question en entraînait une autre, qu'il était préférable de laisser les parties décider librement par voie de contrat (1). Nous n'entreprendrons pas ici de nous prononcer sur la justesse de l'interpellation, mais nous voulons bien croire que l'intention, en inscrivant le sujet dans le programme du Congrès de Liège, n'était pas de ne tenir aucun compte de la décision prononcée au Congrès de Genève.

Le Congrès juridique de Genève, en 1927, adopta un vœu où se trouve entre autres ce qui suit :

« Les droits d'auteur sont dûs par tous les exploitants de postes d'émission, de relai ou de transmission, pour toute radio-diffusion des œuvres protégées ».

Il nous est impossible d'approuver la disposition ci-dessus si elle peut signifier que les droits d'auteur seront payés deux fois ou plus par les divers transmetteurs de diffusion sur ce qui n'est en réalité qu'une seule représentation. Nous ne voulons pas, par là, dire qu'il n'y ait jamais lieu de payer le droit plus d'une fois, mais nous avons sur ce point des doutes qui justifient notre réserve. Pour aider à mieux apprécier les motifs qui nous guident, nous donnerons ici un aperçu de la jurisprudence actuelle aux Etats-Unis.

Les jugements rendus jusqu'à ce jour par les tribunaux des États-Unis sur ce point n'ont eu à faire qu'à des œuvres musicales, où la grande question était d'interpréter l'expression trouvée dans la loi « représentation publique et pour le gain ». La Cour Suprême des Etats Unis n'a pas encore rendu de jugement appliquant cette expression à la radio-diffusion. En vertu de certains jugements de Cours de première

---

(1) Compte-rendu du 2º Congrès juridique, pp. 122-124.

et de seconde instance,(1) et en vertu aussi du rejet par la Cour Suprême du recours interjeté dans un de ces cas(2), on peut considérer comme ayant été à peu près finalement établie cette seule proposition : le fait d'émettre par radio-diffusion une œuvre musicale à droits réservés, rendue dans l'atelier d'une station de radio-diffusion, constitue une « représentation publique et pour le gain ». Certains autres jugements de Cours de première instance seulement ont prononcé sur deux autres propositions qui, pour cette raison, ne peuvent être considérées comme ayant été absolument résolues.

Une des propositions sur laquelle la jurisprudence n'est pas fixée se produit lorsque la représentation est donnée, non pas dans l'atelier de quelque station de diffusion, mais dans un hôtel, un restaurant, un établissement de danse (sur lesquels le propriétaire de la station de radio-diffusion n'a aucun droit de propriété ou de contrôle) et se trouve donnée au public au moyen d'un microphone rattaché par un fil à la station de diffusion. Le propriétaire de la station n'est pas responsable de cette dernière représentation ; il ne fait que mettre à la disposition du nombreux public qui l'écoute une représentation publiquement donnée au même moment à un auditoire moins nombreux. Dans une des causes (3), au début du procès par devant une Cour fédérale de première instance, le jugement fut que si le propriétaire des droits d'auteur avait autorisé l'exécution d'une œuvre musicale par l'orchestre de l'hôtel, la radio-diffusion de cette œuvre « ne saurait être considérée comme étant une représentation séparée et distincte d'une œuvre à droits réservés, donnée par le propriétaire de la station de diffusion ». A la conclusion de la cause(4), il fut prouvé que l'exécution de l'œuvre par l'orchestre de l'hôtel n'avait pas été autorisée, et le jugement fut que le propriétaire de la station de diffusion était impliqué dans la « violation des droits ». La cause n'a pas encore été soumise à aucune Cour d'appel et, par suite, ne peut être acceptée comme décidant de la question.

La troisième proposition que la loi n'a pas encore tranchée se rapproche beaucoup de celle dont il vient d'être question et a son origine dans ce qui se produit lorsque la prétendue représentation consiste à mettre en jeu un poste de réception dans un endroit public, le hall ou le restaurant d'un hôtel, par exemple, pour divertir les hôtes. Il n'y

---

(1) M. Witmark and Sons c. L. Bamberger et Cie, 1923, 291 Fed. 776 ; Jerome H. Remick American Automobile Accessories Co., 1925, 5 Fed. (2nd) 411, renversant le 298 Fed. 628).

(2) Jérôme H. Remick c. American Automobile Accessories Co., 269 U. S. 556).

(3) Jerome H. Remick Co. c. General Electric Co., 1924, 4 Fed. (2nd) 160).

(4) Joseph H. Remick and Co. c. General Electric Co, 1926, 16 Fed. (2nd) 829).

eut, jusqu'à présent qu'un jugement sur cette question et il a été rendu par une Cour de première instance (1). Ici le défendeur, un hôtel, avait un appareil central de réception dont il se servait pour récréer avec de la musique ses hôtes, dans les pièces publiques et dans deux cents chambres au moyen de fils rattachés à l'appareil maître ; et certaines compositions musicales à droits réservés se faisaient entendre dans l'hôtel, grâce à cet appareil. Le tribunal opina que l'hôtel défendeur ne « représentait » pas ces œuvres musicales dans le sens donné au mot dans la loi des droits d'auteur ; que recevoir une composition musicale dans un récepteur radio-télégraphique n'est pas la « représenter ». On appuya surtout sur le fait que le défendeur n'avait nullement l'intention de représenter des œuvres à droits réservés. Le raisonnement du tribunal se rapproche beaucoup de celui du Landgericht de Dantzig en un cas semblable (2). Appel fut interjeté par devant une Cour de seconde instance qui, à son tour, en a référé à la Cour Suprême des États-Unis en lui soumettant la question suivante :

« Est-ce que le propriétaire d'un hôtel qui donne à ses hôtes, par l'emploi d'un appareil récepteur de radio-télégraphie et d'un porte-voix, installés dans son hôtel et à ses ordres, pour la récréation des dits hôtes, l'occasion d'entendre une œuvre musicale à droits réservés, émise en radio-diffusion par une station de transmission de télégraphie sans fil, donne, par là, une représentation de cette œuvre musicale au sens de U. S. C., tit. 17, sec. 1 (e) ? »

Il est probable, par conséquent, que d'ici à un an nous aurons une décision judiciaire faisant loi sur ce point.

Le Congrès des Etats-Unis a en considération un projet de loi (qui a été nommé le « Vestal Bill H. R. 12549 ») destiné à amender et à rassembler les lois relatives aux droits d'auteur et à y introduire les changements qui pourraient être nécessaires pour permettre aux États-Unis de faire partie de l'Union Internationale des Droits d'auteur.

Au Congrès juridique de Genève, en 1927, le texte suivant fut proposé et rejeté par sept voix contre trois (trois délégations s'abstenant) :

« Ils (les droits d'auteur) sont dûs également par tous propriétaires ou exploitants de postes de réception dans un lieu public. » (3).

Pour les raisons que nous avons déjà données, nous tenons à dire ici que nous approuvons le vote de rejet et désapprouvons le texte qui a été proposé.

(1) Buck c. Duncan, 1929 32 Fed. (2nd) 366).
(2) *Revue juridique int. de la Radioél.* n° 21 p. 33.
(3) Compte-rendu du 2° Congrès juridique, pp. 122-123).

M. HOFFMANN (Allemagne). — Tout ce que vient de dire M. Moresco se rapporte en somme à un fait d'ordre national ; il s'agit d'une décision prise par les trois instances de la juridiction hollandaise au sujet de la communication de radiodiffusion par les centrales.

A mon humble avis, on ne peut mieux éclairer cette question que ne l'a fait le rapporteur américain. Le cas qui s'est produit en Hollande, s'est également produit chez nous, en Allemagne, ainsi qu'aux Etats-Unis La Cour Suprême des Etats-Unis a du reste été saisie de la question : « Est-ce que le propriétaire d'un hôtel possesseur d'un poste récepteur, donne par là une représentation au sens du droit d'auteur ? » Poser simplement la question juridique équivaut à la nier, et c'est de là qu'a découlé la jurisprudence en Amérique et en Allemagne.

Il ne s'agit pas là, comme l'a dit M. Moresco, d'une négation des droits d'auteur ; on interprète la chose comme ceci : C'est à la station émettrice qu'il appartient d'acquitter les droits d'auteur ; tandis que celui qui pose un haut-parleur ne fait pas de la représentation, il divulgue simplement ce qu'un autre a représenté.

Nous sommes par exemple dans un cercle de famille ; devant la maison, on donne un concert ; si nous ouvrons la fenêtre, nous pourrons entendre le concert. Est-ce que par le fait d'ouvrir la fenêtre, le concert a été publié ? Absolument pas. Nous aurions été dans le même cas si nous avions organisé un concert entre nous ; comme il n'avait pas un caractère public, nous n'avions non plus rien à payer.

Le premier exemple que je viens de citer se rapporte au cas du haut-parleur. Je conclus donc : c'est la station émettrice qui doit payer et non le cafetier.

M. JOUBERT (France). — Il me semble que nous mettons, pour le moment, en discussion le principe même du droit d'auteur. M. Moresco est sans doute animé des meilleures intentions, mais il ne faut pas supposer que nous n'avons pas compris la notion du droit d'auteur ; ce droit n'est d'ailleurs contesté par personne.

Certes une jurisprudence étrangère peut se tromper ; et, à ce point de vue, je partage votre avis que beaucoup de magistrats ne connaissent pas suffisamment cette question ; cela est fort regrettable et n'est malheureusement que trop vrai ; beaucoup d'intéressés ignorent en grande partie la législation sur le droit d'auteur. C'est une notion nouvelle qui n'a pas encore bien été comprise.

Mais en principe, dans l'interprétation de la voix humaine par un moyen mécanique, c'est toujours l'auteur qui parle au public et par conséquent, ce moyen de reproduction devient susceptible du droit d'auteur.

Ce pourquoi perçoit l'auteur, ce n'est pas à proprement parler l'audition, mais le droit de donner cette audition. A partir du moment où, par un moyen connu ou inconnu, le public est touché, l'auteur peut percevoir son droit.

Je cite par exemple le restaurateur qui fait fonctionner un poste à l'heure du déjeuner, c'est un moyen pour lui d'attirer la clientèle à se restaurer chez lui, le repas étant agrémenté de musique ; et bien ce restaurateur ne peut pas être exonéré du droit d'auteur !

L'exemple cité tantôt d'une fenêtre ouverte est complètement étranger à l'audition publique, la volonté de cette audition n'ayant pas été nettement exprimée.

Je me demande encore une fois pourquoi nous mettrions sur le tapis la question du principe du droit d'auteur ? Je suppose que nous sommes tous d'accord pour dire que l'audition publique doit être payante. Ne nous arrêtons pas à des cas exceptionnels, difficiles à trancher, attendons que la jurisprudence se soit bien inspirée de la question.

M. Hoffmann (Allemagne). — Je ne conteste en rien ce que vous venez de dire ; je voulais essayer d'établir le caractère d'une représentation. Je reconnais que les cas d'exception sont d'ordre national et ne peuvent déranger les travaux d'un Congrès International.

M. Konic (Pologne). — J'ai déjà eu l'honneur de parler de cette question au 2ᵉ congrès. Je voudrais encore donner à l'assemblée les renseignements sur la façon dont le problème se présente chez nous, en Pologne. M. Joubert qui doit sauvegarder les droits d'auteur est très sévère ; moi, je dis que la radiodiffusion sauvegarde elle aussi ces intérêts, si elle est comprise, comme chez nous, sous forme de monopole. Malheureusement, à ce point de vue, nos collègues français sont nos adversaires acharnés.   (Protestations).

Je répète que ce monopole sauvegarde les droits d'auteur. La société émettrice qui a reçu une concession de la part de l'Etat, passe un contrat avec l'auteur. Ce contrat est connu et contrôlé sous tous les rapports.

Dans ce cas, l'auteur touche une somme exacte, précise, fixée de commun accord ; mais cette rémunération lui vient uniquement de la société émettrice. Dès que la station émetrice a payé, tout est fini, même s'il y a une autre station qui reçoit.

Je me résume en disant que le seul vœu à émettre c'est que le droit d'auteur doit être sauvegardé par la station émettrice ; cela ne pouvant être contesté.

M. Loman (Hollande). — L'état de choses dans notre pays se présente comme ceci : il y a une salle où l'on donne un concert public, tout le monde est d'accord pour dire que les droits d'auteur sont dûs. Dans cette salle, il y a un instrument ; nous l'appelons « microphone » qui est relié à une station émettrice. L'exécution publique dans la salle est transmise par un fil téléphonique à la station émettrice.

Il s'agit de savoir si l'on doit considérer que la station émettrice donne une nouvelle exécution publique. Moi, je dis : non, parce que les ondes qui vont à la station sont muettes et qu'il ne s'agit plus par conséquent d'une exécution publique. Maintenant on peut disposer d'un appareil transmetteur, cela constitue un nouvel acte ; si ce transmetteur s'adresse au public, cela constitue une nouvelle exécution publique, le droit d'auteur est dû. Si ce transmetteur s'adresse à un milieu privé, le droit d'auteur n'est pas dû. Pour le cas du cafetier notamment, le droit d'auteur est certainement à percevoir.

M. HOMBURG. — Cela n'est-il pas reconnu en Hollande ?

M. LOMAN .— Non, cela n'est pas reconnu en Hollande. Un arrêt de notre Cour de Cassation dit : « Vous n'avez rien à payer, si la station émettrice a déjà payé » Pourtant, il s'agit d'une nouvelle publication.

On a parlé tantôt de la ville de La Haye ; celle-ci y exploite la téléphonie; moyennant une rémunération à la Direction des Téléphones, on peut entendre les émissions des deux stations de notre pays ; la redevance est fixée à 10 florins par trimestre. Moyennant ce prix, on peut donc entendre tous les concerts. La Cour de Cassation déclare « C'est déjà payé » et moi je dis que cela est faux, puisqu'aussi bien un cafetier qui paie son abonnement, n'a rien payé pour son café.

M. ROYER (France). — Je voudrais éclairer le débat qui nous occupe. Nous sommes en présence de deux propositions opposées : celle de M. Joubert qui dit que toutes les fois que l'on public une œuvre, il y a lieu de percevoir les droits. L'exemple choisi par M. Joubert me paraît toutefois inexact ; il s'agit en effet du pick-up qui n'est pas de la radiodiffusion On enregistre une œuvre sur un disque ; lorsque le cafetier public l'œuvre imprimée sur le disque, il y a lieu d'appliquer le droit d'auteur ; mais si ce cafetier donne une audition par T. S. F. il n'y a pas lieu de percevoir le droit.

M. MOREAU (France). — La discussion s'égare et je crains que nous ne perdions du temps. En France, nous percevons dans tous les cafés et nous sommes en excellents termes avec les directeurs de la radiodiffusion française. Aussi tout en remerciant et en félicitant M. Moresco qui a parlé au nom du groupement hollandais, je crois devoir demander d'ajourner sa motion pour un prochain Congrès et qu'en attendant, votre Comité veuille bien étudier comment, dans chaque pays, on perçoit les droits afférents à la radiodiffusion.

Nous avons déjà la chance appréciable que les auteurs de tous les pays soient protégés et qu'il nous faut seulement coordonner nos efforts pour une unification internationale afin que ces droits deviennent entièrement égaux dans toutes les nations.

Je crois devoir rappeler que j'ai rédigé, il y a cinq ans, en collaboration avec M. Pellenc, les statuts de la radiodiffusion française, et il me semble qu'à cet égard, la France est en retard pour assurer les taxes suffisantes sur la radiodiffusion.

J'espère que cette réunion nous permettra d'agir auprès du Gouvernement français pour que la taxe sur les usagers de la T. S. F. puisse permettre de donner de beaux concerts en France et que celle-ci ne soit pas en retard pour le développement artistique de la radiodiffusion.

M. Dimeny (Hongrie). — En Hongrie, c'est la Société Anonyme Magyar Telefon Hirmondo es Radio qui fournit le programme : musique chansons, lectures, nouvelles, pièces de théâtre, etc... du Broadcasting hongrois. Pour ce service, la société concessionnaire reçoit de la poste hongroise la moitié des taxes payées par les abonnés de la radio. Les droits d'auteur sont payés par la société concessionnaire sur la somme reçue.

La Société verse les droits d'auteur directement aux auteurs ou à la personne qui détient le droit de propriété de ces œuvres. Si l'auteur dispose lui-même de la représentation de son œuvre, un accord peut avoir lieu avec lui. Si l'auteur a cédé le droit de représentation à une société ou agence, et après accord, les droits d'auteur — qui augmentent proportionnellement au nombre d'abonnés — seront payés à la société ou à l'agence.

Le traité autorise le studio à faire des changements dans le texte des œuvres qu'il trouve utile de faire représenter par radio. Il y a encore des traités de ce genre :

1º entre le studio et la société hongroise d'auteurs, de compositeurs et d'éditeurs de musique, à laquelle le studio paye pour les petits sujets représentés à titre de « petit droit d'auteur » un certain pourcentage de la somme reçue. La société d'auteurs distribue les droits d'auteur reçus entre ses membres et entre auteurs étrangers dans une proportion établie par elle-même ;

2º il y a un traité entre le studio et la société hongroise des auteurs de théâtre et les agences de théâtre dans lequel il est stipulé que le studio paie une redevance plus ou moins élevée selon que les œuvres remplisse la soirée entière ou seulement une partie.

Pour les nouvelles des journaux utilisées par le studio, il paie une taxe conventionnelle aux rédactions.

M. Joubert (France). — Je crois qu'il faut procéder par voie d'élimination de toutes les questions qui sont de véritables parasites dans la question principale.

Il s'agit de savoir si l'auteur a droit à une rémunération sur l'œuvre donnée en public ; cela n'est pas contestable ; dans ce cas, il est dû une rémunération à l'auteur. Y aurait-il 50 milieux différents d'audition publique, qu'il y aurait 50 perceptions correspondantes !

Si vous disposez de moyens de multiplier l'audition — soit que l'artiste se déplace ou autrement — cela fera autant d'auditions qu'il y aura eu de groupes de spectateurs ou d'auditeurs publics. Mais, je vous prie, ne dites pas que un multiplié par cinquante = un ! C'est de là que provient toute la série d'erreurs.

Nous sommes ici pour défendre l'auteur et non pour le dépouiller, or le débat qui s'est ouvert porte précisément sur les moyens à employer pour ne pas payer ce droit.

M. Royer (France). — Mais nous devons aussi protéger les usagers de la T. S. F. !

M. Gneme (France). — Le principe du droit d'auteur n'est pas contesté. Sa perception a été en Italie réglée d'une façon fort simple ; il existe à cette fin des tarifs qui diffèrent selon l'importance des stations hôtels, casinos, etc... En effet, le droit d'auteur correspond à un tarif sur l'abonnement, évalué en pour cent. De cette façon, le droit est payé en fonction du nombre d'auditeurs.

M. Olagnier (France). — D'après ce que viennent de dire tous les orateurs précédents, nous sommes en présence de deux façons de faire respecter le droit d'auteur. En cette matière, on est unanime à considérer partout que le droit d'auteur est dû par le poste d'émission et on est unanime aussi pour considérer qu'il ne peut être question de ce droit pour les postes de réception privés. Toute la question est de savoir si, pour les postes récepteurs publics, le droit d'auteur est applicable. Il y a deux interprétations différentes dont l'une est celle de la France et de l'Italie qui considèrent que la taxe d'auteur est due sur les postes récepteur publics. Cette façon de voir me semble logique pour les raisons qu'en a données M. Joubert.

Prenons une hypothèse : le propriétaire d'une salle publique qui n'est ni café, ni hôtel, mais qui possède un excellent et puissant appareil récepteur. Il faut payer un droit d'accès à sa salle où l'on peut entendre les auditions. Et bien suivant les précédents hollandais et américains, ce propriétaire ne payerait pas de droit, sous prétexte que la station émettrice a déjà payé.

Cela ne me paraît pas admissible ; du moment que le tenancier en faisant payer un droit d'entrée, tire un profit direct des émissions radiphoniques, il doit payer le droit.

Je me permets de suggérer au Congrès le vœu suivant : « Le Congrès émet le vœu que les auteurs perçoivent à tout prix leur redevance sur les récepteurs publics ».

M. Nourri (Perse). — Le fait est que les droits d'auteur doivent être protégés ; mais il s'agit de savoir si c'est le poste émetteur ou le cafetier qui doit payer ce droit. On pourrait en somme considérer que le poste émetteur achète le droit d'auteur en gros, puis le vend en détail au cafetier.

M. Joubert (France). — On ne peut décemment pas comparer le droit d'auteur à une marchandise.

M. Lescot (Belgique). — Je voudrais signaler que la question a déjà été examinée par le Comité Belge, il y a plusieurs années. On a admis que le droit d'auteur était dû dans tous les cas.

M. Joubert (France). — Il faut que l'on exagère l'hypothèse pour en comprendre le danger ; je suppose qu'il n'y ait qu'un seul poste émetteur en France sur lequel on prélèverait mille francs. Ainsi, environ 26.000 communes de France seraient exonérées sous prétexte que le poste émetteur a déjà été taxé. Ce raisonnement ne peut résister devant le bon sens le plus élémentaire.

C'est comme vouloir comparer le droit d'auteur à une marchandise ; mais le Code de Commerce ne s'occupe pas du droit d'auteur ! Nous créons une législation spéciale pour ce droit et vous voudriez le faire rentrer dans le Code de Commerce !

M. le Président. — Nous sommes jusqu'à présent, saisis de 3 propositions :

1° le vœu de M. Moresco ;

2° Une proposition d'ajournement tendant à renvoyer au Comité International de la T. S. F. l'étude de la question de la perception du droit d'auteur ;

3° Une proposition de M. Olagnier qui consiste à s'occuper des récepteurs publics.

Je m'occupe d'abord du vœu de M. Moresco ; ce vœu comprend deux parties. Je prends le premier paragraphe jusqu'à « publier » son œuvre.

M. Joubert (France). — Evidemment l'idée de M. Moresco est excellente, mais elle laisse supposer des divergences. Cependant il faut qu'il n'y ait pas la moindre divergence au point de vue du principe Je voudrais que M. Moresco se rallie à l'ordre du jour de M. Olagnier qui rend très bien sa pensée.

M. le Président. — Le texte du vœu de M. Olagnier est le suivant : «... que les auteurs perçoivent à tout prix sur les postes récepteurs publics »

M. Moresco (Hollande). — C'est justement là la question: Qu'entend-on par poste récepteur public ?

M. le Président. — Pensez-vous, M. Moresco, que le vœu de M. Olagnier puisse être substitué au vôtre ?

M. Moresco. — En ce qui concerne le deuxième paragraphe, je ne dis pas non, mais pas en ce qui concerne le premier paragraphe de mon vœu.

M. le Président. — Au deuxième paragraphe, on voudrait substituer «... que les auteurs perçoivent à tout prix leur redevance sur les postes récepteurs publics... » Je crois que cette substitution contient une idée complémentaire ; mais la rédaction de M. Moresco me semble beaucoup plus large.

M. Gneme (France). — Mais cette formule est trop précise et on ne pourrait pas, par exemple, l'appliquer en Italie.

M. le Président. — Vous faites en effet payer par l'émetteur.

M. Gneme. — Les droits d'auteur sont assurés d'une autre manière.

M. Moreau (France). — C'est précisément pourquoi cette question est aussi délicate et difficile. Comme président d'une importante association de Lille, je défends aussi les usagers. Vous citiez le cas des cafés ; mais ceux-ci — même les plus modestes — acceptent de payer leur petite redevance ; les méthodes de perception peuvent varier suivant les nations.

Un confrère disait dernièrement que dans un café, c'est le consommateur qui doit payer. En Autriche, on a trouvé cette solution très simple pour les concerts symphoniques. A Vienne, vous entrez dans un café, on vous sert une consommation et vous recevez un ticket, représentant la participation au droit d'auteur.

Je vous demande l'ajournement de cette question complexe, qui à elle seule, pourrait occuper un congrès tout entier.

M. Moresco (Hollande). — Je suis d'accord avec M. Moreau ; certes les divergences qui existent ne sont pas tellement profondes et je suis convaincu qu'après un examen complet de la question, tout le monde sera d'accord avec moi.

Pour éclaircir ce problème, je dois cependant encore ajouter quelques mots pour faire remarquer à M. Joubert qu'à présent. l'accord n'est pas unanime entre juristes et techniciens et nous rencontrons même parfois des opinions tout-à-fait opposées chez nous. On commet généralement l'erreur de dire le droit est payé par le poste émetteur ou la station émettrice. Cela ne prouve pas qu'on ne reconnaît pas le droit d'auteur sur les autres émissions.

C'est comme pour les impôts sur le tabac ; chaque cigare est par exemple entouré d'une bandelette attestant que l'impôt a été payé. On avait le choix entre le fumeur, le boutiquier ou le fabricant pour faire acquitter la taxe qui finalement est supportée par le fumeur. Ce n'est qu'une question de forme.

Contrairement à l'exemple qu'on a cité tantôt, on ne peut pas comparer le droit d'auteur à une marchandise. En effet, la Convention de Berne et les législations nationales reconnaissent comme parfaitement licite que l'auteur garde toujours des droits sur son œuvre, même si les droits lui ont été payés par l'éditeur tandis qu'au contraire, celui qui achète une marchandise en devient le propriétaire absolu, dès qu'il l'a payée.

Je pense qu'il vaut mieux reprendre la proposition de M. Moreau, mais nous devrions émettre un vœu aux fins de savoir si les centrales doivent oui ou non être considérées comme bureaux publics. A cet égard, la proposition de M. Moreau tend à ne pas prononcer de vœu.

M. le Président. — Bref, M. Moresco, vous vous ralliez à l'avis d'ajournement pour renvoi au Comité.

M. Joubert (France). — Il y a des nations qui ne sont pas de notre avis. Or, quand on n'est pas d'accord sur le principe, la prudence exige que l'on renvoie la question pour étude complémentaire.

M. le Président. — La demande d'ajournement est donc appuyée, je demande à M. Homburg de nous proposer une formule de motion.

M. Homburg, *rapporteur général.* — *Le Congrès décide de renvoyer à l'ordre du jour de ses prochaines travaux, l'étude comparée de la perception des droits d'auteur, dans les différents pays, en matière de radiodiffusion ».*

M. le Président. — Je mets aux voix cette motion d'ajournement. Comme il n'y a pas d'opposition, je la déclare adoptée à l'unanimité.

M. Moreau (France). — Au préalable, je voudrais qu'on consignât nos félicitations à M. Moresco, grâce auquel nous sommes arrivés à ce résultat.

Droits des artistes interprètes et exécutants.

M. le Président. — Nous abordons alors la question des droits des artistes, interprètes et exécutants (1). M. Lescot a la parole.

M. Lescot (Belgique). — La transmission radioélectrique littéraire ou artistique ne peut se faire sans le consentement de l'auteur. C'était là un principe qui paraissait excellent, mais quand à Rome, on a remis

---

(1) V. Eeman. Les droits des artistes exécutants, interprètes des auteurs (*Rev. jur.-int. Radioél.* 1930, p. 169.)

la question sur le tapis, on a fait machine arrière et au lieu de confirmer ce principe, on en est arrivé au vœu que nous connaissons tous.

« Le Congrès de Rome de 1928 émet le vœu que :

« A. Que par une convention générale, les gouvernements s'engagent à adopter les mesures de protection minima ci-après :

1º Les exploitants de postes d'émission, de relai ou de retransmission verseront une équitable rémunération supplémentaire au profit des artistes dont les exécutions sont transmises, retransmises ou autrement utilisées par les dits exploitants ;

« 2º Les États prendront des mesures aptes à trancher rapidement et équitablement les différends entre les exploitants et artistes ;

« 3º Chaque État veillera à ce que les radiodiffusions soient effectuées suivant les règles de la meilleure technique ».

A mon avis, on a eu tort de vouloir faire rentrer les artistes dans l'ensemble de la législation sur les droits d'auteur. Il n'a du reste pas été possible d'obtenir l'unanimité sur cette façon de voir et je partage pleinement l'avis de M. Eeman qui déclare que pour les exécutants, il s'agit d'un droit tout-à-fait spécial, un droit sui generis.

Ce serait aller à l'encontre du principe lui-même que de dire que l'exécutant est absolument maître de la radiodiffusion. Dès qu'il a accepté d'auditionner devant le microphone, on peut difficilement admettre qu'il faille encore un nouvel accord de sa part, aux fins d'autoriser toutes nouvelles émissions.

C'est cependant la solution qu'il conviendra d'accepter et que je demande à l'assemblée d'accepter également, parce qu'elle me paraît de nature à sauvegarder les intérêts de chacun, mais avec cette restriction que le sort d'un concert, d'une exécution quelconque, ne puisse être soumis au caprice ou à la mauvaise volonté de l'un ou l'autre. Je demande à tous ceux qui sont chargés de la défense des intérêts des exécutants de bien vouloir se rallier à cette motion. Il faut en effet que le public puisse entendre le concert annoncé sans qu'il y ait des abstentions en dernière minute comme ce fut le cas pour le violoniste Thibaut, Chaliapine, etc...

Le Congrès de Rome, après de longues discussions, s'est déclaré d'accord pour dire que l'intérêt public pouvait, dans une certaine mesure, apporter une restriction aux droits d'auteur. Il est évident qu'en ce qui concerne les auteurs, — qui ont des droits supérieurs à ceux de l'exécutants — si les premiers doivent subir une restriction, il faut l'admettre également à l'encontre des exécutants.

Il y a dans le rapport de M. Eeman, une partie qui me paraît particulièrement intéressante, c'est celle relative aux rapports des artistes avec les tiers.

Pour ce qui concerne les rapports des artistes avec les tiers, une intervention énergique s'impose ici pour la protection des exécutants. Il peut se faire que des tiers, avec lesquels l'artiste n'a eu aucun rapport, captent la diffusion d'une exécution, l'enregistrent et la transmettent en en tirant profit. Il y a là un abus évident et qu'il importe de réprimer pénalement ; il semble que ce fait qui est aussi répréhensible que le vol, peut rentrer dans la définition de ce délit, prévu par l'article 41 du Code Pénal Belge ainsi conçu : « Quiconque a soustrait frauduleusement une chose qui ne lui appartient pas, est coupable de vol ».

Ceci est notamment le cas de la captation d'une émission sur disques.

Il est évident que, dans l'état actuel de la législation nationale, on ne peut donner une extension semblable au texte proposé au Congrès de Rome de 1928.

Je vous signale toutefois que dans le projet de loi déposé en Belgique, on envisagera comme délit la captation frauduleuse. L'article 7 du projet dit notamment :

« Le fait d'enregistrer, de diffuser — à l'insu de l'exécutant — une œuvre quelconque et d'en tirer profit, est assimilable à l'escroquerie ».

Il y a un dernier point sur lequel je voudrais attirer l'attention de l'assemblée, c'est le droit moral de l'exécutant. Je crois qu'à ce point de vue, tout le monde est d'accord.

Il est évident que si l'on reconnaît à l'auteur le droit de s'opposer à la radiodiffusion de son œuvre pour la raison que les moyens techniques employés déforment cette œuvre, portent atteinte à la personnalité de l'auteur et peuvent lui causer préjudice, des raisons identiques peuvent militer en faveur de l'exécutant qui serait préjudicié par une émission défectueuse.

C'est ce qu'a parfaitement compris l'ancien ministre belge M. Jules Destrée, membre de la Chambre des Représentants, qui y a déposé une proposition de loi dont je viens de parler. Il n'entre pas dans mon intention d'examiner ni de discuter les articles de ce projet. Je me bornerai à citer l'article 6 ainsi conçu :

« Même après avoir reçu la rétribution prévue et nonobstant toute stipulation contraire, l'exécutant conserve toujours le droit d'interdire des transmissions ou retransmissions qui seraient de nature à nuire à sa réputation ».

En matière de conclusion, M. Eeman vous propose d'adopter la résolution ci-après :

« La transmission radio-électrique d'une œuvre littéraire ou artistique ne peut se faire sans le consentement de l'interprète. ·

« Toutefois à défaut de stipulation contraire dans la convention d'engagement, les interprètes seront présumés d'accord pour autoriser la transmission radio-électrique ;

« Les exploitants des postes d'émission de relai ou de retransmission verseront une équitable rémunération supplémentaire au profit des artistes dont les exécutions sont émises, retransmises, ou autrement utilisées par les dits exploitants ;

« Même après avoir reçu la rémunération prévue et nonobstant toute stipulation contraire, l'exécutant conserve toujours le droit d'interdire des transmissions ou retransmissions qui seraient de · nature à nuire à sa réputation.

Le fait d'enregistrer ou de diffuser, à l'insu de l'exécutant, l'interprétation d'une œuvre quelconque et d'en tirer profit, doit être considéré comme un délit ».

M. Paty (France). — Le principe de la reconnaissance légale des droits des artistes en matière de reproductions artistiques par radio-diffusion ou par le film ou le disque n'est plus aujourd'hui contesté.

Au cours de la Conférence diplomatique réunie à Rome en mai 1928 pour la révision de la Convention Internationale de Berne, avait été émis le vœu suivant :

« Que les gouvernements qui ont participé aux travaux de la Conférence envisagent la possibilité de mesures destinées à sauvegarder les droits des artistes exécutants ».

Depuis lors, des lois ont reconnu, dans divers pays, le droit de l'artiste sur son interprétation ; mais cette protection doit devenir internationale comme l'est celle des droits d'auteur.

Le premier Congrès juridique international de la T. S. F. (Paris 1925) qui groupait en même temps que les représentants des artistes, ceux des auteurs et ceux des compagnies d'émissions radiophoniques, adopta à l'unanimité un texte qui proclamait le droit exclusif des artistes d'autoriser ou d'interdire la reproduction de leur interprétation.

C'est ce texte très simple et très général que nous vous demandons de confirmer.

Quant aux propositions qui vous sont faites par M. le Président Eeman dans son lumineux rapport — présenté par M. Lescot — nous nous y associons dans la mesure où elles n'affaiblissent point la portée du principe général.

C'est pourquoi nous ne pouvons accepter la 1re partie du texte proposé, qui trop restrictif ne vise pas les cas d'utilisation de disques par les sociétés de radiophonie qui n'ont point traité avec l'artiste ou son représentant.

Par contre, nous nous rallierons à la dernière proposition qui constitue — quoique sous forme restreinte— la consécration du principe du droit moral des artistes, interprètes ou exécutants.

M. HOFFMANN (Allemagne). — Il est universellement reconnu qu'il faut protéger l'artiste exécutant contre une utilisation radiophonique lucrative de son œuvre ; et l'on est à peu près d'accord pour distinguer cette protection de celle accordée aux auteurs.

Faisant suite au vœu exprimé par le Congrès de Rome :
« que les gouvernements qui ont participé aux travaux de la Conférence envisagent la possibilité de mesures destinées à sauvegarder les droits des artistes exécutants », le seul gouvernement belge s'est saisi de la question grâce au projet de loi Destrée (1).

II. — *a*) Il faut à propos du droit des artistes exécutants distinguer nettement entre une protection contre la diffusion radiophonique et d'autre part, la fixation de l'œuvre quel que soit le procédé de cette fixation.

Ici en effet les raisons et la nécessité de la protection ne sont pas les mêmes. La reproduction par voie de radiodiffusion est quelque chose d'unique et qui se perd comme le son ou la fumée. L'auditeur écoute l'exécution qui s'évanouit en même temps qu'elle est née. L'exécution fixée soit sur le disque, soit dans le film sonore peut au contraire être répétée à tout moment. En imprégnant la matière elle est devenue une chose palpable, un objet, une marchandise. La protection contre les diffusions radiophoniques tend à faire éviter le préjudice que pourrait subir l'artiste du fait de cette reproduction unique : (or cette définition même du dommage montre déjà qu'il ne peut jamais être que très minime) ; la fixation de l'exécution peut au contraire entraîner un préjudice considérable. Il est théoriquement très possible que l'exécution fixée, (qui peut par suite être reproduite à tout moment, en tout lieu et autant de fois qu'on le désire), chasse l'exécution vivante de l'artiste.

Lorsque l'artiste exécute une œuvre devant le microphone d'un poste d'émission et sur l'ordre de ce dernier, une telle protection ne peut plus être envisagée (dans ce sens le projet de loi belge) ; car il a volontairement porté son exécution à la connaissance des auditeurs sans se préoccuper de leur nombre. En acceptant une rémunération fixe, il a implicitement autorisé tout auditeur à capter son œuvre. Et cela implique le cas où un auditeur transmet téléphoniquement à des abonnés

(1) *Rev. jur. int. Radioél.* 1930, p. 128. *Arch. Funk.*, 1930, p. 440.

l'exécution diffusée ; car ici encore l'émission unique, originale, est mise
à la disposition des écouteurs. La rémunération de l'artiste comprend
la reproduction par voie téléphonique, tout comme les droits perçus
pour la reproduction radiophonique d'une œuvre empêchent l'auteur de
demander de nouveaux honoraires dans le cas où un auditeur a transmis
l'émission par la voie téléphonique.

Néanmoins les exécutions de l'artiste seront de nouveau protégées
dès lors que les émissions de la société qui le rémunère se trouvent retransmises par une seconde station (Rebroacasting), peu importe que
la reproduction originale soit transmise à cette seconde station par
voie radioélectrique ou par voie téléphonique. Car, à la différence de la
retransmission par téléphone, la seconde station émettrice (Rebroascasting)
entreprend une nouvelle diffusion radiophonique. Dans un tel cas le
droit à la protection de l'artiste exécutant peut être doublement lésé,
d'une part par la première station (la station originelle), d'autre part
par la seconde station (Rebroacasting).

L'idée qui se trouve à la base de la protection de l'artiste exécutant
est que l'exécution ne doit, contre le gré de l'artiste qui en apparaît
comme le créateur, être utilisée à d'autres fins qu'à celles déterminées
par l'artiste lui-même au moment de la création ; si bien que, si l'exécution est intervenue en exécution d'un contrat, les termes de ce contrat
déterminent l'étendue de l'utilisation de l'œuvre par le cocontractant.

b) A remarquer que la fixation de l'œuvre de l'artiste peut intervenir
médiatement ou immédiatement après l'exécution (dans ce sens, la loi
anglaise du 31 juillet 1925, Dramatic and musical performers' protection
Act.). La fixation est immédiate lorsqu'elle est entreprise durant l'exécution même du chant, du discours, etc. ; peu importe l'endroit de l'exécution, théâtre, salle de concert ou station radioélectrique ; la fixation
médiate au contraire part d'une exécution déjà fixée (disque de gramophone, bande sonore). Mais la protection de l'artiste exécutant contre
la diffusion radiophonique ne comprend pas la protection contre la
fixation de son œuvre radiodiffusée ; bien au contraire le droit de protection contre la fixation de son œuvre repose sur une autre notion juridique.

Il faut d'ailleurs observer que la seule exécution immédiatement
diffusée par la société émettrice peut faire l'objet d'un droit de protection.
Ceci exclut donc la prise en considération des reproductions radiophoniques de l'œuvre déjà fixée par ailleurs (par exemple concert phono-
graphique). Comme il s'agit donc de la reproduction d'une reproduction,
ce problème doit être étudié à propos du droit de protection de l'exécu-

tant artiste contre la fixation de son œuvre ; car ce droit de protection englobera toutes les utilisations de la fixation de cette œuvre.

III. — Pratiquement donc le droit de l'artiste exécutant quant à la reproduction radiophonique de son œuvre ne s'appliquera qu'aux cas suivants :

a) L'artiste donne un concert ou une soirée musicale. Dans ce cas une reproduction radiophonique de l'exécution ne peut intervenir que s'il existe entre l'artiste et la société émettrice, un contrat, par lequel l'artiste consent à la diffusion. Si un tel contrat existe, une réglementation légale paraît superflue.

b) D'après le contrat de travail, l'artiste collabore à un ensemble (orchestre ou drame). Comme il s'agit dès lors d'une exécution d'ensemble, la protection de l'œuvre d'un seul ne peut être envisagée que si la valeur de cet artiste mesure la valeur de l'œuvre collaborée ; et ceci doit être déterminé dans chaque cas particulier (1). Par suite, le plus grand nombre des exécutants collaborant à de tels ensembles se voient refuser le droit de protection contre les diffusions radiophoniques.

La seule loi interne peut déterminer quels artistes bénéficieront de cette protection légale (1).

Il paraît même plus opportun de laisser aux organisations intéressées le soin de régler ces questions. Ainsi un accord intervenu entre l'Association des artistes dramatiques allemands et la « Deutsche Bühnenverein » à la date du 1ᵉʳ avril 1927 a posé en principe que les artistes ne peuvent refuser leur concours à la représentation radiodiffusée mais que chacun d'eux peut prétendre à une indemnité. Le montant de cette indemnité a été fixé par le tribunal arbitral spécial (2), de façon à assurer en tout cas à la direction 50 % des recettes provenant de la diffusion, tandis que l'exécutant peut au plus exiger 50 % de son salaire journalier.

Ainsi si un accord ne peut intervenir entre les associations intéressées, seule la loi interne peut régler cette question.

c) Est intéressant au point de vue pratique, puisqu'une protection interne est ici refusée, le cas du Rebroadcasting, soit que la première station émettrice ait consenti à la diffusion par la seconde, soit que l'émission rebroadcasting ait eu lieu sans l'assentiment de la station d'origine. Au point de vue juridique les deux cas se distinguent ainsi : dans le premier cas les prétentions de l'artiste exécutant sont dirigées

---

(1) Cas des instrumentistes d'un orchestre réglé par un arrêt de la Haute Cour de Copenhague du 12 avril 1927 (*Blaetter für Funkrecht*, 1927, p. 147).

(1) A l'exemple du décret italien du 20 août 1929.

(2) BUHNENSCHIEDSGERICHT, deux décisions du 6 novembre 1928, (*Arch. Funk.*, 1929, p. 46).

contre la première société émettrice, parce qu'elle a autorisé ce à quoi elle n'était pas elle-même autorisée ; tandis que dans le second cas, l'action est dirigée directement contre la station Rebroadcasting.

Ainsi si dans le premier cas la station d'origine et la station Rebroadcasting ont signé un contrat fixant des honoraires, la première station, vu les droits de protection de l'artiste exécutant, a géré sans autorisation les affaires de cet artiste (*negotiorum gestio*) ; si bien que l'artiste peut prétendre à une part déterminée de l'indemnité.

Or une législation interne reste sans effet ici dès qu'il s'agit de sociétés émettrices de nationalité différente ; et comme une réglementation internationale rencontrerait de grandes difficultés, il semble plus pratique de confier le règlement de cette question à l'Union internationale de radiodiffusion (Welt-Rundfunk-Verein), qui, en tant qu'association des praticiens de la radiodiffusion et étant donné son sens généralement reconnu du juste équilibre à maintenir entre les intérêts de la radiodiffusion et ceux d'autres activités, saurait donner au problème une solution équitable.

Il en ressort donc qu'une réglementation interne de cette question ne doit être envisagée qu'à la dernière extrémité et qu'une réglementation internationale doit d'abord être tentée par l'Union internationale de radiodiffusion.

IV. — *a*) La protection de l'artiste exécutant — et il ne s'agira ici que de la protection contre les diffusions radiophoniques de son œuvre, tandis que celle contre la reproduction mécanique ne sera pas examinée (contrairement au projet de loi belge qui comprend les deux mesures de protection) — consiste en une double prétention, l'une patrimoniale, consistant en une indemnité, l'autre au caractère personnel ou moral consistant en un droit à une bonne reproduction de l'œuvre.

1° Le droit patrimonial de l'artiste exécutant est une indemnité déterminée pour la diffusion radiophonique non autorisée de son œuvre et non le droit d'interdire une telle diffusion, sauf si des circonstances tout-à-fait particulières font prévoir une répétition du procédé alors que l'artiste excipe d'un juste intérêt à l'omission d'une pareille répétition. En tous cas l'artiste qui collabore à une exécution d'ensemble n'est pas en droit de refuser son concours sous le prétexte qu'il n'approuve pas la diffusion projetée.

Ce droit patrimonial que la doctrine française appelle très justement « droit à une rémunération supplémentaire », doit être accordé chaque fois qu'il s'agit d'un soliste ou d'un artiste dont la valeur détermine celle de l'exécution à laquelle il collabore et que la diffusion a lieu sans qu'un contrat soit intervenu entre l'artiste exécutant et la société émettrice, c'est-à-dire non pas uniquement dans le cas où l'artiste ne peut en vertu d'une licence légale accordée à la société émettrice ou en vertu d'une convention intervenue entre les associations intéressées s'opposer à la diffusion. Car, dans tous les cas, l'œuvre de l'artiste exécutant devient vis-à-vis des auditeurs une œuvre de la société émettrice, en d'autres termes une émission. Et, de même que la société émettrice fait valoir ses droits sur l'émission, de même l'artiste exécutant doit être admis à faire valoir des droits pécuniaires sur son œuvre.

2° Quant au droit moral, auquel peut prétendre l'artiste, il consiste en un droit à une reproduction non faussée et ne nuisant pas à la personnalité de l'artiste. Car étant donné que le seul objet de protection est une œuvre artistique, mais que ce terme s'applique à la réalisation d'un sujet créé, il faut aussi reconnaître à l'artiste exécutant un droit corollaire des droits généraux de l'individu.

Il ne faut d'ailleurs pas perdre de vue que le droit dit « bon à tirer » que demandait à plusieurs reprises la représentation des intéressés français ne peut être sanctionné en matière de diffusion radiophonique. Ce droit consiste en ce que la reproduction de l'œuvre doit être préalablement soumise à la revision de l'artiste, avec cette condition que la diffusion n'aura lieu que si l'artiste y consent. Ce droit, admis dans la pratique des éditions françaises (1) au profit des auteurs, ne peut être envisagé que si l'œuvre, dont l'utilisation lucrative est confiée par l'auteur à un tiers, est reproduite en de nombreux exemplaires : c'est-à-dire lorsqu'il s'agit de reproductions d'une œuvre fixée par le phonographe. En matière de radiophonie, cela ne fait pas question.

D'ailleurs, du moment que la société émettrice a mis en action tous les moyens de la technique actuelle pour une bonne reproduction de l'œuvre, l'artiste ne peut pas non plus de ce côté exciper de son droit moral. Chaque diffusion implique le risque d'une mauvaise réception dont la société émettrice ne peut que très rarement être rendue responsable. Par suite — et par là même le droit moral reste ici sans effet — une reproduction radiophonique, non conforme à l'œuvre, ne peut préjudicier au prestige de l'artiste, puisque chaque auditeur connaît les sources des défauts des émissions captées et ne conclut pas de là à la mauvaise qualité de l'œuvre reproduite.

b) On ne peut retenir la question de savoir quelle est l'étendue dans le temps de la protection qu'on vient d'examiner. Car un droit de protection ayant une certaine durée dans le temps ne peut être pris en considération pour les diffusions radiophoniques, mais uniquement pour la

____

(1) Cf. RAULT, Le contrat d'édition en droit français, Paris, 1927, p. 211.

fixation de l'œuvre par des méthodes techniques. Pour la même raison on n'envisage pas la question de savoir si les prétentions de l'artiste exécutant sont transmissibles par héritage ou cessibles ; elle aussi a un intérêt uniquement dans le cas de la fixation de l'œuvre artistique.

Ces questions particulières largement examinées par ailleurs (1), montrent une fois de plus que dans le problème de la protection de l'œuvre de l'artiste exécutant il faut nettement distinguer entre une protection contre les diffusions radiophoniques et, d'autre part, contre la fixation de l'œuvre.

M. REBER (Etats-Unis). — Il nous est impossible d'approuver le vœu adopté par le Congrès juridique de Rome et qui a été rappelé tout à l'heure. Les raisons qui nous en empêchent peuvent être données en peu de mots :

Nous croyons comprendre que le mot d'Artistes, tel qu'il est employé dans le vœu, comprend, comme c'en est l'intention, non seulement les artistes d'un talent extraordinaire (comme par exemple les solistes d'une supériorité reconnue) mais encore tous les musiciens quelconques (par exemple les membres d'un orchestre régulièrement employés par un hôtel ou à l'atelier d'une station de radio-diffusion) quels que soient leurs talents ou leur aptitude pour l'exécution créatrice. Dans une large mesure le vœu voudrait que les gouvernements s'engagent par une Convention internationale à faire passer des lois qui fixeraient la base sur laquelle les artistes (que leur talent soit extraordinaire ou médiocre) seront payés par les exploitants de radio-diffusion. En l'absence de toute circonstance extraordinairement urgente, ou même s'il en était, ceci ne rentrerait pas, dans les États-Unis, dans le cadre de la législation des États ou de l'Union et, à notre idée, ce ne rentrerait pas non plus, au point de vue des États-Unis du moins, dans le cadre d'aucun accord international.

Le montant à payer à un artiste pour des exécutions artistiques est, aux États-Unis, entièrement laissé au contrat à dresser entre les parties. La diffusion, le relai ou la retransmission d'une exécution de ce genre est également matière à contrat entre les parties. Si, en l'absence d'un contrat, quelque doute pouvait s'élever sur le point de savoir si, d'après la loi, l'exécution peut être radio-diffusée, il sera facile d'écarter ce doute au moyen d'un contrat visant spécialement la question. Au cas où les musiciens de l'orchestre d'un hôtel s'opposeraient à la radio-diffusion de leur exécution ou, si la radio-diffusion doit se faire, exigeraient une rétribution plus élevée, ils n'ont qu'à refuser d'exécuter le morceau si leur demande n'est pas écoutée. Si, au contraire, ils veulent bien jouer

____

(1) HOMBURG, p. 110, et MARWITZ, p. 308, *Arch. Urheberr.*, 1930.

le morceau pour la rétribution qui leur est offerte, que l'exécution soit transmise par radiodiffusion ou non, ils en font une affaire où la loi n'a rien à voir.

Aux États-Unis, la plupart des stations de radio-diffusion de quelque importance emploient à poste fixe un certain nombre de musiciens et d'autres artistes. En moyenne, les rétributions d'artistes sont sur une échelle dont les détails sont donnés dans un contrat entre l'exploitant et le syndicat des musiciens. Il n'y a aucun empêchement à ce que ces contrats prévoient à quelles conditions les exécutions pourront être relayées à d'autres stations pour y être radio-diffusées. Et ceci s'applique au propriétaire d'un hôtel et à l'orchestre qu'il emploie.

Autant que nous sachions, il n'y a pas eu de plainte aux États-Unis de la part de musiciens et autres artistes demandant à être protégés contre quelque mauvaise reproduction ou quelque altération de leur exécution due à quelque défaut de transmission ou quelque autre défaut technique à la charge des exploitants de radio-diffusion. La qualité des appareils de transmission dont se servent les stations de radio-diffusion s'améliore de plus en plus. En tout cas, il n'est nul besoin, à notre avis, d'aucun accord particulier international ou de législation nationale à ce sujet au seul point de vue de l'artiste. L'intérêt du public qui écoute, qui prime tout, exige que les appareils de transmission soient maintenus au niveau des derniers progrès techniques.

L'enregistrement d'une exécution artistique par le phonographe soulève une question que nous croyons tant soit peu différente. La question de savoir si la personne employant un orchestre peut faire un tel enregistrement est facile à résoudre par un contrat entre les parties. Mais supposons qu'un tiers, à l'insu de l'artiste et de celui qui l'emploie, s'empare de l'exécution reçue par radio-diffusion sur un appareil récepteur et l'enregistre sur un phonographe et en vende les disques au public. Ceci, naturellement, ne présente pas de question importante en pratique, à moins que l'artiste ne soit extraordinairement renommé ou populaire ; la musique courante d'orchestre peut être enregistrée bien mieux et à moins de frais par les entreprises qui en font profession et qui emploient les orchestres qui l'exécutent. S'il s'agit d'un artiste sortant de l'ordinaire, quoiqu'il semble clair qu'il devrait y avoir un droit à exercer *à l'encontre* de celui qui se rend coupable de la reproduction illicite, il est très difficile de décider, et nous n'essayerons même pas de le faire, à qui, de l'artiste ou du propriétaire de la radio-diffusion, ce droit appartient. Lorsqu'ils sont liés par un contrat, c'est ce contrat qui devrait prévaloir. S'il n'y a pas de contrat, on pourrait plaider en faveur de l'artiste que, bien qu'il ait consenti à la radio-diffusion de son exécution et, par suite, à la reproduction de cette exécution par un appareil récepteur, il n'a nullement consenti à ce que cette exécution soit reproduite de façon permanente et vendable ; on pourrait décider en faveur du propriétaire de la radio-diffusion que, ayant payé le prix convenu et peut-être aussi ayant dirigé et aidé de sa contribution l'exécution de l'œuvre, c'est à lui qu'appartient le droit de défendre ou de permettre qu'elle soit reproduite (1). Il y a encore une troisième partie à considérer aux États-Unis : celui qui a payé les frais de l'exécution dans un but de réclame et dont le négoce est peut-être étroitement lié, dans l'esprit du public, au nom et à l'exécution de l'artiste.

En tout cas cette question ne doit pas faire l'objet d'une convention internationale ; c'est uniquement la loi nationale qui doit régir la matière.

M. HOMBURG, *rapporteur général*. — Je constate la tendance du Comité américain en faveur d'une législation nationale plutôt que d'une réglementation internationale.

M. DIMENY (Hongrie). — En Hongrie, on diffuse, en dehors du studio de l'Opéra, du théâtre de la ville, du conservatoire de musique, de salles de concert, des églises, des restaurants et des cafés. La société concessionnaire qui fournit le programme, a des traités à ce sujet avec l'Opéra, le théâtre et le Conservatoire, selon lesquels il paie, pour la transmission, des forfaits à ces établissements. Les acteurs et artistes exécutants ne touchent pas d'indemnité, celle-ci étant comprise dans le forfait.

En ce qui concerne la taxe d'un programme diffusé d'une salle de concert, le studio s'entend de cas en cas avec l'artiste exécutant ou avec l'entrepreneur du concert.

Quant aux transmissions des cafés et restaurants, le studio fixe ses conditions avec les propriétaires de ces établissements — non avec les musiciens. Pour la diffusion de la musique exécutée dans ces établissements, le studio, abstraction faite de quelques exceptions — ne paie pas de redevance — étant donné que les établissements et les musiciens sont largement dédommagés par la réclame que le radio leur fait ainsi. De même le studio ne paie rien pour les transmissions qu'il diffuse des églises, des sociétés sportives, etc...

Les acteurs et artistes exécutants travaillant au studio même sont rémunérés de cas en cas par le studio, suivant leur valeur et l'importance du rôle dont ils sont chargés.

M. PATY (France). — Il faut remarquer qu'on emploie souvent pour les émissions des disques qui semblaient à l'origine destinés à un usage plus restreint et quasi privé.

(1) Voir Fonotipia Ltd. c. Bradley, 1909, 171 Fed. 951).

M. OLAGNIER (France). — Ce point soulève une question presque tragique pour beaucoup d'artistes et notamment pour les musiciens : c'est l'utilisation des disques pour la radiophonie.

Il y a là un abus manifeste parce qu'au moment où la plupart de ces disques ont été édités, il n'était nullement question de radiophonie. Au moment où les artistes ont auditionné pour ces disques, ils ont reçu une rémunération spéciale, compte tenu de ce que ces disques seraient joués en famille. Leur destination n'était en tout cas pas d'être diffusés aux quatre coins du monde. Par conséquent, je crois qu'il faut, dans une certaine mesure, prévoir la réparation due aux exécutants.

Je pense que cette question pourrait être étudiée par le Comité et qu'on pourrait prévoir une indemnité au profit des associations d'artistes et notamment au profit des artistes musiciens.

M. JOUBERT (France). — Les arguments de M. Olagnier ont leur valeur mais les droits qu'il revendique n'ont rien de commun avec les droits d'auteur.

M. PATY (France). — N'entrons pas dans la discussion de ces droits. Je constate, pour ma part, que l'idée que j'ai exposée l'année dernière a déjà franchi une étape.

M. JOUBERT. — Ce que j'ai dit c'est pour avancer plus rapidement. Nous ne buvons pas au même verre, mais nous buvons le même vin :

M. MOREAU. — Vous avez le devoir de parler des disques de radiodiffusion. Lorsqu'un interprète auditionne pour un disque, il touche x francs ; mais quel sera dans la suite le droit de cet exécutant ?

Cet abus des disques gêne considérablement les artistes de même que les films sonores mettent les musiciens dans une situation malheureuse.

Le Comité international de la T. S. F. devrait reconnaître ce principe du droit de l'exécutant. Une fois que ce droit sera reconnu, les artistes trouveront bien à l'avenir le moyen d'en tirer profit équitable.

Evidemment, ce droit de l'exécutant est différent de celui de l'auteur, mais nous devons mutuellement nous soutenir.

M. LESCOT (Belgique). — La question des disques se présente sous un double aspect : il y a d'abord la radiodiffusion des disques, puis la question plus grave de la captation sur disques des émissions radiodiffusées. Il faut nécessairement séparer les deux questions.

L'artiste interprète de disques peut s'opposer à la radiodiffusion s'il n'y a pas eu stipulation dans ce sens avant l'enregistrement. Il ne s'agit ici que d'une question de rédaction et nous nous rallions tout-à-fait à cette modification ; mais il est également nécessaire de prévoir l'enregistrement sur disques des émissions radiodiffusées. Pour les artistes, cette dernière éventualité est bien plus grave, car si la radiodiffusion d'un disque n'est en somme qu'une émission éphémère qui ne trouble que momentanément l'artiste, il n'en est pas de même de l'enregistrement sur disques d'émissions radiodiffusées, lequel peut porter un préjudice beaucoup plus grand.

M. HOMBURG, *rapporteur général*. — Lorsque M. Olagnier vous a dit qu'il ne pouvait se rallier aux dispositions complémentaires du rapport de M. Eeman, sur le droit moral c'est qu'il estimait que le texte était trop limitatif puisqu'il ne vise que les cas où l'interprète sera diffusé avec son consentement. Dans ce cas, il existe un contrat avec celui qui diffuse et la loi reste inutile.

Ce que demandent avant tout les artistes c'est d'être protégés contre les diffusions faites à leur insu par des tiers.

D'autre part, l'interprète doit être assuré d'une reproduction aussi parfaite que possible au point de vue technique, et aucune surprise ne doit avoir lieu dans l'esprit de l'auditeur qui est à l'écoute sur les conditions dans lesquelles la reproduction est faite ; le nom de l'artiste notamment doit être indiqué chaque fois que l'audition est donnée, de même qu'on doit signaler aux auditeurs s'il s'agit de disques ou non. Je rappelle à ce sujet le cas récent de Mlle Charny et de M. Franck. Ces artistes de l'Opéra devaient chanter devant le micro et au lieu de cela on a diffusé de mauvais disques antérieurement enregistrés sans indiquer qu'il s'agissait de disques. Il est certain que la réputation de ces artistes en a souffert.

M. JOUBERT (France). — C'est du choc des idées que jaillira la vérité ; on a fait tantôt la distinction entre les droits matériels et immatériels. En ce qui concerne l'artiste, de quels droits s'agit-il ? est-ce un droit de reproduction ou un droit d'exécution ? C'est un droit de reproduction et c'est pour cette raison qu'il ne peut être confondu avec le droit d'auteur. Que la reproduction ait lieu sur papier, sur disques, il s'agit toujours d'un droit matériel, tandis que l'exécution, elle, est immatérielle.

Alors, vous êtes dans un domaine particulier où vous pouvez prévoir. un droit de reproduction sur le programme, en vertu de votre contrat.

M. PATY (France). — Moi, je dis que sans les artistes, les auteurs n'existeraient pas. En défendant nos droits, vous défendez les vôtres.

M. ROYER (France) — Je dois faire une remarque en ce qui concerne la captation des émissions ; je pense que dans ce cas, le préjudice peut être extrêmement sérieux, mais il me semble qu'il n'y a pas beaucoup de fantaisistes qui s'amuseraient, pour obtenir un bon disque, à enregistrer les ondes !

M. PATY. — Cela s'est vu.

M. Royer. — C'est alors une soustraction frauduleuse, mais la chose m'étonne.

M. Paty. — Et les amplificateurs ? Par ce moyen, le résultat peut être surprenant.

M. Royer. — Vous soulevez là un point technique dont la réalisation me paraissait problématique. Je répète que, dans ce cas, il s'agit d'une soustraction frauduleuse.

M. Hoffmann a bien stipulé tantôt les cas dans lesquels l'artiste exécutant peut avoir à se trouver en présence d'une émission radiophonique. Il chante par exemple dans un théâtre où la soirée sera diffusée ; préalablement, cet artiste aura passé un contrat soit avec le directeur, soit avec le régisseur. Il possèdera donc un contrat de louage de services qui en principe lui donnera satisfaction. Il n'en est pas moins vrai qu'il devra être consulté et donner son consentement quant à la radiodiffusion.

Prenons ensuite l'artiste exécutant à l'auditorium ; il a encore là un contrat avec le directeur de la station; il a entière satisfaction puisqu'il sait qu'il sera diffusé.

La question devient plus délicate lorsque l'artiste exécutant est en même temps l'auteur. Je prend par exemple le cas du chansonnier devant le microphone. C'est le 3ᵉ cas de l'artiste-exécutant cité par M. Hoffmann,

Je me rallierai donc à l'avis de M. Moreau pour la reconnaissance du principe du droit de l'artiste, tout en tenant compte des points de vue de M. Hoffmann.

M. Paty (France). — Dans votre exemple, vous dites que l'artiste à l'auditorium est couvert par un contrat. Cela est juste pour autant qu'il n'y ait pas de relais ; sinon il faut des suppléments. Je rappelle à ce propos l'exemple de M. Joubert d'un poste central qui recevrait mille francs et dont l'émission serait relayée des centaines de fois !

M. Olaonier (France). — Ici, le droit de l'artiste peut être assimilé au droit de l'auteur, puisqu'on admet que l'auteur percevra pour chaque relai.

M. le Président. — Jusqu'à présent, je ne suis saisi que d'une seule proposition : celle de M. Lescot.

M. Gottschalk (B. I. T.). — Je demande la parole pour un amendement à cette proposition. Je vous apporte d'abord le salut du Bureau International du Travail qui suit vos travaux avec attention et par conséquent la discussion qui va avoir lieu sur les droits des artistes-exécutants ; j'ai écouté moi-même vos débats avec beaucoup d'intérêt et je suis sûr que le Bureau bénéficiera largement du résultat de vos délibérations. Vous n'ignorez pas que le B. I. T. est lui-même saisi de la question et qu'il l'a notamment étudiée dans la session qu'il a tenue en décembre 1929.

La Commission consultative des Travailleurs intellectuels a estimé qu'il était de toute nécessité que le Bureau international s'occupât de la question et la soumit à une de ses assemblées.

Le Bureau a rédigé un rapport à la 49e session du Conseil d'administration. Après le rapport du Bureau sur les travaux de la Commission consultative, le Conseil d'administration a estimé qu'il n'était pas suffisamment éclairé sur la nécessité de transformer le vœu de la Commission consultative en une proposition de Convention internationale du travail et il a demandé au Bureau de se documenter sur ce problème auprès des différentes législations. C'est pour cela que le travail auquel vous venez de vous livrer lui sera d'un grand secours dans l'étude de la question. Le Bureau après avoir étudié la question, la soumettra donc à nouveau au Conseil d'administration.

C'est donc très prochainement que la question reviendra au Consei d'Administration lequel sera saisi d'un rapport définitif du B. I. T., dans lequel celui-ci, après avoir consulté les organisations particulièrement ompétentes, estime qu'il y a lieu de soumettre la question à une assemblée en vue de la transformer en une convention internationale Je propose à cette fin que votre Congrès adhère au vœu qui aurait la portée suivante :

« Le Congrès décide de transmettre le vœu voté au Bureau International du Travail et exprime l'espoir que la question du droit de l'exécutant en matière de radiodiffusion et de reproduction mécanique fasse à bref délai l'objet d'une Convention nationale ».

M. le Président. — Je suis heureux de constater que nos travaux vont aboutir à des résultats pratiques. Je reprends donc le vœu de M. Lescot : Je fais remarquer que le texte initial portait que l'enregistrement frauduleux doit être considéré « comme escroquerie » ; « comme délit » convient mieux.

M. Olagnier (France). — Je crois que cette rédaction soulèvera des difficultés en ce qui concerne par exemple les artistes de la Comédie Française. A la Comédie Française, il y a une jurisprudence qui confère une sorte de droit aux artistes qui ont créé certains rôles. Avec ce texte-là, le créateur d'un rôle ne pourra plus interdire qu'un autre le remplisse.

M. Paty (France). — On n'en finirait plus alors !

M. Gneme (Italie). — Le vœu si nettement exprimé est contraire à la législation italienne ; chez nous, le concessionnaire a le droit de radiodiffuser.

M. Lescot (Belgique). — Dans ce cas, l'artiste le sait.

M. PATY. — A mon avis, M. Gneme peut néanmoins admettre le principe du vœu.

M. le PRÉSIDENT. — Y a-t-il à ce sujet quelque chose de spécial dans la loi italienne ?

M. GNEME. — Parfaitement, l'article 4 s'occupe de ce point.

M. le PRÉSIDENT. — M. Gneme peut voter contre le vœu ou s'abstenir. Ceux qui ne sont pas soumis à un droit public semblable doivent reconnaître le principe.

M. JOUBERT (France). — C'est de la licence obligatoire, purement et simplement.

M. le PRÉSIDENT. — Je mets donc aux voix le 1ᵉʳ paragraphe du vœu de M. Lescot :

« *La transmission radio-électrique d'une œuvre littéraire ou artistique ne peut se faire sans le consentement de l'interprète* ».

Tout le monde est d'accord ? Ce premier paragraphe est voté à l'unanimité, moins l'abstention de M. Gneme.

Nous passons maintenant au vote du 2ᵉ paragraphe :

« *Toutefois à défaut de stipulation contraire dans la convention d'engagement, les interprètes seront présumés d'accord pour autoriser la transmission radioélectrique* ».

Comme il n'y a que trois oppositions, je déclare ce paragraphe adopté

Voici maintenant le 3° paragraphe :

« Les exploitants des postes d'émission, de relai ou de retransmission verseront une équitable rémunération supplémentaire au profit des artistes dont les exécutions sont émises, retransmises ou autrement utilisées par les dits exploitants ».

M. OLAGNIER (France). — On devrait ajouter à la nomenclature « les postes récepteurs publics ».

M. KONIC (Pologne). — Une petite observation au sujet de « équitable rémunération » ; équitable me semble un terme superflu.

M. le PRÉSIDENT. — L'amendement de M. Olagnier d'ajouter « postes récepteurs publics » est-il appuyé ? Non, par conséquent je ne puis le mettre aux voix. Reste la suppression de « équitable ».

M. JOUBERT (France). — Le mot « équitable » n'ajoute rien, mais il laisse quand même supposer que la base doit être l'équité. Devant un magistrat, cela peut avoir de l'importance. Je suppose que l'artiste demande un prix exorbitant ; le juge peut dire « ce n'est pas équitable ».

M. HOMBURG. *rapporteur général*. — Je demande la suppression de ce paragraphe, parce que l'artiste est maître de discuter le prix de son concours. S'il s'agit d'une émission non autorisée par lui, ce sera un cas de délit ou de quasi-délit.

M. Lescot (Belgique). — Nous partons du principe qu'à défaut de convention, il y a présomption d'accord.

M. le Président. — Insiste-t-on pour le maintien du mot « équitable » ?

M. Lescot. — Je préfère la suppression.

M. le Président. — Nous allons voter sur le sort du mot « équitable » Par 11 voix contre 10, « équitable » est supprimé. Voici donc le 3e paragraphe tel qu'il vous est proposé :

Les exploitants des postes d'émission, de relai ou de retransmission verseront une rémunération supplémentaire au profit des artistes dont les exécutions sont émises, retransmises ou autrement utilisées par les dits exploitants.

Je déclare ce paragraphe adopté, sauf une opposition et une abstention.

Nous passons alors au paragraphe 4e :

« Même après avoir reçu la rémunération prévue et nonobstant toute stipulation contraire, l'exécutant conserve toujours le droit d'interdire des transmissions ou retransmissions qui seraient de nature à nuire à sa réputation ».

Pas d'opposition ? Je déclare ce paragraphe adopté à l'unanimité.

Et voici le dernier paragraphe :

« Le fait d'enregistrer ou de diffuser, à l'insu de l'exécutant, l'interprétation d'une œuvre quelconque et d'en tirer profit, doit être considéré comme un délit ».

Tout le monde est d'accord ? Je déclare ce paragraphe unanimement adopté.

M. le Président. — Je mets maintenant aux voix l'ensemble de la résolution de M. Lescot avec le vœu de M. Gottschalk. (Adopté à la majorité des voix).

La séance est levée à 12 h. 30.

SEPTIÈME SÉANCE

Vendredi 26 Septembre 1930 (matin)

Statut international des radiotélégraphistes.

La séance est ouverte à 9 h. 30 sous la présidence de M. Mahaim.

M. le Président. — Nous regrettons vivement l'absence de M. Vilallonga, dont M. Lapie va nous résumer le rapport.

M. Lapie (France). — Je dois d'abord vous présenter les vifs regrets de M. de Vilallonga qui n'a pu présenter personnellement les éléments de son rapport que je vais vous exposer. Il m'a prié de le remplacer ; la tâche en paraît assez lourde, aussi je vous demande l'appui de votre précieuse collaboration.

Le Troisième Congrès Juridique International de la T. S. F., tenu à Rome du 1er au 6 octobre 1928, a adopté à l'unanimité une résolution ainsi conçue :

« Le Congrès prie le Comité International de la T. S. F. de procéder, avec la collaboration de ses Comités nationaux et de tous les organismes internationaux compétents ou intéressés, à une enquête pour étudier la situation juridique et économique des opérateurs de T. S. F. ».

La portée de cette résolution, qui semblerait être extrêmement large d'après sa teneur, a été délimitée par la délibération qui a précédé le vote. Il a été, notamment, convenu que l'enquête envisagée ne devait viser que les opérateurs de bord, à l'exclusion des radiotélégraphistes affectés aux stations fixes (stations terrestres) et aux postes d'aéronefs(1). Il a été entendu, en outre, qu'avant de procéder à l'enquête proprement dite, le Comité International demanderait à la Fédération Internationale des Radiotélégraphistes de vouloir bien préciser ses revendications actuelles, celles-ci devant être prises en considération pour l'établissement du questionnaire à envoyer aux Comités nationaux et aux organismes de caractère international (2).

(1) V. *Troisième Congrès Juridique International de T. S. F.*, page 157.
(2) *Loc. cit.*, pp. 151 et 152.

A la suite de la demande qui lui a été adressée à cet effet, la Fédération Internationale des Radiotélégraphistes a adopté, au cours du
Congrès qu'elle a tenu à Copenhague en août 1929 un certain nombre
de résolutions qu'elle a communiquées à notre Comité central.

Une Sous-Commission désignée par ce dernier et composé de Me
Clavier et de M. Kiefé, ainsi que de Me Homburg, comme Secrétaire
Général, et du soussigné, comme rapporteur, a arrêté le texte d'un projet
de questionnaire (1), en prenant pour base — conformément aux indications du Congrès de Rome — les revendications actuelles des opérateurs, et cela afin de permettre au Comité international de décider,
en séance plénière et avec le concours d'experts qualifiés, lesquelles
parmi ces revendications pouvaient opportunément faire l'objet du
questionnaire définitif et sous quelle forme elles pouvaient y être
visées.

D'ailleurs, en rédigeant son projet, la Sous-Commission s'était
également inspirée d'une courte note que j'avais présentée personnellement au Congrès de Rome (2) et que celui-ci avait bien voulu retenir
comme point de départ de l'enquête à entreprendre (3). Elle a cru, finalement, devoir tenir compte de certaines délibérations internationales
récentes qui lui ont paru soulever des questions délicates relativement
au service des stations radiotélégraphiques de bord.

Le projet de questionnaire établi par la Sous-Commission a été sou·
mis au Comité International, à l'Assemblée Générale tenue par ce dernier
les 29 et 30 janvier 1930 et qui, par sa composition, était particulièrement
compétente en la matière. Cette Assemblée comprenait, en effet, outre
les membres du Comité, une importante délégation du Comité International Radio-Maritime (4), ainsi que des observateurs de la Shipping
Fédération (britannique) (5) et du Comité Central des Armateurs de
France (6), lesquels ont bien voulu fournir au Comité, avec la plus grande

___

(1) V. aussi *Revue juridique internationale de la Radioélectricité* no 22, Avril-Juin
1930, Bulletin du Comité International de la T. S. F., page 2).

(2) *IIIe Congrès juridique International de T. S. F. — Rome 1928. Etudes et
Rapports*, page 147 et suivantes.

(3) *Troisième Congrès Juridique International de T. S. F.* (Compte rendu), page 151.

(4) Cette délégation était ainsi composée : M. A. Dalix, Vice-Président du Comité
International Radio-Maritime, Directeur de la Compagnie Radio-Maritime, de
Paris ; M. R. Ferguson, Directeur-Général Adjoint de la Marconi International Marine
Communication Company, de Londres ; M. G. Lecourt, Avocat Honoraire à la Cour
d'Appel de Bruxelles, Fondé de pouvoirs de la Société Anonyme Intertnationale de
Télégraphie sans Fil, de Bruxelles ; M. S. M. Nayler, Chef de Bureau du Comité Inter-
national Radio-Maritime.

(5) M. Michael Brett, Secrétaire Général de la Shipping Federation,

(6) M. Jacques Marchegay, Secrétaire Général du Comité Central des Armateurs
de France, assisté de M. Rossigneux, Chef du Service technique dudit Comité.

courtoisie, toutes informations nécessaires en vue des décisions à prendre. Le délégué désigné par la Fédération Internationale des Radio-télégraphistes (1) a été empêché, au dernier moment, d'assister à la réunion. Toutefois, le point de vue des opérateurs a été exposé par le délégué de la Fédération Nationale (française) des Officiers Radiotélégraphistes (2), D'autre part, le Bureau international du Travail, qui englobe dans sa compétence toutes les questions concernant les conditions de travail à bord des navires de commerce, a bien voulu désigner un observateur (3) qui, de son côté, nous a fourni de très utiles informations.

Après une ample discussion, au cours de laquelle ont été examinés avec la plus grande attention l'opportunité et les effets possibles des questions comprises dans le projet qui lui avait été présenté par sa Sous-Commission, le Comité International en a supprimé quelques-unes et il en a simplifié d'autres, ou leur a donné une forme plus objective ou plus générale. Il a, finalement, arrêté le texte du questionnaire définitif (4), qui a été adressé, conformément à la résolution du Congrès de Rome, à tous ses Comités Nationaux et aux organismes internationaux compétents ou intéressés.

Les réponses qui ont été reçues au Secrétariat Général de notre Comité ne sont pas très nombreuses, mais étant donnée l'importance des pays et des organisations dont elles émanent, elles paraissent suffisantes pour servir de base au présent rapport et pour permettre au Congrès de Liége — qui recueillera d'ailleurs au cours de ses débats de nouvelles et précieuses informations — de formuler des vœux assez précis en ce qui concerne le statut international des radiotélégraphistes de bord.

Il importe maintenant d'analyser, point par point, ces réponses et d'essayer de dégager de cette analyse et pour chaque question une conclusion qui pourrait être proposée comme base de discussion à notre prochain Congrès.

Le questionnaire spécifie tout d'abord les navires visés, en vue de l'enquête, dans les termes suivants :

« Sur les navires effectuant une navigation maritime, et battant pavillon de votre pays, — à l'exclusion des navires de guerre » :
Question I.

---

(1) M. T. J. O'Donnell, Secrétaire Général de la Fédération.

(2) M. Francis Thos.

(3) M. Paul Rives.

(4) V. aussi *Revue Juridique Internationale de la Radioélectricité* nᵒ 22, Avril-Juin, 1930, Bulletin du Comité International de la T. S. F., page 17.

« Quelle est la situation juridique des radiotélégraphistes ? »

Cette question, dont la teneur est le résultat des délibérations de la Conférence tenue en janvier dernier, est formulée en termes extrêmement généraux. Elle comprend la presque totalité des questions formulées à la suite — en fait, toutes moins la dernière. Elle n'impliquait donc pas de réponse spéciale. C'est pourquoi la plupart des communications reçues se réfèrent simplement aux sources législatives dont résulte le statut des opérateurs.

Il importe néanmoins de remarquer ici que toutes les réponses reçues paraissent admettre l'assimilation des radiotélégraphistes de bord aux marins, ce qui présente un réel intérêt. Il convenait — comme le disait le Ministère belge des Chemins de Fer, Marine, Postes et Télégraphes (1) — de supprimer tout doute quant à la qualité de « marin » de ces agents, en vue de leur assurer les avantages qui s'y rattachent et de leur en imposer tous les devoirs. En conséquence, et pour ce qui est des stipulations internationales, toutes les Conventions visant le travail des marins — telles que les Conventions de Gênes (1920) concernant, respectivement : 1) le placement, 2) l'indemnité de chômage en cas de perte par naufrage (2) sembleraient devoir leur être appliquées, sous réserve toutefois des contrats spéciaux qui en rendraient les effets inutiles.

En tout cas, pour ce qui est de cette première question et en raison précisément des conditions particulières dans lesquelles sont engagés les radiotélégraphistes employés dans la marine marchande, le Congrès, pour répondre au désir légitime exprimé par les intéressés (3), pourrait émettre le vœu qu'un statut spécial et comprenant si possible toutes les dispositions éparses dans divers instruments diplomatiques, c'est-à-dire un statut complet, soit élaboré pour les opérateurs de T. S. F. affectés aux stations de bord.

Question 2.

« A quelles catégories de personnel navigant (état-major, maistrance, etc...) les opérateurs de T. S. F. sont-ils assimilés ?

« Quels sont les conditions et les effets de ces assimilations ? »

Cette question vise une des principales revendications des radio-

---

(1) Document daté du 4 Mars 1921, communiqué par la Société Anonyme Internationale de Télégraphie sans Fil de Bruxelles

(2) Mentionnées dans ma note au Congrès de Rome, V. *Congrès Juridique International de T. S. F., Études et Rapports*, pp. 149 et 152).

(3) Le représentant de la Fédération française a insisté beaucoup sur ce point au cours de la Conférence de janvier dernier.

télégraphistes. Ceux-ci réclament, en effet, leur assimilation à l'état-major du navire (1).

Or, il résulte des réponses reçues qu'en Allemagne, aux États-Unis d'Amérique, en Angleterre, en Belgique, en France, en Italie, les radiotélégraphistes sont assimilés tout au moins aux officiers subalternes et qu'ils bénéficient d'une façon générale du même régime que celui des officiers de bord. Cependant, cette assimilation est parfois subordonnée à certaines conditions. Ainsi, en France, pour jouir du rang et des prérogatives d'officier, un radiotélégraphiste doit avoir, outre son certificat, 24 ans révolus et 60 mois de navigation effective en qualité d'opérateur de T. S.F.

Il est juste, semble-t-il, qu'un âge et une expérience déterminés soient exigés des opérateurs pour leur accorder le rang d'officier, alors que des conditions analogues doivent être remplies pour devenir officier de navigation.

D'autre part, comme l'a fait remarquer le Professeur Torquato Giannini au Congrès de Rome, pour que le service maritime de T. S. F., qui touche de si près à l'intérêt public, soit assuré convenablement, il est indispensable que les opérateurs soient satisfaits de leur situation. L'on peut dire, en conséquence, qu'ils ont droit à certaines garanties, à certains traitements (2). L'assimilation au rang d'officier apparaît ici comme particulièrement importante, car elle constitue peut-être le meilleur moyen de développer, chez les radiotélégraphistes, le sens de la responsabilit. Comme le remarque justement, dans sa réponse, notre Comité Américain, cette assimilation tend à encourager le respect, la discipline et la haute conscience du devoir

Il semble donc que le Congrès serait fondé à émettre le vœu que le statut ci-dessus prévu sanctionne le principe de l'assimilation, dans certaines conditions, des radiotélégraphistes de bord aux officiers constituant l'état-major du navire.

**

Question 3.

« Un stage comme opérateur est-il exigé pour qu'un radiotélégraphiste puisse devenir chef de poste ? Dans l'affirmative, quelle est la durée de ce stage ? »

Dans ses Résolutions de Copenhague, la Fédération Internationale des Radiotélégraphistes demandait qu'aucun opérateur ne puisse de-

(1) V. Résolutions de Copenhague,
(2) *Troisième Congrès Juridique International de T. S. F.*, page 155.

venir chef de poste avant d'avoir accompli *en mer* un stage d'au moins six mois comme aide opérateur.

C'est cette résolution qui a donné lieu à la question formulée sous le n° 3. Malheureusement par suite d'une erreur typographique, deux mots ont été supprimés dans le texte français du questionnaire. Ce texte porte : « Un stage comme opérateur est-il exigé ...? » au lieu de « Un stage comme opérateur *de bord* est-il exigé ...? ». C'est sans doute en raison de cette circonstance fortuite que la plupart des réponses — presque toutes — se réfèrent aux conditions fixées par le Règlement Général annexé à la Convention de Washington de 1927, lesquelles prévoient six mois ou une année — pour les navires de 2e ou de 1re catégorie, respectivement — « d'expérience comme opérateur à bord d'un navire *ou dans une station côtière* ».

Cette dernière partie de la règle adoptée à Washington permet à un radiotélégraphiste qui ne s'est jamais embarqué de devenir immédiatement chef de poste à bord d'un navire. Or, la question posée est celle de savoir s'il ne conviendrait pas, pour la sécurité de la navigation et pour le bon fonctinonnement du service radiotélégraphique de bord, d'exiger une certaine expérience *maritime* de la part de l'opérateur appelé à assumer la responsabilité de ce service. A mon avis, poser cette question c'est la résoudre. C'est, d'ailleurs, la résoudre comme elle a été résolue pour les navires battant pavillon britannique. En effet, conformément au Règlement du 14 juin 1927 (Statutary Rules and Orders, 1927, n° 529), les navires de chacune des trois catégories prévues doivent embarquer des radiotélégraphistes possédant de *l'expérience comme opérateurs en mer* (« experience as an operator at sea »). La durée du stage maritime exigé est de trois ans ou de six mois suivant la catégorie du navire (1).

La législation n'est peut-être pas aussi stricte dans d'autres pays. Mais l'on peut affirmer, avec notre Comité Américain, qu'il est unanimement reconnu qu'un chef de poste doit être un homme expérimenté, son expérience maritime devant être au minimum de six mois.

Quant à moi, je n'hésite pas dans ces conditions à proposer que le Congrès émette, sur ce point, un vœu conforme à la résolution adoptée par la Fédération Internationale des Radiotélégraphistes.

****

Question 4.

« Quels sont, en fait, les certificats exigés des radiotélégraphistes, simples opérateurs ou chefs de poste, sur les navires des différentes catégories ? »

(1) V. articles 10, 12 et 15 du Règlement précité.

Cette question est motivée par le paragraphe 2 de la Résolution 1 de la Fédération internationale des Radiotélégraphistes aux termes de laquelle les dispositions de la Convention de Washington devraient être modifiées en ce sens que le certificat de deuxième classe n'autorise son titulaire à devenir chef de poste que dans les navires de troisième catégorie. Le projet de questionnaire indiquait d'une manière très précise la portée de la question, mais le texte proposé a été fortement remanié par le Comité international au cours de la Conférence de janvier dernier. Il en est résulté une question très générale et qui devait donner lieu à des réponses du même ordre.

Celles qui concernent l'Allemagne, l'Angleterre et la France renvoient purement et simplement à la Convention de Washington.

La question ne semble pas se poser en Italie, où tous les radiotélégraphistes de la compagnie qui a le monopole de l'exploitation (la Societa Italiana Radio Marittima) « possèdent le certificat de 1ʳᵉ classe ».

Quant à la Belgique et aux Etats-Unis, le certificat de première classe paraît y être exigé pour devenir chef de poste à bord des navires de la première catégorie

En réalité, comme on l'a fait justement remarquer au cours des délibérations du Comité international (1), on se trouve ici en présence de deux thèses opposées relativement à la portée et aux conditions d'obtention du certificat de deuxième classe. Mais, depuis que ces deux thèses se sont affrontées à Washington, il a été tenu à Londres — en 1929 — une Conférence pour la sauvegarde de la vie humaine en mer. Or, cette Conférence, qui a élaboré dans ce but une Convention générale, a d'autre part inséré dans son Acte Final un protocole aux termes duquel les Gouvernements contractants se sont engagés à faire tous leurs efforts pour obtenir une modification de la Convention de Washington qui permettrait de réduire les exigences auxquelles doivent satisfaire les oéprateurs en vue d'obtenir leurs certificats.

Les Parties Contractantes — comme il est spécifié dans ledit Protocole — ont estimé que cette modification — en somme, la stipulation de conditions plus faciles pour obtenir le certificat de deuxième classe — était nécessaire pour l'extension de la radiotélégraphie maritime, et pour « augmenter ainsi en général la sécurité de la vie humaine en mer ».

Etant donnée cette tendance si nettement marquée par la Conférence de Londres, il semblerait difficilement opportun, pour le moment, de proposer au Congrès Juridique International de T. S. F. d'émettre un

(1) Intervention de M. Dalix, Directeur de la Compagnie Radio-Maritime Française ; Voir *Revue Juridique Internationale de la Radioélectricité* n° 22, Avril-Juin 1930, Bulletin du Comité International de la T. S. F., page 15.

vœu dans le but de rendre plus strictes les règles adoptées à Washington, en 1927, en ce qui concerne les conditions dans lesquelles peuvent être délivrés les certificats de radiotélégraphiste et les emplois auxquels peuvent avoir accès leurs titulaires.

***

Question 5.

« Le nombre des radiotélégraphistes requis dans chaque station de bord, quand celle-ci est obligatoire, est-il déterminé ? »

Comme j'ai cru devoir le faire remarquer en 1928 (1), cette question est en rapport assez étroit avec les questions plus générales des effectifs et des heures de travail à bord, qui n'ont pas encore pu être résolues d'une manière internationale. Elle est, de ce fait, extrêmement délicate.

En France et en Italie — d'après les réponses recueillies par le Comité International Radio-Maritime, — le nombre d'opérateurs requis dans chaque station est fixé en prenant pour base la durée du service et le principe des 8 heures de travail. Ce système est également appliqué en Belgique, où cependant, comme le fait remarquer le Comité national Belge, le nombre d'opérateurs peut être réduit quand l'installation radiotélégraphique de bord comprend un appareil d'auto-alarme. Le Règlement britannique du 14 juin 1927 tient compte aussi de cette circonstance — ainsi que de la durée du service et de la catégorie du navire — pour déterminer le nombre requis de radiotélégraphistes (2).

Le caractère délicat de la question ne permettrait sans doute pas de se prononcer d'une manière trop précise sur ce point. Toutefois, étant donné que sont en jeu ici, non seulement le désir légitime exprimé par les opérateurs d'éviter l'obligation d'un travail accablant, mais encore un intérêt général de sécurité, le Congrès pourrait émettre le vœu que les navires obligatoirement munis d'un poste de T. S. F. embarquent un nombre suffisant d'opérateurs pour en assurer convenablement le service, compte tenu de l'existence ou non à bord d'un appareil d'auto-alarme.

***

Question 6.

« Est-il interdit au Commandant d'un navire de confier aux opérateurs des tâches étrangères au service radiotélégraphique ? »

Sur cette question, les réponses sont extrêmement divergentes.

(1) V. *IIIe Congrès Juridique International de T. S. F., Rome* 1928, *Etudes et Rapports,* page 150.
(2) V. articles 10 et 12.

En Italie, il est interdit au Commandant de confier aux opérateurs des tâches étrangères au service de T. S. F. Il est seulement recommandé aux radiotélégraphistes de se rendre utiles à bord Par contre, en Allemagne et en France — d'après les réponses communiquées par le Comité International Radio-Maritime —, il ne serait pas interdit au Commandant de confier de telles tâches aux opérateurs L'Angleterre et la Belgique paraissent avoir adopté un système intermédiaire — sauf pour les navires de la première catégorie, où l'interdiction visée par le questionnaire existe toujours. Ce système consiste, pour ainsi dire, à éviter que les radiotélégraphistes soient chargés de ces travaux supplémentaires au détriment de leur service propre ou de manière à porter préjudice à leurs périodes de repos.

Il convient de faire remarquer ici que, d'après la réponse de la Fédération Nationale (française) des Officiers Radiotélégraphistes, il serait généralement interdit, en France, de confier aux opérateurs des tâches étrangères au service radiotélégraphique, « s'il n'est pas stipulé, lors de l'embarquement, que le télégraphiste participera à d'autres travaux ».

Cette indication paraît bien avoir pour effet de placer la question sur son véritable terrain. C'est probablement d'une manière contractuelle, et notamment par des contrats collectifs — comme il semble que ce soit le cas en Ang. terre, — que les travaux supplémentaires susceptibles d'être confiés aux radiotélégraphistes pourraient le mieux être déterminés.

Le Congrès pourrait peut-être se prononcer dans ce sens, à moins qu'il n'adopte un vœu de rédaction assez large et s'inspirant du système appliqué en Angleterre et en Belgique — système qui constitue sans doute une juste transaction entre les deux solutions extrêmes de la question.

*
* *

Question 7.

« L'usage du radiogoniomètre est-il exclusivement réservé au radiotélégraphiste, lorsqu'il existe un radiotélégraphiste à bord ? »

Dans les pays visés par les réponses reçues et à l'exception de l'Italie et de la Finlande, l'usage du radiogoniomètre n'est pas réservé à l'opérateur de T. S. F. En Allemagne, il est même généralement confié aux officiers de bord et non au radiotélégraphiste. C'est également le cas pour les navires battant pavillon des États-Unis, d'après la réponse du Comité Américain, qui fait en outre remarquer que le radiogoniomètre se trouve presque toujours placé sur le pont et non dans la cabine destinée à l'installation de T. S. F.

Dans ces conditions, un vœu basé sur la revendication formulée à ce sujet par les opérateurs aurait, semble-t-il, bien peu de chances d'être pris en considération.

*
* *

Question 8.

«L'appel automatique est-il utilisé ou envisagé dans les installations de bord ? »

A la différence des questions précédentes, celle-ci n'a pas été soulevée par les radiotélégraphistes, mais par une proposition émanant du Commandant Brenot, Président du Syndicat Professionnel des Industries Radio-Electriques (françaises), et communiquée par moi en 1928, au Congrès de Rome. Pour ceux des délégués et congressistes qui n'auraient pas eu connaissance de la note que j'avais soumise à notre Troisième Congrès, je crois devoir reproduire ici les termes employés par l'éminent technicien français afin de justifier sa proposition.

« Lorsque le navire est envahi par l'eau et que l'eau gagne le poste émetteur lui-même — faisait remarquer M. Brenot — le télégraphiste conscient de son devoir (et de nombreux exemples ont montré que cette conscience avait souvent été poussée jusqu'à l'héroïsme) reste néanmoins à son poste pour appeler au secours et sacrifie ainsi son existence. S'il y a un dispositif automatique d'appel, le télégraphiste pourra évacuer en temps utile, et néammoins le navire continuera à appeler au secours tant que le poste de T. S. F. ne sera pas entièrement envahi par l'eau. Le navire appellera encore au secours pour les canots de sauvetage naviguant autour de lui » (1).

Il convient, d'ailleurs, de faire remarquer que l'appel automatique — outre qu'il permet au radiotélégraphiste d'évacuer en temps utile le navire en perdition sans crainte de faillir à son devoir — paraît destiné à contribuer sensiblement à sauvegarder la vie de tout l'équipage et des passagers.

En admettant même que l'héroïsme soit la règle, il y a lieu de prévoir des exceptions, c'est-à-dire des cas où l'opérateur — le navire étant sur le point de couler — quittera le poste de T. S. F. alors que celui-ci sera encore en état de fonctionner. Or, ce seraient peut-être les derniers appels de détresse, lancés au moment même où le navire va sombrer, qui seraient entendus et feraient accourir d'autres navires pour assurer le sauvetage des naufragés réfugiés dans les canots.

L'intérêt que présente l'appel automatique pour la sauvegarde de la vie humaine en mer n'a pas échappé à la Conférence de Londres

(1) *L'Industrie Française Radio-Electrique*, Mars 1928, page 15.

de 1929, qui a examiné la question de savoir s'il n'y avait pas lieu de rendre obligatoire l'emploi de l'appareil dont il s'agit. Si elle n'a pas cru pouvoir trancher cette question par l'affirmative, c'est que ledit appareil, d'invention française, n'existe encore pour ainsi dire qu'en France (1).

Cependant, les réponses à notre questionnaire sont plutôt encourageantes.

En France, l'appel automatique est déjà utilisé par la Compagnie des Messageries Maritimes et son emploi est envisagé par diverses autres Compagnies (2). En Allemagne, où il n'est pas encore en application, « les fabricants ont entrepris la construction de ces appareils » L'emploi de l'appel de détresse automatique est également envisagé aux États-Unis et en Italie.

Étant donnés ces réponses et l'intérêt d'humanité qui se trouve en jeu, le Congrès pourrait sans doute voter, sur ce point, une ésolution recommandant aux intéressés et aux autorités compétentes de poursuivre activement l'étude de la question en vue d'aboutir le plus tôt possible à sa solution

*
* *

Comme conclusion du présent rapport, je propose au Quatrième Congrès Juridique International de T. S. F. de prendre pour base de discussion, en vue de ses débats, les deux projets de résolutions ci-après :

I

Le Congrès émet le vœu

1) Qu'un statut complet, comprenant toutes les règles relatives aux conditions de travail des radiotélégraphistes employés sur les navires effectuant une navigation maritime — à l'exclusion des navires de guerre — soit élaboré et promulgué dans chaque pays ;

2) Qu'une enquête officielle soit instituée par le Bureau International du Travail, en vue de déterminer s'il est possible et dans quelle mesure de rendre uniformes les différents statuts nationaux concernant les opérateurs de bord, et que cette enquête porte notamment sur la question de savoir si les principes ci-dessus énoncés pourraient être sanctionnés

____

(1) Déclarations de M. Dalix, à la réunion tenue par le Comité International en .ier 1930. V. *Revue Juridique Internationale de la Radioélectricité*, n° 22, Avril-Juin , Bulletin du Comité International de la T. S. F., pages 16 et 17.

(2) V. Réponse de la Fédération Nationale des Officiers Radio-télégraphistes de la Marine Marchande.

d'une manière internationale (par les assemblées diplomatiques compétentes) ;

« *a*) Les radiotélégraphistes doivent être assimilés, dans certaines
« conditions à fixer, aux officiers constituant l'état-major du navire ;

«   *b*) Aucun opérateur ne peut devenir chef de poste avant d'avoir
« accompli en mer un stage d'au moins six mois comme aide opérateur ;

«   *c*) Les navires obligatoirement munis d'un poste de T. S. F. doivent
« embarquer un nombre suffisant d'opérateurs pour en assurer conve-
« nablement le service, compte tenu de l'existence ou non à bord d'un
« appareil d'auto-alarme ;

«   *d*) Les Hautes Parties Contractantes s'engagent à faciliter la con-
« clusion d'accords collectifs entre les intéressés afin de déterminer
« les tâches étrangères au service radiotélégraphique qu'il n'est pas
« interdit au Commandant de confier aux opérateurs. Ceux-ci, d'une
« façon générale, ne doivent pas être chargés de travaux pouvant nuire
« à leur service propre ou à leurs périodes de repos ».

II

Le Congrès émet le vœu

Que les intéressés et les autorités compétentes de chaque pays poursuivent activement l'étude de la question concernant l'emploi de l'appel
automatique de détresse, en vue d'aboutir le plus tôt possible à une
solution positive de cette question.

M. REBER (États-Unis). — La Section Américaine est d'avis que
le Comité international devrait renvoyer toute décision formelle au sujet
d'un règlement international sur les opérateurs de la Télégraphie sans
fil jusqu'à ce que la nature des questions internationales qui s'y rattachent
ait pris plus d'envergure.

M. DIMÉNY DE FARKASLAKA (Hongrie). — *ad.* 1) La situation juridique des radiotélégraphistes ne diffère en rien de celle des officiers de
marine ; en dehors des lois et des décrets maritimes, ce sont les engagements contractés avec le Commandant du navire, qui règlent également
les conditions juridiques des radiotélégraphistes.

ad. 2) Il n'y a pas de loi, qui indiquerait la catégorie, dans laquelle
les radiotélégraphistes soient placés. Cette question n'est pas réglée en
Hongrie. Dans la pratique ils sont assimilés en général aux officiers du
navire.

ad. 3) Le service radiotélégraphique sur les navires hongrois est
toujours fait par un seul opérateur, par conséquent, il n'y a pas de stage
à faire.

ad. 4) Les certificats exigés sont ceux d'un simple opérateur prescrit par le Règlement international radiotélégraphique de Washington 1927.

ad. 5) Le nombre des radiotélégraphistes n'est pas déterminé.

ad. 6) En vertu des conditions arrêtées dans le contrat d'engagement, si le Commandant le désire — surtout dans les escales — où le service de l'opérateur de T. S. F. ne se fait pas, le radiotélégraphiste est tenu de faire des travaux d'écriture et, si besoin est, d'aider l'état-major au frêt du navire.

ad. 7) A bord des navires dont l'état-major est apte à la manipulation du radiogoniomètre, ce travail peut se faire aussi bien par l'état-major que par le radiotélégraphiste. Dans tout autre cas, l'usage du radiogoniomètre est réservé exclusivement au radiotélégraphiste.

ad. 8) N'ayant que des navires marchands, dans les installations de bord l'appel automatique n'est pas utilisé et tant que cette installation sur navires marchands n'est pas obligatoire, nous n'avons pas l'intention d'en monter.

M. le Président. — Je suppose que c'est de l'enquête que résulteront probablement les propositions à faire. Je n'ouvre pas une discussion générale sur l'ensemble de l'enquête, mais je demande à M. Lapie de nous en traduire les résultats.

M. Lapie (France). — Question 1. — Quelle est la situation juridique des radiotélégraphistes ?

M. le Président. — Qu'entend-on par « juridique » ?

M. Lapie. — On demandait si les radiotélégraphistes avaient une situation précisée par des textes, s'il y avait un statut spécial pour les radiotélégraphistes à bord des navires.

La réponse à cette question a été tout un envoi de documents législatifs. Seulement, on a remarqué par une grande partie des réponses qu'il y avait une deuxième question qui se posait : Quelle est la situation juridique, non seulement au point de vue général, mais aussi au point de vue des textes, vis-à-vis des autres personnes qui se trouvent à bord des navires, et principalement vis-à-vis des officiers ? Et presque toutes les réponses paraissent dans ce sens assimiler les radiotélégraphistes aux marins, c'est-à-dire à les confondre dans l'ensemble de l'équipage.

Je me permets donc d'émettre le vœu que toute l'assemblée voudra sans doute appuyer, à savoir « que tous les radiotélégraphistes à bord des navires » soient considérés comme faisant partie de l'équipage.

M. de Vilallonga émet cette proposition quand il dit : « Le Congrès pourrait émettre le vœu qu'un statut spécial et comprenant si possible toutes les dispositions éparses dans divers instruments diplomatiques, c'est-à-dire qu'un statut complet soit élaboré pour les opérateurs de T. S. F. affectés aux stations de bord ».

La question principale c'est que les radiotélégraphistes soient considérés, sans discussion possible, comme membres de l'équipage. J'ai choisi le terme « membres de l'équipage » qui me semble plus exact que « marins ».

M. GOTTSCHALK (B. I. T.). — Le mot « marin » me semble suffisamment large, il signifie : toute personne travaillant à bord d'un navire.

M. LAPIE. — Il s'agit ici de l'application de conventions générales.

M. PATY (France). — Ce personnel de radiotélégraphistes, s'il n'était pas soumis aux règles de la marine, recevrait-il les ordres des Cies de T. S. F. ou bien de la Marine ? Il y a là une distinction qu'il serait intéressant d'établir aujourd'hui.

M. LAPIE (France). — L'intervention de M. Gottschalk répond en somme à ce que vous demandez. Si les radiotélégraphistes ne sont pas considérés comme marins, ils sont alors traités comme employés d'une société de T. S. F. Mais il y a toujours un intérêt majeur à ce que le capitaine soit maître de son navire.

M. GNEME (Italie). — Cela a été prévu par l'article 8 de la Convention de Washington, qui prévoit que :

1º Le service radioélectrique d'une station mobile est placé sous l'autorité supérieure du Commandant ou de la personne responsable du navire, de l'aéronef ou de tout autre véhicule portant la station mobile ;

2º Le Commandant ou la personne responsable, ainsi que toutes les personnes qui peuvent avoir connaissance du texte ou de l'existence des radiotélégrammes, ou de tout renseignement quelconque obtenu au moyen du service radioélectrique, sont soumis à l'obligation de garder et d'assurer le secret des correspondances.

M. LAPIE. — La question suivante est posée comme suit : « A quelles catégories de personnel navigant (état-major, maistrance, etc...). les opérateurs de T. S. F. sont-ils assimilés ? Quels sont les conditions et les effets de ces assimilations ?

La réponse à ces questions c'est qu'en général les radiotélégraphistes sont assimilés tout au moins aux officiers subalternes et que d'une façon générale, ils bénéficient du même régime que les officiers de bord.

Seulement à côté des conditions d'égalité de traitement, il y a des conditions particulières et nous devons nous demander s'il faut encou rager cette égalité ou s'il faut la soumettre à certaines conditions.

Les conditions principales sont celles-ci :

Conditions d'âge et d'expérience : L'expérience est particulièrement importante : on ne pourrait par exemple confier le poste de radiotélégraphiste à bord d'un navire à quelqu'un qui ne serait jamais allé en mer, ou à quelqu'un qui, étant déjà allé en mer, n'y aurait pas vécu comme opérateur. La radiotélégraphiste doit avoir fait un stage et on pourrait imposer comme minimum d'âge, la même condition qu'en France, 21 ans accomplis.

M. Gneme (Italie). — On a étudié longtemps la question de l'obligation pour les navires d'être pourvus de stations radio-télégraphiques. Aujourd'hui, on a institué une catégorie spéciale d'écouteurs avec des conditions réduites, ce qui avait déjà été indiqué dans la Convention de Washington, mais n'avait jamais été appliqué. Il y a aussi l'application d'appareils automatiques dont nous parlerons plus tard.

Il y a des États où les radiotélégraphistes ne sont pas tellement nombreux qu'on ne peut exiger des conditions supérieures pour occuper les postes disponibles. D'autre part, il faut aussi songer qu'on ne peut imposer à certains navires, une dépense considérable pour leur service de radio.

Lorsqu'il ne s'agit pas de service public, il faut seulement assurer un service d'écoute pour le compte du navire et dans l'intérêt de la sécurité.

Dans ces conditions, il n'est pas possible de traiter tous les radio-télégraphistes comme officiers de marine.

Dans la législation italienne, on a déjà prévu la division des radio-télégraphistes en deux catégories : l'une de 1re classe tarifée au traitement des officiers, l'autre, de 2e classe, tarifée au traitement des sous-officiers.

Par conséquent, je ne peux pas appuyer ce vœu tendant à assimiler au grade d'officier tous les radiotélégraphistes. D'autre part, il s'agit de conditions particulières, propres à chaque pays.

M. Bécu (A. O. M. M) — Je me permettrai d'exprimer l'opinion des officiers de la marine marchande en général et des radiotélégraphistes en particulier. Les radiotélégraphistes devraient être considérés à bord des navires, non pas comme des assimilés au grade, mais devraient faire partie de l'État-major, à titre d'officiers de bord.

M. le Président. — Vous venez d'entendre ce qui se passe en Italie. Il y a des assimilés aux officiers et d'autres aux sous-officiers. Vous êtes donc opposé à ce régime.

M. Bécu. — Certainement et j'exprime ainsi l'opinion générale du monde des marins. Je ne comprends pas pourquoi la situation du radio-télégraphiste ne serait pas considérée comme élevée, ceci afin que le titulaire conçoive mieux sa responsabilité, comme on l'a déjà fait remarquer au Congrès de Rome.

M. le Président. — Nous prenons acte de votre remarque, mais nous vous faisons également remarquer que vous ne renversez pas l'argument de M. Gneme, puisque dans certains pays, il n'y a pas assez d'aspirants.

M. Gneme (Italie). — Il s'agirait cependant d'établir des catégories spéciales de navires. Je conçois par exemple que les radiotélégraphistes à bord des grands transatlantiques soient officiers, parce que, pour ces bateaux, la station de T. S. F. exige beaucoup de connaissance et de travail ; mais pour un cargo de 600 tonnes, on ne peut exiger la présence d'un radiotélégraphiste qui enverrait peut-être un télégramme par an, et encore ce radiotélégraphiste serait assimilé au grade d'officier !

M. Gottschalk (B. I. T.). — Dans ce cas, y aura-t-il un radiotélégraphiste à bord ?

M. Gneme. — Tout au moins un écouteur.

M. Gottschalk. — Rentre-t-il dans la catégorie des radiotélégraphistes professionnels ?

M. le Président. — Nous admettons l'écouteur comme radiotélégraphiste ?

M. Bécu. — Absolument.

M. Lapie. — Nous avons intérêt à avoir le plus de radiotélégraphistes possible. D'après les réponses au questionnaire, la meilleure façon pour avoir de bons radiotélégraphistes, c'est de les rendre conscients de leur responsabilité en les assimilant au grade d'officiers.

M. Gneme (Italie). — Je ne saisis pas le rapport entre la responsabilité et le grade d'officier ; la responsabilité est la même s'il reste sous-officier ; il y a des règlements qu'il s'agit d'observer strictement.

M. Bécu (A. O. M. M.). — Le télégraphiste qui fait aujourd'hui du service à bord d'un important bâtiment, peut être employé demain dans un bateau de 3e catégorie. Donc, selon vous, après avoir été officier il redeviendrait à ce moment sous-officier. Cette situation ne me paraît pas logique.

M. le Président. — Si je comprends bien M. Gneme, il s'agit de raisons d'économie ou transitoires en attendant qu'on ait assez de bons télégraphistes. On ne peut non plus imposer à n'importe quel navire d'avoir un radiotélégraphiste.

M. Gneme (Italie). — La question « économie» est importante ; à bord des transatlantiques, le radiotélégraphiste doit transmettre, recevoir et obvier à tout accroc dans l'installation ; tandis que dans les cargos le service est fort réduit et les connaissances exigées pour ceux qui assurent le service sont beaucoup moindres.

M. Mellet (France). — Je fais remarquer qu'il y a trois étapes dans la carrière du radiotélégraphiste : on est d'abord stagiaire, puis aspirant-officier, enfin officier.

M. GNEME. — Je pense que nous ne pouvons ici entrer dans tous ces détails ; la question principale est : le radiotélégraphiste doit-il être considéré comme officier ? Je réponds *a priori* : non.

M. MELLET. — Je croyais que vous disiez oui pour les grands bateaux et non pour les petits. Au fond, ce n'est qu'un détail.

M. GNEME. — Cela peut avoir une valeur d'information, mais ne peut déterminer un vœu.

M. MELLET. — Je pense qu'un vœu dans ce sens ne serait pas inopportun.

M. HOMBURG, *rapporteur général*. — Si les officiers sur les petits cargos ont de moindres appointements que sur les transatlantiques, la question d'économie semble résolue *ipso facto*.

M. VAN HEEMSTEE (Belgique). — La Convention de Washington reconnaît deux catégories et des classifications secondaires de téléphonistes. Il faut, à mon avis, admettre tout au plus comme officiers les radiotélégraphistes en possession du certificat délivré par les divers gouvernements.

M. le PRÉSIDENT. — Je crois que nous pourrions nous orienter vers la formule que les radiotélégraphistes devraient être — dans un certain avenir — assimilés aux officiers. Si vous demandez qu'ils soient assimilés dès aujourd'hui, je crois que nous allons nous heurter à des difficultés.

M. GOTTSCHALK (B. I. T.). — Je puis vous donner quelques renseignements sur la situation des principaux pays : en Espagne, les télégraphistes sont considérés comme officiers, en France, comme officiers ou sous-officiers, en Grande-Bretagne, comme officiers de pont.

M. LAPIE (France). — Quelle est la situation exacte en Italie ? D'après l'enquête du rapporteur, les télégraphistes sont là-bas considérés comme officiers d'un ordre spécial. Nous sommes précisément ici pour préciser les points obscurs de l'enquête, il est beaucoup plus facile de s'entendre au cours d'une conversation que par des réponses à un questionnaire. De même, il est bon de s'informer des tendances, des législations actuelles. Selon les lois existantes, dans des pays comme l'Italie, la France, l'Angleterre et l'Allemagne, les radiotélégraphistes peuvent être considérés comme officiers.

M. le PRÉSIDENT. — Oui, mais je remarque qu'il y a plusieurs classes d'officiers.

M. GOTTSCHALK. — Nous sommes d'accord pour admettre que

suivant les connaissances, l'expérience, la pratique à bord, le rang sera d'autant plus élevé.

M. Bécu (A. O. M. M.). — On doit savoir si le radiotélégraphiste doit être assimilé au grade d'officier. Le reste importe peu.

M. le Président. — Appelez-vous sous-officier un troisième officier ; je crois que nous devrons voter sur ce point.

M. Gottschalk (B. I. T.). — Il se peut que le télégraphiste ait un situation de fait sans avoir le titre.

M. Gneme (Italie). — De toute façon il nous faut un texte pour nous prononcer.

M. Lapie (France). — Dans la proposition de M. de Vilallonga, il y a une incidente assez intéressante et le Congrès devra se prononcer à cet endroit :

« Les radiotélégraphistes doivent être assimilés, dans certaines conditions à fixer, aux officiers constituant l'état-major du navire »

M. le Président. — Je crois que nous devons laisser la latitude aux législations nationales de réglementer les points de détail. M. Gneme proposerait ceci : que dans le statut des radiotélégraphistes soit sanctionné le principe de l'assimilation dans certaines conditions et pour certaines-catégories de radiotélégraphistes de bord, aux officiers constituant l'état-major du navire. J'avais l'intention de retarder le vote du vœu, mais je crois qu'il vaudrait mieux voter maintenant sur ce point.

M. Konic (Pologne). — La délégation polonaise devra s'abstenir.

M. le Président. — Je mets d'abord aux voix, l'amendement « pour certaines catégories ». Par majorité de voix, cet amendement est rejeté. Je mets maintenant aux voix le vœu dans sa rédaction initiale :

« Les radiotélégraphistes doivent être assimilés, dans certaines conditions à fixer, aux officiers constituant l'état-major du navire ».

(A la majorité des voix, le vœu est rejeté).

M. Gneme (Italie). — Le mieux serait de renvoyer toute la question au prochain Congrès.

M. le Président. — Vous êtes donc saisi de la proposition de renvoyer cette question au prochain Congrès, ou plus exactement au Comité International de la T. S. F. pour plus amples informations.

M. Gottschalk (B. I. T. I.). — Je réclame une situation très claire, une étude approfondie de la question s'impose.

M. le Président. — La proposition d'ajournement se trouve donc ainsi appuyée. (Vote par majorité pour l'ajournement).

M. Bécu (A. O. M. M.). — La question n'a pas été comprise ; il y a au moins 5 ou 6 membres qui ont voté POUR, en croyant voter CONTRE.

M. Gneme (Italie). — Je ne puis admettre qu'il y ait eu confusion

D'autre part, la question n'est qu'ajournée ; je considère le vote acquis.

M. le Président. — Je déclare que l'assemblée a renvoyé la question pour étude complémentaire.

M. Lapie (France). — Nous passons maintenant à la question 3e :

« Un stage comme opérateur est-il exigé pour qu'un radiotélégraphiste puisse devenir chef de poste ? Dans l'affirmative, quelle est la durée de ce stage ? »

Le rapporteur a émis sur ce point l'avis que le Congrès veuille bien émettre un vœu conforme à la résolution adoptée par la Fédération Internationale des Radiotélégraphistes. Cette résolution consiste à dire qu'aucun opérateur ne peut devenir chef de poste avant d'avoir accompli en mer un stage d'au moins 6 mois comme aide-opérateur.

M. de Vilallonga m'a laissé absolument libre de mon opinion personnelle et je me permets de dire au Congrès qu'à mon avis, dans une réunion de juristes comme celle-ci, nous sommes fortement intéressés par les réponses fournies, mais il n'est pas entièrement de notre compétence de formuler un vœu à ce sujet.

M. le Président. — Vous entendez la proposition : Cette question ne donnera pas lieu à un vœu. Quelqu'un reprend-il la question de M. de Vilallonga. Non ; alors nous abordons la question 4.

M. Lapie. — Voici cette question :

« Quels sont, en fait, les certificats exigés des radiotélégraphistes, simples opérateurs ou chefs de poste, sur les navires des différentes catégories ? »

Il s'agit ici d'une question de fait, et personnellement je ferai la même observation que pour la question 3.

Les réponses reçues sur cette question ont été fort nombreuses et je pense que le Congrès International les enverra au Bureau International du Travail.

M. le Président. — Tout le monde est d'accord ; comme il n'y a pas d'opposition, nous passons à la question 5.

M. Lapie. — Voici la question :

« Le nombre des radiotélégraphistes requis dans chaque station de bord, quand celle-ci est obligatoire, est-il déterminé ? »

Je reconnais que cette question est une des plus délicates du questionnaire, parce qu'elle a un rapport étroit avec les effectifs et la durée du travail. En France et en Italie, on prend comme base de la durée : huit heures de travail quotidien.

Il est difficile de prononcer un vœu en cette matière, parce qu'il est malaisé de déterminer les navires qui n'ont pas d'appareil d'auto-alarme. Je ne suis pas entièrement de l'avis de M. de Vilallonga quand il dit : « ... le nombre d'opérateurs peut être réduit quand l'installation radioélectrique de bord comprend un appareil d'auto-alarme » et «... que les navires obligatoirement munis d'un poste de T. S. F. doivent embarquer un nombre suffisant d'opérateurs pour en assurer convenablement le service, compte tenu de l'existence ou non à bord d'un appareil d'auto-alarme ».

M. GNEME (Italie). — Il appartient à chacun des gouvernements d'assurer ces services selon leur législation nation.'., en exigeant dans les stations le nombre d'opérateurs nécessaires. Par conséquent, je suis d'avis de ne pas émettre de vœu sur cette question.

M. le PRÉSIDENT. — Le vœu de M. Lapie n'était cependant pas bien méchant.

M. GOTTSCHALK (B. T. T.). — Tout le monde a-t-il souscrit à la Convention de Washington ?

M. GNEME. — Voyez la liste des pays adhérents qui figure en première page !

M. le PRÉSIDENT. — Tout le monde est donc d'accord pour passer à l'examen de la question 6.

M. LAPIE (France). — Voici le libellé :

« Est-il interdit au Commandant d'un navire de confier aux opérateurs des tâches étrangères au service radioélectrique télégraphique ? »

Les réponses ont été ici extrêmement variées. Cette question se rattache plus ou moins directement aux questions qui ont fait l'objet des discussions de détail, au sujet de la situation des radiotélégraphistes.

M. le PRÉSIDENT. — Cette question se trouve solidaire de la question sur les effectifs, la durée de travail, etc...

M. GNEME (Italie). — Malgré leur importance, ces questions ne sont que des détails.

M. LAPIE. — Avons-nous sur cette matière à adopter un vœu tendant à favoriser une unification des régimes ? Il s'agirait d'un vœu assez large qui constituerait une transaction entre les deux solutions extrêmes que propose M. de Vilallonga. Ou bien, n'ayant pas pris position sur les points antérieurs, devons-nous craindre d'émettre maintenant une opinion qui pourrait avoir sa répercussion sur les points écartés tantôt ?

Je me permets de donner mon avis personnel : Je craindrais ou, d'une part, un vœu beaucoup trop large, ou, d'autre part, si nous voulons être précis, de sous-entendre des solutions que nous n'avons pas voulu exprimer. Je pense qu'il vaut mieux ne pas se prononcer, mais donner acte des résultats de l'enquête et en remercier le rapporteur.

M. BÉCU (Belgique). — On ne devrait pas confier de tâches étrangères aux radiotélégraphistes.

M. le Président. — Ce n'est cependant pas le cas présent pour la Belgique et l'Angleterre.

M. Bécu. — En Belgique, nous n'avons pas de tâches étrangères à accomplir.

M. le Président. — Le rapporteur nous a cependant indiqué que « la Belgique et l'Angleterre paraissent avoir adopté un système intermédiaire ».

M. Bécu. — Je propose le vœu que les radiotélégraphistes ne s'occupent pas de tâches étrangères à la radiotélégraphie.

M. Gottschalk (B. I. T.) — Voici la réponse belge à cette question :

« En principe, il n'est pas interdit au Commandant d'un navire de requérir du télégraphiste des tâches étrangères à la radiotélégraphie, mais seulement dans des escales autres que le port d'attache, étant entendu que l'opérateur doit s'occuper avant tout de ses installations ».

M. le Président. — Cela laisse naturellement une certaine latitude. Si vous faites des propositions, M. Bécu, il faudra les rédiger.

M. Bécu. — Voici : « Le Congrès exprime le vœu qu'il soit interdit aux opérateurs de T. S. F. de s'occuper de tâches étrangères à la radiotélégraphie ».

M. Mellet (France). — Cette demande pourrait être appuyée, parce que j'y vois — au point de vue juridique — un point intéressant en ce qui concerne la responsabilité.

M. Gneme (Italie). — Nous ne sommes pas à même de nous prononcer sur ce vœu. Sur les petits bateaux, le service d'écoute est assuré par un appareil automatique. Et pendant tout ce temps, l'opérateur ne fera rien. Cela est absurde ! je m'oppose à ce vœu. Il n'y a que les radiotélégraphistes qui aient intérêt à proposer cela !

M. Mellet. — Il est certain que si un commandant de navire ordonne à l'opérateur de remplir une tâche étrangère et que du fait de cette diversion il y a un dommage subi, sa responsabilité sera en cause.

M. Gneme. — Nous avons déjà à ce sujet le règlement de Washington.

M. le Président. — Vous êtes saisis du vœu suivant :

« Qu'il soit interdit aux opérateurs de T. S. F. à bord de s'occuper de tâches étrangères à la radiotélégraphie ».

M. Gottschalk (B. I. T.). — Cette question a déjà été discutée au B. I. T. ? Mais je ne me rappelle pas la décision qui est intervenue. Je pense qu'il vaudrait mieux renvoyer la question.

M. le Président. — On demande maintenant l'ajournement pour étude par le Bureau International du Travail.

M. Van den Bergh (Hollande). — Le C. I. Radiomaritime est un organisme créé par les compagnies radiotélégraphiques maritimes pour étudier les questions d'ordre général intéressant tous ceux qui ont un intérêt dans la radiotélégraphie maritime, y compris le public en général.

Il n'est pas autorisé à agir au nom de ses membres, mais seulement à fournir de leur part des renseignements et les statistiques dont ils disposent.

Dans le cas actuel, nous sommes ici pour mettre à la disposition du Congrès toutes les informations que nous avons, susceptibles de vous être utiles et de faire un rapport sur vos travaux à nos membres.

Donc nous ne pouvons pas prendre part aux votes en ce qui concerne les résolutions et vœux qui vous seront soumis.

M. le Président. — Nous vous remercions de l'obligeance que vous avez de bien vouloir mettre cette documentation à la disposition du Congrès ; nous la transmettrons en même temps au B. I. T.

M. Gneme (Italie). — Je propose le renvoi sans mentionner « au Bureau International du Travail ».

M. le Président. — Votre proposition n'étant pas appuyée, je mets aux voix le vœu qui consiste à renvoyer la question au B. I. T. Par 18 voix et 1 abstention, je déclare acquis le renvoi de la question.

M. Lapie. — Les questions 7 et 8 sont des questions de fait et de technique.

« L'usage du radiogoniomètre est-il exclusivement réservé au radiotélégraphiste, lorsqu'il existe un radiotélégraphiste à bord ?

Vous aurez pu lire dans les commentaires du rapport, que les réponses reçues — sauf celles de l'Italie et la Finlande — déclarent que l'usage du radiogoniomètre n'est pas réservé à l'opérateur de T. S. F. En Allemagne, il est même généralement confié aux officiers de bord; il en est de même pour les navires américains. Le rapport n'émet pas de vœu à ce sujet.

M. le Président. — Tout le monde est d'accord avec le rapporteur ? Nous passons alors à la question 8.

M. Lapie. — Question 8 :

« L'appel automatique est-il utilisé ou envisagé dans les installations de bord ? »

Il s'agit ici d'étudier les moyens propres à sauvegarder la vie du radiotélégraphiste. Cela ne rentre pas, à mon avis, dans le domaine juridique.

M. Gneme (Italie). — Nous avons déjà vu quatre systèmes d'appareils en application et d'autres que l'on propose. Au mois d'avril de l'année dernière, il y avait déjà plus d'un millier de navires anglais pourvus de systèmes automatiques « Marconi ». La Convention des Gens de mer a déjà pris en considération l'emploi de l'appareil automatique. Par conséquent, il n'y a pas lieu pour le moment d'émettre un vœu à ce sujet.

M. HOMBURG, *rapporteur général*. — Je pense que le vœu exprimé par M. de Vilallonga concilie tout et tous, puisqu'il demande la collaboration de tous les États pour l'étude de la question en vue d'arriver à un emploi général de l'appel automatique de détresse. Voici du reste ce vœu :

« Que les intéressés et les autorités compétentes de chaque pays poursuivent activement l'étude de la question concernant l'emploi de l'appel automatique de détresse, en vue d'aboutir le plus tôt possible à une solution positive de cette question ».

M. GNEME (Italie). — Ces appareils sont déjà en application.

M. le PRÉSIDENT. — Je crois que nous aurions mauvaise grâce à ne pas adopter ce vœu puisqu'il est à moitié réalisé.

M. GNEME. — Je considère le vote sur ce dernier vœu, mplètement superflu ; mais M. Bécu sera peut-être d'avis qu'il soit mis aux voix.

M. BÉCU. — Non.

M. MELLET. — On pourrait adopter une formule plus générale.

M. le PRÉSIDENT. — Le vœu mentionné par M. Homburg se rattache en somme à la question 8. Je le relis et le soumets à votre vote :

« *Le Congrès émet le vœu :*

Que les intéressés et les autorités compétentes de chaque pays poursuivent activement l'étude de la question concernant l'emploi de l'appel automatique de détresse, en vue d'aboutir le plus tôt possible à une solution de cette question ».

Je déclare ce vœu adopté à l'unanimité (sauf trois abstentions).

Je reprends maintenant le 1er vœu .

« *Le Congrès émet le vœu :*

1o Qu'un statut complet, comprenant toutes les règles relatives aux conditions de travail des radiotélégraphistes employés sur les navires effectuant une navigation maritime — à l'exclusion des navires de guerre — soit élaboré et promulgué dans chaque pays ;

(Adopté par majorité de voix).

Nous avons alors un 2e vœu avec quatre divisions *a*, *b*, *c*, et *d*.

M. GOTTSCHALK (S. I. T.). — Je dois vous faire remarquer que M. de Vilallonga ne sollicite pas que vous vous prononciez sur ces divers points, mais que vous décidiez de les renvoyer pour étude au B. I. T.

Vous avez soulevé tantôt à ce sujet une question de compétence ; il vous est loisible de renvoyer les points mentionnés.

M. GNEME (Italie). — Si un vote est acquis sur certaines questions, on ne pourra y revenir ; on pourrait adopter une formule générale qui ne soit pas contraire à ce qui a été voté.

M. Homburg, *rapporteur général*. — Nous sommes un peu les pionniers de la réglementation internationale et notre désir est d'arriver à ce que les résolutions que nous prenons soient prises en considération par des organismes tels que le B. I. T.

Nous avons procédé à une étude de différents sujets et sommes arrivés à émettre des considérations générales et des vœux. Nous désirons que ces vœux soient réalisés.

M. Gottschalk (B. I. T.). — Vos vœux même s'ils ne sont pas adoptés par le B. I. T. seront toujours précieux.

M. Bécu. — Je crois qu'il faut poursuivre l'étude de la réglementation.

M. le Président. — Nous sommes donc saisis de la proposition « Le Congrès décide de communiquer les vœux émis au B. I. T. et lui demande de poursuivre l'étude du statut international des radiotélégraphistes ».

M. Mellet (France). — Il me semble qu'on pourrait concilier tous les avis, en mettant sous forme interrogative, les alinéas *a, b, c* et *d.*

M. le Président. — Voici un nouvel amendement.

M. Gneme (Italie). — Je suis partisan de la rédaction : «... qu'une enquête soit faite par le B.I.T. » et « que cette enquête porte notamment sur la question de savoir si les principes énoncés pourront être sanctionnés d'une manière internationale — par les assemblées diplomatiques compétentes.

M. Gottschalk (B.I.T.). — On pourrait dire « que l'étude doit porter sur les points *a, b, c* et *d.*

M. le Président. — Voici le texte soumis à votre approbation :

« *Le Congrès décide de demander au B. I. T. de poursuivre l'étude du statut international des radiotélégraphistes de la marine marchande et de faire porter cette étude sur les points suivants :*

a. A quelles catégories du personnel, état-major, maistrance, etc., les opérateurs de T. S. F. devraient-ils être assimilés ?

b. Un stage comme opérateur devrait-il être exigé pour qu'un radiotélégraphiste puisse devenir chef de poste ? Dans l'affirmative, quelle devrait être la durée de ce stage ?

c. Devrait-il être interdit au commandant d'un navire de confier aux opérateurs des tâches étrangères au service radiotélégraphique ?

d. L'usage du radiogoniomètre devrait-il être exclusivement réservé aux radiotélégraphistes ?

M. Bécu (Belgique). — Je fais remarquer que, pour devenir chef de poste, on ne fait pas de stage.

M. le Président. — Nous élaborons ici un texte général.

M. Gneme (Italie). — Je propose de reprendre la proposition de M. de Vilallonga en s'arrêtant aux termes employés « ... en vue de déterminer s'il est possible de rendre uniformes les différents statuts nationaux concernant les opérateurs de bord ».

M. le Président. — Cette question est plus restreinte que celle qui nous est posée.

M. Van den Bergh (Hollande). — Il est peut-être superflu que j'attire votre attention sur les difficultés qu'il y aura à établir un statut international en tenant compte des circonstances pratiques et économiques particulières à chaque pays ; c'est pour cette raison que le Comité International Maritime émet l'avis de maintenir le texte du rapport «parag. 2o jusqu'au mot«bord». Je me rallie donc à la proposition de M. Gneme.

M. le Président. — Par conséquent, si la proposition de M. Gneme est votée, la vôtre ne sera pas mise aux voix.

M. Mellet (France). — Un Congrès ne se réunit pas uniquement pour renvoyer l'étude d'une question générale à l'organisme compétent. Ce n'est plus alors la peine de se réunir !

Dans la question du statut des radiotélégraphistes, comme dans les autres questions, il y a des réponses sur des points d'ordre juridique comme sur des points d'ordre technique.

Il est bon que nous indiquions aux organismes compétents que nous nous sommes occupés d'un certain nombre de questions et que telle ou telle question nous a paru de leur ressort, et nous réserver les autres questions.

M. Homburg, *rapporteur général*.— Si nous nous désaisissons, à chaque occasion, des questions au profit d'autres organismes, nous n'aurons bientôt plus rien à faire !

M. le Président. — Je mets d'abord aux voix la demande de M. Gneme, à savoir « Que le Congrès émet le vœu qu'une enquête officielle soit instituée ».

M. Gneme (Italie). — J'ai demandé qu'on reprenne le texte du rapport de M. de Vilallonga qui indique déjà les points principaux à examiner.

M. le Président. — Il y a une nuance. Votre demande se traduit alors comme ceci :

« Le Congrès émet le vœu qu'une enquête soit instituée par le B. I. T. en vue de déterminer s'il est possible de rendre uniforme — et dans quelle mesure — le statut des opérateurs de bord ».

Je mets cette proposition aux voix. (Par 8 voix contre 13, la proposition est rejetée).

Je reprends maintenant le vœu avec ses alinéas *a*, *b*, *c* et *d*.

M. Gottschalk (B. I. T.). — Il me semble que la rédaction « Le Congrès décide de demander au B. I. T. de poursuivre l'étude... » sera de nature à donner satisfaction à Me Homburg.

M. le Président. — Je mets donc aux voix tout le vœu et ses 4 alinéas (Adopté par 14 voix contre 5).

M. Konic (Pologne). — Il a été fait allusion tantôt aux radiotélégraphistes affectés au service des aéronefs. Cette question est très grave. J'ai eu l'occasion de faire d'importants trajets en aéronef et j'ai pu me rendre compte de ce qu'était la T. S. F. aérienne. Le Congrès doit s'intéresser à cette question en se mettant en rapport avec le Comité Juridique International de l'Aviation dont le Congrès doit avoir lieu, la semaine prochaine, à Budapest. Je propose le texte suivant :

« Le Congrès émet le vœu que le Comité International de la T. S. F. étudie la question des radiotélégraphistes à bord des aéronefs en collaboration avec le Comité Juridique International de l'Aviation ».

M. le Président. — Ce vœu complète en somme notre programme ; nous n'avions parlé que de la marine, nous étendons maintenant notre étude aux aéronefs. La demande de M. Konic étant appuyée, je la mets aux voix.

Par 21 voix, contre zéro, je déclare ce vœu adopté.

SÉANCE DE CLOTURE

M. le Président. — Notre ordre du jour comportait la séance de clôture, cette après-midi à 5 h. 1/2. Ne croyez-vous pas que nous pourrions en terminer ce matin ? (Assentiment général).

M. Mellet (France). — J'ai deux vœux à proposer qui vous paraîtront peut-être bizarres. Il y a certaines stations qui annoncent les numéros de leur programme de façon parfaite, par exemple Radio-Milano Radio-Paris ; Radio-Budapest, annonce même en français. En Allemagne et en Angleterre, on n'annonce pas. Quand nous voulons prendre la Tchécoslovaquie, la Russie ou la Norvège, on ne distingue plus la langue parlée. On se demande vainement : « Quel est ce poste que j'entends ? »

Comme j'ai toujours considéré — d'accord avec M⁰ Homburg — que la musique était la langue internationale, ne pourrait-on pas envisager la question d'un indicatif musical ?

Il y a suffisamment d'instruments de musique pour qu'un instrument de musique soit attribué à chaque État. On choisirait, autant que possible, l'instrument favori de chaque pays : par exemple le fifre pour l'Angleterre, les castagnettes pour l'Espagne etc...

Chaque État pourrait alors établir un indicatif particulier à chaque station. Supposons que l'Italie s'annonce par le tambourin : un coup de tambourin annoncera, par exemple, Rome ; deux coups, Turin, 3 coups, Milan etc... Ce serait le système le plus simple.

Vous m'objecterez peut-être qu'une fois que vous savez que l'émission vient d'Italie, vous pouvez vous passer du 2ᵉ indicatif ; mais par le moyen que je préconise, si un poste dans un pays ne vous intéresse plus, vous pouvez choisir autre chose en vous référant au programme et vous saurez tout de suite s'il s'agit bien de la station que vous cherchez.

Je crois que cette idée est réalisable car nous avons déjà recherché l'autre jour avec M⁰ Homburg le nombre d'instruments pouvant donner des sons différents, et il est largement suffisant.

M. le Président— Je suppose que ce n'est pas nous qui fixerons l'instrument à attribuer à chaque État.

M. Dor, *secrétaire général.* — Nous pourrions peut-être être moins précis dans le vœu et dire qu'il s'agit de rechercher un indicatif, sans donner aucune précision.

M. Mellet. — Mais je tiens à « l'indicatif musical ».

M. Dor. — D'une façon aussi absolue ! Vous ne laisseriez donc pas aux Gouvernements la latitude de choisir un autre mode d'indicatif ?

M. le Président. — Je mets donc aux voix le vœu proposé le vœu par M. Mellet dans cette rédaction suivante :

« *Le Congrès émet le vœu que soit examinée l'opportunité de l'adoption pour chaque numéro du programme radiodiffusé, d'un indicatif national — par exemple l'attribution à chaque État d'un instrument de musique — qui permettrait de repérer chaque station émettrice ; les modalités d'emploi de l'indicatif étant laissées à l'appréciation des États* ».

(Le vœu est adopté à l'unanimité).

M. Mellet (France). — Je voudrais ensuite que le Comité International de la T. S. F. procédât à l'examen des divers systèmes d'exploitation des services de radiodiffusion afin de les étudier et de rechercher, au point de vue juridique, le mode d'exploitation répondant le mieux aux intérêts des gouvernements et des usagers.

M. Gneme (France). — Je voudrais avoir quelques détails.

M. Mellet. — Je désire surtout connaître les systèmes étrangers que nous ne connaissons qu'imparfaitement. Lorsque nous serons documentés sur les différents systèmes, nous les examinerons et nous rechercherons quels sont les avantages et les inconvénients au point de vue juridique. Il s'agira finalement de se mettre d'accord pour adopter le système offrant le plus d'avantages. Il n'y a dans ma demande aucune arrière-pensée, je me place uniquement sur le terrain juridique.

M. Dor, *secrétaire général*. — Présenté comme il est, votre vœu peut susciter des oppositions ; la voie ayant déjà parfois été tracée au point de vue gouvernemental.

M. Nourri (Perse). — Il faut s'en référer à chaque législation nationale sans perdre de vue les monopoles.

M. Mellet (France). — Nous ne posons pas un principe, nous essayons de nous renseigner sur les différents systèmes adoptés par les États ; on peut changer mon vœu dans ce sens.

M. Dor. — On pourrait peut-être dire « émet le vœu de voir le Comité rassembler une documentation dans le but de procéder à une étude objective et complémentaire... »

M. Gottschalk (B. I. T.). — Les études ne sont pas toujours objectives ! (*Rires*).

M. Mellet. — On peut adopter ces termes.

M. le Président. — Voici donc la toute dernière édition du texte de vœu présenté par M. Mellet :

« *Le Congrès émet le vœu que le Comité procède à l'étude objective des divers systèmes d'exploitation du service de la radiodiffusion adoptés par les différents États — de leurs avantages et de leurs inconvénients* ».

M. Pellenc (France). — Je crois — comme M. Mellet vient de le dire — qu'il s'agit ici d'un vœu émis sans arrière-pensée. L'œuvre du Comité — par ses travaux et ses congrès — est d'établir des principes qui, dans le domaine international, puissent être applicables à tous les pays, surtout en raison même des modalités particulières à la radio-électricité dans les services publics. Il n'est pas question ici d'étendre un système sans tenir compte des besoins particuliers qui font la caractéristique et le génie d'un peuple.

Comme M. Mellet l'a dit, nous nous bornons à la concentration de documents pour que chacun puisse y puiser ; je dois rendre hommage à M. Mellet et lui dire que, même dans le domaine international, il arrive des circonstances où l'accord peut être parfait.

M. le Président. — Le vote est ouvert sur le vœu de M. Mellet. Pas d'opposition ; je déclare donc ce vœu adopté.

Je crois maintenant que le Rapporteur général a une communication à vous faire au sujet de la date du futur Congrès.

M. Homburg. — En raison de la Conférence de Madrid, nous devons tenir un Congrès assez prochainement.

M. Konic, (Pologne). — Il me semble que septembre 1931 serait bien.

M. Gneme (Italie). — On pourrait tenir compte de la date effective du Congrès de Madrid, c'est-à-dire laisser au Comité International le soin de fixer la date du prochain Congrès, étant entendu que cette date serait en rapport avec celle de la Conférence de Madrid, de façon à avoir en temps opportun les indications du B. I. T., les résolutions du premier congrès et connaître le délai maximum dans lequel nous devons envoyer nos résolutions.

M. le Président. — C'est un détail.

M. Don, *secrétaire général*. — Si nous laissons la latitude au Comité International, il prendra toutes informations dans les divers endroits.

M. le Président. — Nous laissons donc au Comité International le soin de fixer le lieu du prochain Congrès. Pas d'opposition ? adopté.

Nos travaux étant terminés, le moment est venu pour votre Président d'exprimer ses remercîments à tous ceux qui ont bien voulu collaborer à notre 4ᵉ Congrès et en faciliter la tâche. J'avais déjà eu l'occasion de me rendre compte indirectement de l'utilité de votre œuvre, mais je n'y avais jamais participé effectivement. Cela m'a procuré une grande satisfaction, et je vous assure que l'intérêt de vos travaux m'a encore paru singulièrement augmenté.

Nous savions que vous étiez des spécialistes ; nous savions que vos travaux étaient sérieux et aboutissaient à des résultats pratiques ; mais en tenant pendant cinq journées tant de séances fructueuses, vous avez augmenté votre réputation et la valeur de vos résolutions.

Messieurs, je vous remercie tous bien sincèrement : tous les rapporteurs, tous les délégués des gouvernements, tous les orateurs sans oublier notre éminent Rapporteur général qui a préparé la matière même de ce Congrès de la façon la plus éclatante.

Je remercie encore M. le Recteur de l'Université et l'Administration qui nous ont procuré des locaux adéquats à la grandeur de notre Congrès et qui en ont facilité les dispositions matérielles.

Je remercie aussi les autorités de la ville, de la province qui nous ont donné leur appui, ainsi que M. le Ministre Lippens qui a bien voulu inaugurer notre 4e Congrès.

Je souhaite que les travaux futurs que le Congrès entreprendra soient souvent inspirés des résultats des délibérations du Congrès de Liége, qui aura marqué une date dans l'œuvre indéfinie qui se pose devant vous.   (*Longs applaudissements*).

M. MELLET (France). — Monsieur le Président, ce sera ma dernière intervention au 4e Congrès de la T. S. F. : Voulez-vous me permettre, au nom du Comité, de vous remercier de votre présidence, marquée d'autorité, mais d'une autorité courtoise, aimable, spirituelle et combien assidue!

M. le PRÉSIDENT. — C'est bien grâce à tous vos efforts que le Congrès a si bien réussi et que je n'ai pas trouvé la moindre difficulté à présider votre assemblée.

Je vous remercie encore une fois et je déclare clos le quatrième Congrès Juridique International de la T. S. F. (*Applaudissements*).

La séance est levée à midi 30.

RÉSOLUTIONS VOTÉES

TEXTE FRANÇAIS

I. — TERMINOLOGIE

Amateurs. — Toute personne pouvant légalement utiliser dans un intérêt scientifique et sans poursuivre de but lucratif une station (ou un poste) expérimental d'émission.

Antenne — Conducteur ou ensemble de conducteurs électriques permettant le rayonnement et la captation des ondes électro-magnétiques.

Appel. — Acte par lequel une station (ou un poste) chercher à entrer en relation avec d'autres stations (ou postes) en vue d'une radio-communication.

Appel de détresse. — Procédé particulier à employer par une station (ou un poste), en cas de détresse, pour entrer en relation avec d'autres stations (ou postes) indéterminées.

Brouillage. — Confusion dans la réception due à des troubles électromagnétiques naturels, signaux non désirés ou autres causes.

Correspondance. — Echange de communications radioélectriques entre deux stations (ou postes) déterminées.

Détresse. — Etat d'un navire, aéronef ou tout autre véhicule qui est sous la menace d'un danger grave et imminent, requérant assistance immédiate.

Ecoute. — Fait pour une station (ou un poste) d'être en état de réception soit en permanence, soit durant un temps déterminé.

Emission. — Acte consistant pour une station (ou un poste) à envoyer dans une direction fixe ou variable, des ondes électromagnétiques.

Indicatif. — Formule d'immatriculation permettant d'identifier une station (ou un poste).

Ondes électro-magnétiques. — Phénomène de propagation à travers l'éther d'une production électro-magnétique.

a) *Ondes entretenues.* — 1° *Ondes entretenues :* Ondes qui en régime permanent sont périodiques, c'est-à-dire telles que leurs oscillations successives sont identiques.

2° *Ondes entretenues manipulées.* — Ondes entretenues dont l'amplitude ou la fréquence varient sous l'effet d'une manipulation télégraphique.

3° *Ondes entretenues modulées a fréquence audible.* — Ondes entretenues dont l'amplitude ou la fréquence varient en suivant une loi périodique de fréquence audible.

4° *Ondes entretenues modulées par la lumière ou le son.* — Ondes entretenues dont l'amplitude ou la fréquence varient en suivant les vibrations caractéristiques du son ou de la lumière.

b) *Ondes amorties.* — Ondes composées de trains successifs dans lesquels l'amplitude des oscillations, après avoir atteint son maximum, décroit ensuite graduellement.

Radio-communication. — Transmission à une ou plusieurs stations (ou postes) déterminées par un procédé radioélectrique quelconque, d'écrits, de signes, de signaux, d'images ou de sons de toute nature.

Radiodiffusion. — Transmission à l'usage du public par la voie radioélectrique de sons ou d'images.

Radiophare. — Station spéciale dont les émissions sont destinées à permettre à une station mobile réceptrice (ou poste récepteur) de déterminer son relèvement ou une direction par rapport à la position géographique du radiophare.

Radiotélégraphie. — Radio-communication de textes au moyen de signes conventionnels.

Radiotéléphonie. — Radiocommunication de la parole ou du son.

Radiotélégramme. — Télégramme transmis, sur tout ou partie de son parcours, par des moyens radioélectriques.

Réception. — Acte consistant pour une station (ou un poste) à recueillir des ondes électromagnétiques.

RÉSOLUTIONS VOTÉES

Transmission. — Opération consistant à transformer en émission radioélectrique des écrits, des images, des signes, signaux ou sons, dans un but de communication ou de diffusion.

II. — PROJET DE CONVENTION INTERNATIONALE DE RADIODIFFUSION

Considérant que le Comité International devrait être en possession d'un plan d'une Convention Internationale relative à la radiodiffusion ;

Le Congrès invite le Comité international de la T. S. F. à préparer un projet de réglementation internationale de la radiodiffusion en vue de le soumettre à la prochaine Conférence de Madrid de 1932, et de réunir en conséquence son prochain Congrès avant cette date.

III. — LA PROTECTION DES ÉMISSIONS ET LA CONCURRENCE DÉLOYALE.

Le Congrès confirmant les vœux adoptés par les précédents Congrès de Paris, de Genève et de Rome du Comité International de la T. S. I.

Considérant que si, sous réserve des droits des auteurs, artistes interprètes et exécutants, il est loisible, au point de vue du droit civil, de capter librement pour l'audition privée des émissions de radio-diffusion, il est par contre illicite d'utiliser sciemment et sans autorisation préalable, dans un but commercial, des émissions présentant un certain caractère privatif.

Emet le vœu : Que l'article 10 *bis*, alinéa 3, de la Convention de Paris, révisé à la Haye en 1925, concernant la protection de la propriété industrielle soit complété par un paragraphe 3 dont la teneur suit :

« Toute utilisation dans un but commercial d'une émission de radio-diffusion sans l'autorisation préalable de l'émetteur ».

IV. — PROTECTION DES ÉMISSIONS RADIOPHONIQUES :

Le Congrès confirmant la résolution prise au Congrès de Rome.

Considérant que pour assurer la protection des émissions radiophoniques, au point de vue du droit civil, il y a lieu, en l'état actuel du droit, de recourir aux règles de droit commun en ce qui concerne les faits constitutifs de délits ou quasi-délits.

Constatant d'autre part que les faits constitutifs d'abus de droit et d'atteinte aux relations de voisinage ne sont pas sanctionnés partout et de la même manière ;

Emet le vœu : que les États prévoient des sanctions civiles au profit des usagers de la radiodiffusion.

V. — INJURES, DIFFAMATION ET DROIT DE RÉPONSE :

Le Congrès considérant que :

L'intérêt général de la radiophonie, de quelque côté qu'on le considère, aussi bien au point de vue intellectuel et éducatif qu'au point de vue économique et industriel, exige que les droits protecteurs de la personnalité humaine, garantissant à la fois la liberté individuelle et la liberté d'opinion, soient étendus à la matière de la radiodiffusion.

Qu'en particulier, les règles qui répriment l'injure et la diffamation publique et celles qui établissent un droit de réponse analogue au droit existant en matière de presse par le fait de la loi ou de l'usage devraient être reconnues par tous les pays en matière de radiodiffusion.

Emet le vœu que :

Pour permettre l'application desdits principes les États prennent les mesures nécessaires pour faire conserver par les moyens qui leur sembleront les plus efficaces une trace permanente et non discutable des paroles prononcées lors de leur audition.

VI. — PERCEPTION ET RÉPARTITION DES DROITS D'AUTEUR :

Le Congrès décide de renvoyer à l'ordre du jour de ses prochains travaux l'étude comparée de la perception des droits d'auteur, dans les différents pays, en matière de radiodiffusion.

VII. — DROITS DES ARTISTES INTERPRÈTES ET EXÉCUTANTS :

Le Congrès *emet le vœu* que :

RÉSOLUTIONS VOTÉES

La radiodiffusion d'une œuvre littéraire ou artistique ne puisse se faire sans le consentement de l'artiste interprète ou exécutant.

Toutefois, à défaut de stipulation contraire dans la convention d'engagement, les artistes interprètes et exécutants seront présumés d'accord pour autoriser la transmission radio-électrique.

Les exploitants des postes d'émission, de relai ou de retransmission verseront une rémunération supplémentaire au profit des artistes dont les exécutions sont émises, retransmises ou autrement utilisées par lesdits exploitants.

Même après avoir reçu la rémunération prévue, et nonobstant toute stipulation contraire, l'artiste conserve toujours le droit d'interdire des transmissions ou des retransmissions qui seraient de nature à nuire à sa réputation.

Le fait d'enregistrer ou de diffuser, à l'insu de l'artiste, l'interprétation d'une œuvre quelconque et d'en tirer profit doit être considéré comme un délit.

Le Congrès décide de transmettre ce vœu au Bureau International du Travail et exprime l'espoir de voir celui-ci poursuivre l'étude de la question du droit des artistes interprètes et exécutants en matière de radiodiffusion et de reproduction mécanique en vue de permettre d'aboutir à bref délai à une Convention internationale.

VIII. — STATUT INTERNATIONAL DES RADIOTÉLÉGRAPHISTES

Le Congrès *émet le vœu* :

1º Qu'un statut complet, comprenant toutes les règles relatives aux conditions de travail des radiotélégraphistes employés sur les navires effectuant une navigation maritime, à l'exclusion des navires de guerre, soit élaboré et promulgué dans chaque pays.

2º Le Congrès décide de demander au B. I. T. de poursuivre l'étude du statut international des radiotélégraphistes et de la marine marchande, et de faire porter cette étude notamment sur les points suivants :

A) A quelles catégories du personnel (état-major, maistrance, etc...) les opérateurs de T. S. F. devraient-ils être assimilés ?

B) Un stage comme opérateur de bord devrait-il être exigé pour qu'un radiotélégraphiste puisse devenir chef de poste ? Dans l'affirmative, quelle devrait être la durée de ce stage ?

C) Devrait-il être interdit au Commandant d'un navire de confier aux opérateurs des tâches étrangères au service radio-télégraphique ?

D) L'usage du radiogoniomètre devrait-il être exclusivement réservé au radiotélégraphiste ?

3º Que soient pris en considération les vœux suivants :

a) Que les radiotélégraphistes de la marine marchande soient assimilés aux marins.

b) Que les intéressés et les autorités compétentes de chaque pays poursuivent activement l'étude de la question concernant l'emploi de l'appel automatique de détresse, en vue d'aboutir le plus tôt possible à une solution positive de cette question.

IV. VŒUX DIVERS

Le Congrès émet les vœux : 1º Que le Comité International de la T. S. F. étudie la question des radiotélégraphistes à bord des aéronefs, en liaison avec le Comité Juridique International de l'Aviation et tous autres organismes compétents.

2º Que soit examinée l'opportunité de l'adoption, pour chaque numéro des programmes radiodiffusés, d'un indicatif national (par exemple l'attribution à chaque État d'un instrument de musique) qui permettrait de repérer chaque station émettrice, — les modalités d'emploi de l'indicatif étant laissées à l'appréciation des États.

3º Qu'il soit procédé à l'étude objective des divers systèmes d'exploitation du Service de la Radiodiffusion par les différents États, de leurs avantages et de leurs inconvénients.

TEXTE ANGLAIS

I. — TERMINOLOGY

Amateur : Any person using in a lawful manner an experimental transmitting station for scientific purposes and not for profit.

Antenna : An electrical conductor or assemblage of conductors serving to radiate or to receive electromagnetic waves.

Call : Procedure used by a station for the purpose of opening radio communication with other stations.

Distress call : The special procedure used by a station in case of distress to communicate with other stations.

Interference (Brouillage) : Confused reception due to natural electromagnetic disturbances, undesired signals or other causes.

Correspondence : Echange of radioelectric communications between two specified stations.

Distress : The state of a vessel, aircraft or any other vehicle which is threatened by grave and imminent danger requiring immediate assistance.

Stand-by (Ecoute) : Preparation made by a station to be ready for reception either continuously or for a specified period.

Emission : The radiation of electromagnetic waves in a fixed or variable direction by a station.

Call Letter : Registered formula enabling a station to be identified.

Electromagnetic waves : Phenomenon of progagation through the ether of an electromagnetic effect.

(a) *Continuous waves* : (1) Waves which in their permanent state are periodic, namely, their successive oscillations are identical.

(2) *Keyed continuous waves* : Continuous waves whose amplitude or frequency is waried by telegraphic keying.

(3) *Continuous waves modulated at audible frequency* : Continuous waves whose amplitude or frequency is varied in accordance with a periodic law of audible frequency.

(4) *Continuous waves modulated by light or sound* : Continuous waves whose amplitude or frequency varies with the characteristic vibrations of sound or light.

(b) *Damped waves* : Waves composed of successive trains whose amplitude of oscillation after having reached a maximum then gradually decrease.

Radio communications : Transmission by any electromagnetic procedure whatever of writing, signs, signals, images or sounds of every nature to one or more specified stations.

Broadcasting : Transmission of sounds or images by a radioelectric method for use of the public.

Radiobeacon : A special station whose emissions are intended to allow a mobile receiving station to determine its course or bearing with respect to the geographical position of the radiobeacon.

Radiotelegraphy : Radio communication of texts by means of conventional signs.

Radiotelephony : Radio communication of speech or sound.

Radiotelegram : A telegram transmitted through all or part of its routing by radioelectric means.

Reception : The act of picking up radioelectric waves by a station.

Transmission : Procedure used to change images, writings, signs, signals or sound into radioelectric emissions for the purpose of communication or broadcasting.

II. — DRAFT FOR AN INTERNATIONAL CONVENTION CONCERNING BROADCASTING

Whereas the International Committee should be in possession of a draft for an International Convention concerning broadcasting ;

The congress invites the *International committee* to draft a project fort international broadcasting regulations with a view to submitting it to the next

Conference to be held in Madrid in 1932, and consequently to hold its next meeting before that date.

III. — THE PROTECTION OF EMISSIONS, AND UNFAIR COMPETITION

The congress, confirming the resolutions adopted by the previous Congresses of the International Committee of Radiotelegraphy at Paris, Geneva and Rome, and.

Whereas it may be lawful from the point of view of civil law, subject to the rights of authors, interpreting artists and executants, to receive broadcast emissions for the purpose of private audition, it is, on the other hand, unlawful to use knowingly and without previous authorisation, emissions of a certain privative character for commercial purposes,

Resolves that Par. 3, Article 10 *bis* of the Paris Convention (as revised at The Hague in 1925) concerning the protection of industrial property be completed by a third paragraph, reading as follows :

« Any use of a broadcast emission for commercial purposes without the previous authorisation of the transmitter »

IV. — PROTECTION OF BROADCAST EMISSIONS

Confirming the Resolutions adopted at the Rome Congress and considering the necessity of insuring the protection from the point of view of civil law of broadcast emissions and of having recourse to the rules of common law in so far as they concern facts constituting a misdemeanour or minor infraction and being aware, on the other hand, that the facts constituing an abuse of rigths and an attack on neighbourhood relations are not penalized in all countries and in the same manner (when so penalized).

The congress expresses the wish that the nations should make provision for civil penalties in favour of the users of broadcasting.

V. — INSULTS, SLANDER AND THE RIGHT OF REPLY

Whereas, no matter from what point of view the general interests of broascasting be considered, either from the intellectual and educational point of view or the economic point of view, it is necessary that the rights protecting human personality and guaranteeing at the same time individual liberty and the liberty of opinion should be extended to the question of broadcasting, and.

Whereas in particular the rules for the repression of insult and public slander and such as establish the right of public reply analogous to the existing legal or customary rights applicable to the press, should be recognized by all countries as far as broadcasting is concerned.

The congress resolves :

That, in order to permit the application of the aforesaid principles, the nations should take the necessary steps to keep in such manner as they may deem most efficient a permanent and indisputable record of the words uttered at the time of their audition.

VI. — COLLECTION OF AUTHORS' ROYALTIES AND PARTITION THEREOF

The Congress decided to place on their next Agenda a comparative study of the question of authors' broadcasting royalties in various countries.

VII. — ROYALTIES OF INTERPRETING ARTISTS AND EXECUTANTS.

The congress resolved that:

The broadcasting of a literary or artistic work hould not be possibles without the consent of the interpreting artists or executants.

In default, however, of any stipulation to the contrary in their contracts, the interpreting artists and executants shall be presumed to have authorised radioelectric transmission.

The owners of transmitting, relaying, or retransmitting stations shall pay an additional remuneration to the artists whose interpretations are transmitted, retransmitted or are otherwise used by the said owner.

Even after having received the remuneration provided for, and in spite of any stipulation to the contrary, the artist shall always be entitled to forbid transmissions or retransmissions of such a nature as to damage his reputation.

The fact of recording or broadcasting the interpretation of any work without the artists' knowledge and of deriving profits therefrom shall be considered as a misdemeanour.

The Congress decided to transmit this resolution to the Bureau International du Travail and expressed the hope of seeing the latter continue the study of the question of the rights of interpreting artists and executants so far as concerns broadcasting and mechanical reproduction with a view to succeeding shortly in the drafting of an International Convention.

VIII. INTERNATIONAL STATUTE FOR RADIOTELEGRAPHERS

The congress resolved :

1) That a complete Statute, comprising all the regulations regarding the conditions of work of radiotelegraphers employed on craft engaged in maritime navigation, excluding ships of war, should be formulated and published in each country.

2) That the B. I. T. should be asked to continue the study of the international status of radiotelegraphers in the merchant marine and that this study should be directed specially on the following points :

A) To what classes of personnel (staff, petty officers, etc.) should radio operators be assimilated ?

B) Is a period of service as ship operator necessary before a radiotelegrapher can be placed in charge of a station ? If so, how long should such period be

C) Should the captain of a ship be forbidden to give operators tasks not forming part of the radiotelegraphic service ?

D) Should the use of the radio direction-finder be exclusively limited to radiotelegraphers ?

3) That the following wishes should be taken into consideration :

a) That radiotelegraphers in the merchant marine should be classed as sailors.

b) That the interested parties and the competent authorities in each country should continue actively the study of the question concerned with the use of the automatic distress call, with a view to arriving as soon as possible at a positive solution of this question.

IX. — VARIOUS WISHES

The congress expressed the following desires :

1) That the International Committee of Wireless Te egraphy should study the question of radiotelegraphers on board aircraft, together with the Comité Juridique International de l'Aviation and all other competent bodies.

2) That there be examined the opportuneness of adopting for each item of broadcast programs, of a national call letter (for example the allocation to each State of a musical instrument) — which would permit the identification of each transmitting station — the manner of using the call letter being left to the States.

3) That there should be proceeded with the study of the various systems of operating broadcasting service in the various States, their advantages and their inconveniences.

TEXTE ITALIEN

I. — TERMINOLOGIA.

Amatore : Qualunque persona, che puo legalmente utilizzare per interesse scientifico e senza scopo lucrativo una stazione (o un posto) sperimentale d'emissione.

Antenna : Conduttore o insieme di conduttori elettrici, che permettono l'irradiazione e la captazione delle onde elettromagnetiche.

Chiamata : Azione con la quale una stazione (o un posto) cerca di entrare in relazione con altre stazioni (o posti) allo scopo di effettuare radiocomunicazioni.

Chiamata di pericolo : Procedura particolare da impiegarsi da una stazione (o un posto) in caso di pericolo, per entrare in relazione con altre stazioni (o posti) indeterminati.

Disturbo : Confusione nel ricevimento, dovuto a perturbazio elettromagnetiche naturali, segnali non desiderati o altre cause.

Corrispondenza : Scambio di comunicazioni radioelettriche tra due stazioni (o posti) determinati.

Pericolo : Stato di una nave, aeronave o altro veicolo, che si trova sotto la minaccia di un pericolo grave ef imminente, che richiede assistenza immediata.

Ascolto : Fatto da una stazione (o un posto) in istato di ricevimento, sia permanentemente, sia per un tempo determinato.

Emissione : Atto consistente per una stazione o un posto nell'invio in una direzione fissa o variabile, di onde elettro magnetiche.

Indicativo : Formula d'immatricolazione, che permette di identificare una stazione (o un posto).

Onde elettromagnetiche : Fenomeno di propagazione attraverso l'etere di una emissione elettromagnetica.

a) *Onde persistenti*: 1° *Onde persistenti*: Onde che in regime permanente sono periodiche, cioè tali che le loro oscillazioni successive sono identiche.

2° *Onde persistenti manipolate* : Onde persistenti di cui l'ampiezza o la frequenza variano per effetto di una manipolazione telegrafica.

3° *Onde persistenti modulate a frequenza udibile* : Onde persistenti la cui ampiezza o frequenza varia secondo una legge periodica di frequenza udibile.

4° *Onde persistenti modulate dalla luce o dal suono* : Onde persistenti la cui ampiezza o frequenza varia secondo le vibrazioni caratteristiche de la luce o del suono.

b) *Onde smorzate* : Onde composte di treni successivi nei quali la ampiezza delle oscillazioni, dopo aver raggiunto un massimo, decresce in seguito gradatamente.

Radiocomunicazione : Trasmissione ad una o più stazioni (o posti) determinati, con un procedimento radioelectrico qualsiasi, di scritti, di segni, di segnali, d'immagini o di suoni di qualsiasi natura.

Radiodiffusione : Trasmissione ad uso del pubblico per via radioelettrica di suoni o d'immagini.

Radiofaro : Stazione speciale, le cui emissioni sono destinate a permettere ad una stazione mobile ricevente (o posto ricevente) di determinare il suo rilevamento o una direzione, rispetto alla posizione geografica del radiofaro.

Radiotelegrafia : Radiocomunicazione di testi per mezzo di segni convenzionali.

Radiotelefonia : Radiocomunicazione della parola o del suono.

Radiotelegramma : Telegramma transmesso, su tutto o parte del suo percorso, con dei mezzi radioelettrici.

Ricevimento : Atto consistente per una stazione (o un posto) a raccogliere delle onde elettromagnetiche.

Trasmissione : Operazione consistente nel trasformare in emissioni radioelettriche : scritti, immagini, segni, segnali o suoni, allo scopo di comunicazione o di diffusione.

RÉSOLUTIONS VOTÉES

II — SCHEMA DI CONVENZIONE INTERNAZIONALE DELLA RADIODIFFUSIONE.

Considerando che il Comitato internazionale dovrebbe essere in possesso di uno schema di convenzione internazionale relativo alla radiodiffusione ;

Il congresso, invita il *Comitato internazionale* a preparare uno schema di regolamentazione internazionale della radiodiffusione per sottoporlo alla prossima Conferenza di Madrid del 1932, e di riunire percio il prossimo Congresso prima di detta data.

III. — PROTEZIONE DELLE EMISSIONI E CONCORRENZA SLEALE.

Il congresso confermando i voti adottati dai precedenti Congressi di Parigi, di Ginevra, e di Roma del Comitato internazionale di T. S.F .;

Considerando che se, sotto riserva dei diritti degli autori, artisti interpreti ed esecutori, è lecito, dal punto di vista del diritto civile, di captare liberamente per l'audizione privata delle emissioni di radiodiffusione, è invece illecito utilizzarle scientemente e senza autorizzazione preventiva, per uno scopo commerciale delle emissioni che hanno un certo carattere di privativa,

Emette il voto : che l'art. 10 *bis*, alinea 3, della Convenzione di Parigi, riveduta all'Aja nel 1925, relativa alla protezione della proprietà industriale, sia completato con un paragrafo 3 del tenore seguente : « Qualsiasi utilizzazione per uno scopo commerciale d'una emissione di radiodiffusione, senza l'autorizzazione preventiva del l'emittente ».

IV. — PROTEZIONE DELLE EMISSIONI RADIOFONICHE.

Il congresso confermando la decisione presa al Congresso di Roma,

Considerando che per assicurare la protezione dell'emissioni radiofoniche, dal punto di vista del diritto civile, è necessario, allo stato attuale del diritto, di ricorrere alle regole del diritto comune per quanto concerne i patti costitutivi di delitti o quasi delitti,

Constatando inoltre che i fatti costitutivi d'abuso di diritto e attentato alle relazioni di vicinato non sono sanzionati in tutti i luoghi e nella stessa maniera,

Emette il voto : che gli Stati prevedano delle sanzioni civili a profitto degli utenti della radiodiffusione.

V. — INGIURIA, DIFFAMAZIONE E DIRITTO DI RISPOSTA.

Il congresso considerando che :

l'interesse generale della radiofonia, comunque venga considerata, sia dal punto di vista intellettuale ed educativo che da quello economico ed industriale, esige che i diritti di protezione della personalità umana, che garantiscono insieme la libertà individuale e la libertà d'opinione, siano estesi alla materia della radiodiffisuone,

Che in particolare, le regole che reprimono l'ingiuria e la diffamazione pubblica e quelle che stabiliscono un diritto di risposta analogo al diritto esistente in materia di stampa per effetto della legge o dell'uso, dovrebbero essere riconosciute da tutti i Paesi in materia di radiodiffusione,

Emette il voto che : per permettere l'applicazione di detti principi, gli Stati prendano le disposizioni necessarie per far conservare con i mezzi che loro sembreranno i più efficaci una traccia permanente e non discutibile delle parole pronunziate durante le audizioni.

VI. — RISCOSSIONE E RIPARTIZIONE DEI DIRITTI D'AUTORE.

Il Congresso decide di rinviare all'ordine del giorno dei suoi prossimi lavori lo studio comparato della riscossione dei diritti d'autore, nei vari paesi in materia di radiodiffusione.

VII. — DIRITTI DEGLI ARTISTI INTERPERTI ED ESECUTORI.

Il congresso emette il voto che :

La radiodiffusione di un'opera letterario-artistica non possa farsi senza il consenso dell'artista interprete od esecutore.

Tuttavia, in mancanza di stipulazione contraria nel contratto, gli artisti interpreti ed esecutori saranno presunti d'accordo per la trasmissione radio-elettrica.

Gli esercenti dei posti di emissione, di relais, o di ritrasmissione, verseranno una rimunerazione supplementare a profitto degli artisti, le cui esecuzioni sono emesse, ritrasmesse o altrimenti utilizzate dai detti esercenti.

Anche dopo aver ricevuto la rimunerazione prevista, e nonostante qualsiasi stipulazione contraria, l'artista conserva sempre il diritto d'interdire delle trasmissioni o delle ritrasmissioni, che sarebbero di natura da nuocere alla sua reputazione.

Il fatto di registrare o di diffondere, all'insaputa dell'artista, l'interpretazione di un'opera qualsiasi e di trarne profitto, dev'essere considerato come un delitto.

Il Congresso decide di trasmettere questo voto all'Ufficio Internazionale del Lavoro ed esprime la speranza che esso prosegua lo studio della questione del diritto degli artisti, interpreti ed esecutori in materia di radiodiffusioni e di riproduzione meccanica, allo scopo di giungere senza ritardo ad una Convenzione internazionale.

VIII. — STATUTO INTERNAZIONALE DEI RADIOTELEGRAFISTI.

Il congresso emette il voto :

1º che uno Statuto completo, comprendente tutte le regole relative alle condizioni di lavoro dei radiotelegrafisti, impiegati sulle navi effettuanti la navigazione marittima, escluse le navi da guerra, sia elaborato e promulgato in ogni paese.

2º il Congresso decide di richiedere all'Ufficio internazionale del Lavoro d proseguire lo studio dello Statuto internazionale dei radiotelegrafisti della Marina Mercantile, e di far convergere detto studio specialmente sui punti seguenti :

A) a quali categorie di personale (Stato maggiore, maestranza, ecc.) gli operatori di t. s. f. dovrebbero essere assimilati ?

B) un periodo di tempo come operatore di bordo dovrebbe essere richiesto perchè un radiotelegrafista possa divenire capo posto ? Nell'affermativa quale dovrebbe essere la durata di detto periodo ?

C) dovrebbe essere interdetto al Comandante di une nave di affidare agli operatori degli incarichi estranei al servizio radiotelegrafico ?

D) l'uso del radiogoniometro dovrebbe essere riservato esclusivamente al radiotelegrafista ?

3º che siano presi in considerazione i voti seguenti : a) — Che i radiotelegrafisti della Marina Mercantile siano assimilati ai *marini* ;

b) — che gli interessati e le Autorità competenti di ogni Paese proseguano attivamente lo studio della questione relativa all'impiego dell'apparecchio automatico di pericolo, per raggiungere il più presto possibile una soluzione positiva di detta questione.

IX. — VOTI DIVERSI

Il congresso emette i voti :

I — che il Comitato internazionale della T. S. F. studi la questione dei radiotelegrafisti a bordo delle aeronavi, d'accordo con il Comitato giuridico internazionale del l'aviazione e di tutti gli altri organismi competenti.

II — che venga esaminata l'opportunità di adottare, per ogni numero dei programmi radiodiffusi, un indicativo nazionale (per esempio, l'assegnazione ad ogni Stato di un istrumento di musica), che permetterebbe di individuare ogni stazione emittente — le modalità di uso dell'indicativo essendo lasciate all'apprezzamento degli Stati.

III. — che sia proceduto allo studio obbiettivo dei diversi sistemi di esercizio del servizio della radiodiffusione nei vari Stati, dei loro ventaggi e dei loro inconvenienti.

TABLE DES MATIÈRES

NEMOURS. — IMP. ANDRÉ LESOT. — 31-12-30